Gesellschaft des Illuminatenordens Kurfürstentum Bayern

Einige Originalschriften des Illuminatenordens

1786

Gesellschaft des Illuminatenordens Kurfürstentum Bayern

Einige Originalschriften des Illuminatenordens
1786

ISBN/EAN: 9783743303959

Hergestellt in Europa, USA, Kanada, Australien, Japan

Cover: Foto ©ninafisch / pixelio.de

Manufactured and distributed by brebook publishing software (www.brebook.com)

Gesellschaft des Illuminatenordens Kurfürstentum Bayern

Einige Originalschriften des Illuminatenordens

Einige Originalschriften des Illuminatenordens,

welche bey dem gewesenen Regierungsrath Zwack durch vorgenommene Hausvisitation zu Landshut den 11. und 12. Oktob. ꝛc. 1786. vorgefunden worden.

Auf höchsten Befehl Seiner Churfürstlichen Durchleucht zum Druck befördert

München,
gedruckt bey Anton Franz, Churfl. Hofbuchdrucker,
und
zu haben in den drey Buchhandlungen.

Die Briefe — werden mit ihren Antworten in das Archiv hinterlegt. — Sie sind gewiß unterrichtend, und enthalten beyderseits gute Regeln, und geben hinlängliche Einsicht in das System.

Spartacus in Ep. ad Caton.
vid. pag. 274.

Gegenwärtige Sammlung ist auf Churfürstl. höchsten Befehl zum Druck befördert worden, um das in- und ausländische Publicum von dem offenbaren Ungrund, womit die Illuminaten noch immer über ungerechte Gewalt und Verfolgung in Bayern schreyen, desto mehr zu überzeugen, und selbes sowohl von dieser epidemischen Secte, als all andern dergleichen verbothenen Winkelgesellschaften zu warnen, worin man nur Leichtgläubige zu betrügen, Geld zu schneuzen, und statt der vorgespiegelten Wahrheitsaufklär- und Sittenverbesserung, diese vielmehr im Grund zu verderben, und jene gänzlich zu unterdrücken, oder zu verfälschen bemühet ist.

Wer

Wer an der Aechtheit dieser Sammlung einen Zweifel trägt, mag sich nur bey dem hiesigen geheimen Archiv melden, allwo man ihm die Urschriften selbst vorzulegen befehliget ist.

München den 26. März 1787.

Anmerkung.

Diejenigen Wörter, so mit Schwabacher Lettern gedruckt stehen, sind in den Originalien unterstrichen. Was mit Petites Lettres zu lesen, ist Zusatz und Anmerkung.

Wo im Context ein Strich (—) ist ein Wort weggelassen; und die Trennungszeichen (=) bedeuten eben so viele Silben der abgängigen Wörter.

Die auf der Seite 163 und 361 angeführten 3 Tabellen finden sich am Ende.

I.

Der schon bekannte Chiffre des Illuminaten = Ordens.

12.	11.	10.	9.	8.	7.	6.	5.	4.	3.	2.	1.
A.	b.	c.	d.	e.	f.	g.	h.	i.	k.	l.	m.

13.	14.	15.	16.	17.	18.	19.	20.	21.
n.	o.	p.	q.	r.	s.	t.	u.	w.

22.	23.	24.
x.	y.	z.

II.

Die Zeitrechnung des Ordens ist die Jezdegerdische, oder persische.

1. Pharavardin hat 41 Tage von 21. Merz samt April.
2. Adarpahascht . . . . May.
3. Chardad . . . . Junius.
4. Thirmeh . . . . Julius.
5. Merdedmeh . . . . Augustus.

6. Schaharimeh. . . . . September.
7. Meharmeh. . . . . Oktober.
8. Abenmeh. . . . . November.
9. Adarmeh. . . . . Dezember.
10. Dimeh. . . . . Januar.
11. Beumeh. . . . . Februar.
12. Asphandar, von 20 Tagen Merz.

III.
NOMINA GEOGRAPHICA
PROVINCIÆ.

Die Handschrift ist vom Cato (Zwack.)

Bayern.	Achaia.
Schwaben.	Pannonien.
Franken.	Illyricum.
Oesterreich.	Egypten.
Tyrol.	Peloponenfus.

URBIUM.

München.	Athen.
Ravensburg.	Sparta.
Merseburg.	Sestos.
Konstanz.	Abydos.
Freysing.	Theben.
Eichstädt.	Erzerum.
Bamberg.	Antiochia.
Landsberg.	Megara.
Augsburg.	Nicomedia
Regensburg.	Corinth.
Nürnberg.	Nicoea.

Landshut.

Landshut.	Delphi.
Wien.	Roma.
Burghausen.	Chalcis.
Straubingen.	Theſſalonica.
Neuburg.	Neapolis.
Salzburg.	Nicoſia.
Junsbruck.	Samos.
Ingolſtadt.	*Eleuſis* ;
———	Epheſus, pro non conſciis.
Erlangen.	Sagunth.
Wirzburg.	Chartago.

IV.

Ein Verzeichniß der Mitglieder, welche in den Jahren 1776 — 77 — 78 und 1779 aufgenommen worden.

	D. et A. Rec.
776 Spartacus A. (Areopagita.)	1. May 1776.
777 Ajax A.	— — —
778 Tiberius. A.	— — —
779 Cato A.	22. Febr. 1778.
780 Marius A.	12. Mart. —
781 Alcibiades A.	May —
782 Solon A.	May —
783 Scipio A.	28. Jul. —
784 Celſus A.	13. Dec. —
785 Hannibal A.	— —
786 Tamerlan. I. (Illuminat.)	16. Dec. 1776.

787 Claudius R. (Recept.)	26. Dec.	1776.
788 Agrippa M. (Minerval.)		
789 Tasso M.	31. Mart.	1777.
790 Odin M.	17. Jun.	—
791 Lucullus M.	27. Nov.	—
792 Osiris R.	17. Dec.	—
793 Coriolan M.	22. Febr.	1778.
794 Confutius M.	13. Mart.	—
795 Livius M.	27. —	—
796 Euclides M.	10. Jun.	—
797 Cicero R.	12. Jun.	—
798 Sulla M.	17. —	—
799 Timoleon R.	17. Jul.	—
800 Pericles M.	20. Jul.	—
801 Democritus R.	4. Aug.	—
802 Remus In. (Initiatus)	27. Aug.	—
803 Minos R. Susp,	29. —	—
804 Pen. R.	4. Sept.	—
805 Cyrus.	21. Octob.	—
806 Lud. Bav. R. Susp.	27. —	—
807 Pythagoras M.	— —	—
808 Hermes R.	1. Nov.	—
809 Attila M.	29. —	—
810 R. Lullus M.	3. Jan.	1779.
811 Anacreon R.	7. —	—
812 Brutus M.	16. —	—
813 Thales Miles. M.	18. —	—
814 Aeneas M.	16. Febr.	—
815 Saturnus M.	27. Mart.	—
816 Saladin R.	6. Apr.	—
817 Arminius R.	28. —	—

818 Stilpo Megar. R.	29. Apr. 1779.
819 Deucalion R.	30. — —
820 Nestor R.	13. May —
821 Musæus M.	30. — —
822 Diomedes M.	23. Jun. —
823 Menelaus M.	— — —
824 Hector M.	27. — —
825 Numa Pomp. R.	27. Jul. —
826 Ganganelli In.	1. Schahar. —
827 Dion.	10. Schahar. —
828 Democedes	18. — —
829 Demonax.	28. — —
830 Mahometh A.	2. Mehar. —
831 Vespasianus.	
832 Moenius.	5.
833 Titus quint. Flaminius.	
834 Germanicus A.	

V.

Besondere Stücke,
welche sich schon vor der zwackischen Hausvisitation vorgefunden haben.

1. Vorschlag zur Errichtung eines Weiberordens.

Von zwackischer Handschrift.

Nutzen und Absicht davon.

Der Nutzen, welchen man sich von ihnen versprechen könnte, müßte seyn, dem wahren

Orden

Orden Geld, theils wirkliches, theils erst aus
derselben zu erhaltendes zu liefern, sichre ge=
heime Nachrichten zu erlangen, Schutz zu be=
kommen, und den Characteren der wollüstigen
F. M. Genügen zu leisten.

2. Einrichtung des Weiberordens.

Von zwackischer Handschrift.

Dieser muß aus zwey Klassen bestehen,
wovon jede eine separierte Gesellschaft ausmacht,
und der anderen ihres Nexus wegen unbekannt
bleiben muß.

Eine Klasse von Tugendhaften, die andere
von Ausschweifenden. Beyden muß unbekannt
seyn, daß sie von dem Mannsorden geleitet
werden, und die Oberste von jeder Klasse muß
glauben, eine Oberloge zu haben, von der sie
Befehle erhaltet; die aber im Grunde die Män=
ner geben. Beyde Klassen müßen durch Unter=
richt sowohl mutuellen, als vorgeschlagene
männliche Lehrmeister, die ☉ (Ordens) Glie=
der wären, aber sich und ihnen unbekannt wä=
ren. Durch Lieferung von guten Büchern, und
die letztere durch Begnügung ihrer Leidenschaf=
ten im Verborgenen.

Bey der zwackischen Hausvisitation fanden sich
auf 2 Oktavblättern

kurze

kurze Caracters-Schilderungen
von 95 Frauenzimmern in Mannheim
in französischer Sprache
mit der Aufschrift:
*PORTRAITS DES DEMOISELLES
à MANNHEIM.*

3. Progreſſen

a) der B. B. in Athen im ☉ Syſtem.

Von zwackiſcher Handſchrift.

Die Anzahl beſtehet nun in Griechenland allein aus

In Athen iſt eine wohleingerichtete gröſſere Illuminaten-Verſammlung, eine ganz zweckmäßige kleinere Illum. Verſammlung, eine große anſehnliche ☐ (Loge), und zwo anſehnliche Minerval-Kirchen.

In Theben iſt ebenfalls eine Minerval-Kirche.

In Maegara wiederum.

Eben ſo in Burghauſen.

Auch in Straubing.

In Epheſus.

Und nächſtens in Corinth.

Wir haben ein eigenes Haus angekauft, und durch kluge Maaßregeln die Sache ſo weit gebracht, daß die Bürger nicht nur nicht mehr lärmen,

lärmen, sondern mit Hochachtung von uns sprechen, wie wir dann öffentlich alle Tag in das Haus gehen, und auch in die ☐ hinfahren. Gewiß sehr viel vor hiesige Stadt.

In diesem Haus ist eine schöne Sammlung von Naturalien, und physikalischen Instrumenten, auch eine Bibliothek, welch alles die Mitglieder von Zeit zu Zeit vermehren.

Der Garten wird zur Botanik gebraucht.

Der ☉ verschafft den B. B. alle gelehrte Zeitungen; macht den Fürsten und Bürger durch gedruckte Piecen auf gewisse Mißbräuche aufmerksamer, widersetzt sich nach Kräften den Mönchen, und hat viel guten Erfolg darin gehabt.

Wir haben die ganze ☐ nach unserm System eingerichtet, und ganz mit Berlin gebrochen.

Die R. C. nicht nur in ihren Werbungen gehemmt, sondern sogar ihren Namen verächtlich gemacht.

Wir stehen mit der — — ☐ zu —, und mit der national ☐ in Pohlen wirklich in Tractaten zur engern Verbindung.

Progressen

b) des ☉ in politischem Fache seit einem Jahre in Griechenland.

Ebenfalls von zwackischer Handschrift.

Durch die Verwendung der Br. Br. wurden die Jesuiten von allen Professorsstellen entfernt,

fernt, die Univerſität Ingolſtadt ganz von ihnen gereinigt; denn die Malth. wären doch immerhin angenohmen, und von den Prälaten begütert worden.

2.

Die Wittib Herzogin hat das Inſtitut der Cadeten ganz nach dem vom ☉ gemachten Plan eingerichtet, es ſtehet unter Aufſicht des ☉, ſind alle Profeſſoren ☉ Mitglieder, und alſo recht gut dabey verſorgt worden, auch werden alle Eleven darin Zöglinge des ☉.

3.

Durch Anempfehlung der Br. wurde Pylades geiſtl. Raths = Fiſcal, und der ☉ hat dadurch die Kirchengelder zur Dispoſition. Und alſo

4.

Haben wir unſerm — —, —, und — ihre üble Hauswirthſchaft mit Darleyhung dieſer Gelder nun gut hergeſtellet, ſie von den Wuchern losgemacht.

5.

Unterſtützen wir damit immerhin noch mehrere Brüder.

6.

Haben wir unſere geiſtliche Mitglieder alle gut mit Beneficien, Pfarreyen, Hofmeiſterſtellen verſorgt.

7.

7.

Durch unsere Verwendung wurde Arminius und Cortez Professor zu Ephesus.

8.

All unsere junge Leute bekamen durch uns auf dieser Universität Stipendia.

9.

Läßt auf Anempfehlung der ☉ Mitglieder der Hof zwey von unsern jungen Leuten auf Reisen gehen, die sich wirklich in Rom befinden.

10.

Stehen die teutschen Schulen ganz unter dem ☉, und haben nun lauter Mitglieder die Sorge darüber.

11.

Die mildthätige Gesellschaft wird eben ☍ vom ☉ dirigiert.

12.

Haben sehr viele ☉ Mitglieder, die in Dicasterien stehen, durch den ☉ Besoldungen und Zulagen erhalten.

13.

Haben wir vier Kirchenkanzeln mit ☉ Mitgliedern besetzt.

14.

Werden wir nächstens die ganze Bartholomäer Stiftung junger Geistlichen an uns ziehen;

hen; es sind alle Anstalten dazu getroffen, und die Außsichten sehr gut, dadurch können wir ganz Baiern mit geschickten Priestern versehen.

15.

Die nämlichen Absichten suchen und hoffen wir auch mit noch einem andern Priesterhaus durchzusetzen.

16.

Eben jetzt, wo die Jesuiten den geistl. Rath sprengen wollten, haben wir durch ☉ Anstalten, unermüdetes Bestreben, und Verwicklung zerschiedener —, durch —— —— —— —— es dahin gebracht, daß dieser nicht nur bestättiget, sondern alle bisherige Revenuen, welche die Jesuiten in Bayrn noch zu verwalten hatten, als das Institut der Mission, das goldene Allmosen, Exercitii-Haus, und Convertiten-Cassa dem geistl. Rath, und dem Schul, Universitäts- und teutschen Schul-Fundo beygelegt worden, wo wirklich die Extradition und Verwendung schon geschieht. Darüber hielten die größern Illum. 6 Versammlungen, und einige brachten ganze Nächte schlaflos zu. —— gehört darunter, und —— —— —— ——, —— —— —— ——.

VI.

VI.

Statuten der Illuminaten.

Da die Gesellschaft nicht gedenkt, vernünftige Bande, denen man im Staat zugethan, aufzuheben, sondern solche noch vielmehr zu befestigen; so ist ihr Willen:

1. Daß allen mit Liebe, Achtung, Unterscheidung, und ihrem Stand gemäß begegnet werde.

2. Darum soll allzeit jeder inner den Gränzen des Ceremoniels bleiben, um so mehr, wenn Mitglieder sich unter Profanen befinden, so soll jedem vornehmen Edelmann (wenn er auch in dem Orden geringer wäre) der gebührend, und standsmäßige Respect bezeugt werden, und weil uns daran liegt, daß unsere Mitglieder unter uns von Profanen geehrt werden, so soll von unseren Leuten ihnen eine um so größere Ehre wiederfahren, damit andere sie ebenfalls hochschätzen.

3. Unter Ordensbrüdern allein aber verschwindet aller Unterschied des Stands, den man in der bürgerlichen Gesellschaft hat, und gelten blos allein Alter und Karakter, den man im Orden hat. Da wird jedem, auch geringstem ältern, um so mehr Obern, mit der nämlichen Ehrfurcht begegnet, als man unter Profanen hohen Standspersonen begegnen würde,

de, und dieses um so mehr, wenn junge, oder gleiche zugegen sind.

4. Mit je größerer Höflichkeit der Obere den Untergebenen begegnen wird, um so mehr sollen sich solche angelegen seyn lassen, sich dieser Höflichkeit nicht als einer Familiarität zu bedienen, die Untergebene sollen sich unter allen, was ein vertrauter Freund thun kann, nicht eigenmächtig berechtigt halten, sondern durch ihren Obern dazu auffordern lassen, mit einem Freund nicht so fremd zu handeln.

5. Und obwohlen dieses das Ansehen eines Zwangs an sich hat, der unter Freunden unbekannt seyn sollte, und alle brüderliche Neigung auszuschließen scheint, so sollen doch unsere liebste Brüder wissen, daß es die Ordnung so fodere, und daß wir einander nicht auf eine Zeit, sondern auf ewig zu lieben gedenken, und daß nichts so sehr die stärkste und intimste Freundschaft zu trennen im Stand seye, als wenn solche in Familiarität ausartet. Denket und haltet darauf, liebste Brüder! und eure Belohnung werden dauerhafte Freundschaften seyn.

6. Versagt Fremden nicht die Rechte der Menschheit, und Gastfreyheit.

7. Steht eurem Amt in der bürgerlichen Gesellschaft mit Treu und Eifer vor; denn seyd ihr dort nachläßig, so werdet ihr es auch bey uns seyn.

8. Ver=

8. Verbreitet Wissenschaften, Künste, Industrie, gesellschaftliche Neigungen, und Tugenden, und hindert, was ihnen entgegen steht.

9. Darum betrachtet sich auch der Orden in dieser Klasse als eine gelehrte Gesellschaft, wobey das Beyspiel und Unterricht den Verstand leiten und das Herz bessern.

10. Leset die Alten, zeichnet fleißig auf, was ihr gelesen, denkt darüber, aber gebraucht vorzüglich euren, und nicht fremden Sinn, wenn es ein anderer gedacht und gesagt, denkt und sagt es auch auf eure Art, nehmt keine Meynung an, ohne ihre Urheber, Ursprung, Grund untersucht zu haben, übt euch in Aufgaben, Auflösen, leset, was die Seele hebt, und das Herz in Bewegung faßt, und theilt es andern mit, denket auf die Ausübung und Application, und vor allen erforschet den Menschen nicht aus Büchern, aus euch selbst, und in ähnlichen Umständen schliesset auf andere.

11. Darum beschäftiget sich auch gegenwärtige Klasse.

1) Mit Erforschung menschlicher Karaktere, ihrer Entstehung, Gründe, Folgen, und löset solche weiters auf.

2) Mit der Einrichtung der menschlichen Natur überhaupt.

3) Sie untersuchet die Gründe, Triebfedern menschlicher Handlungen.

4) Uebt

4) Uebt sich in der Karakteristik und Erforschung menschlicher Neigungen, wie solche zu leiten, zu erwecken, und zu zernichten.

5) Macht sich die alten und neuern System der Moral, Philosophie, als stoischen, epicureischen &c. bekannt.

6) Forschet Beyspiel dazu in der alten und neuen Geschichte auf.

7) Untersucht das Angenehme, und Unangenehme im Umgang aus Grundsachen, noch besser aus eigner oder fremder Erfahrung.

8) Untersucht den Ursprung, Entstehungsart, unserer Urtheile, und Meynungen.

12. Bücher und nähere Anleitung dazu geben die Obern.

13. Seiner Familie stehe jeder als guter Vater, Ehemann, Sohn, Herr, und Diener vor.

14. Und vor allem empfiehlt der Orden allen und jeden die goldene Mäßigkeit: ohne von solcher hinlängliche Proben abgelegt zu haben, ist aller Weg zu höheren Klassen verschlossen.

Der Orden giebt auch zu diesem Ende besondere Regeln, Anleitungen zur Mäßigkeit, Hauswirthschaft, Gesundheit, und längerem Leben.

15. Damit aber jeder sich die Häuslichkeit angewöhne, so hat jeder sich sogleich einen

Spar=

Spartopf anzuschaffen, und den Schlüßel davon seinem Obern einzuhändigen. In diesen Topf wird alles, was man sich von unnöthigen Vergnügen abgebrochen, hineingeworfen. Zu bestimmten Zeiten, als den 21. Merz, und 23. September eröffnen der Obere, und Candidat solchen gemeinschaftlich, und was unter einer Carolin ist, bleibt dem Orden, das übrige wird für jeden auf künftigen Nothfall aufbehalten, oder nach seinem Tode für seine hinterlassene Erben, wenn er nicht selbst eine andere Verordnung treffen will; verlangt er es, so wird ihm wegen des Ueberflußes ein Schein ausgestellt, daß er an diesem oder jenem so viel zu fodern hat, solcher wird von zwey Ordensbrüdern unterschrieben. Sie obligieren sich samt und sonders, und renuncieren dem Beneficio divisionis.

Tritt er aus der Gesellschaft, so giebt man ihm solches hinaus, ist er im Nothfall, ebenfalls.

16. Vom Luxu im Essen, Trinken, und Kleidung sieht der Orden nicht gern, daß man sich ihm ergebe, unser Sprichwort ist: quo simplicius, eo melius.

17. Irrthum, Vorurtheil, boshafte Absichten zu bestreiten, soviel man kann, ist unsre Pflicht, und in der Selbsterkenntniß, und Erforschung seiner Schwäche, und unüberlegter Neigungen muß es jeder hoch zu bringen suchen.

18. Zu

18. Zu diesem Ende überreicht jeder zu Ende jedes Monats seinen Obern ein verschlossenes Blatt, in welchem er anzeigt:

1) Was er als ein Vorurtheil ansehe.

2) An wem er solches wahrgenommen.

3) Welche Vorurtheile er an sich entdeckt.

4) Welche bey ihm die herrschenden Vorurtheile, und wie viel solche seyn.

5) Wie viel, und welche er schon geschwächet, oder gar ausgerottet habe.

19. Gemachte Entdeckungen, Erfindungen, geheime Verhältnisse wird jeder, der Neigung zu uns hat, uns Zweifels ohne mittheilen, der Orden verspricht auch heilig, keinen Mißbrauch davon zu machen.

20. Stillschweigen, und Geheimniß sind die Seele unsers Ordens, nur gegen Obere ist verständige Offenherzigkeit Tugend; gegen andere Ordensbrüder ist vernünftiges Zurückhalten, und Mißtrauen der Grundstein, und Grunderforderung, daß sie einander nicht überdrüßig, und eckelhaft werden. Darum ohne Noth offenbaret auch nicht die geringste Umstände, v. g. wie lang ihr im Orden seyd, Mitbrüder, Grad, den ihr habt &c.

B 21. Die

21. Die Zeit, wie lang einer in dieser Klasse zu bleiben hat, ist unbestimmt, meisten kommt es auf eines jeden Eifer, und Fähigkeit an.

22. Sollte eure Beförderung nicht so bald erfolgen, so murret nicht darüber, liebste Brüder! denkt vielmehr, daß nichts ohne Ursach ist, und daß im großen Weltgebäude kein neues Geschöpf erscheint, wenn nicht zuvor eben so viele untergegangen, als nothwendig waren, um dieses hervorzubringen.

23. Weiters hat es sich der Orden zur höchsten Pflicht aufgelegt, die jedem Menschen zu seiner Glückseligkeit unentbehrlichen Wahrheiten so angenehm und sinnlich zu machen, und auf eine eines jeden Stands gemessene Art vorzutragen, daß solche Vorstellungen bey jedem leicht in Begierden und Handlungen übergehen.

24. Zu diesem Ende üben sich auch die Mitglieder beständig in Aufsätzen, und werden auch zuweilen gewisse Fragen zur Auflösung und Ausarbeitung aufgeworfen, und für die beßte Abhandlung ist die Beförderung zu höhern Klassen zur Belohnung gesetzt.

25. So wie es auch jeder von uns es sich zur Angelegenheit macht, sein Amt, das er

führt,

fährt, und seine Kunst, oder Handwerk, so er treibt, zur höhern Vollkommenheit und Freyheit zu bringen.

26. Der Grad, in welchem jeder sich befindet, bleibt allzeit vor andern verborgen, und man offenbaret sich nur, in sofern man gleich ist.

27. Zu diesem Ende offenbaret auch keiner dem andern wie lang er in dem Orden sey, wer ihn aufgenommen, und so weiter.

28. Ueber diejenige, so im untersten Grade stehen, halten die Brüder von gegenwärtiger Klasse ein sorgfältiges Aug, und referieren über ihre Conduit entweder ihren Obern, oder der ganzen Versammlung, und darum müssen auch den höhern allzeit die mindern bekannt seyn. Hinauf aber geht diese Einsicht nicht, sondern da kennen sie, die ober ihnen sind, nur als ihres gleichen.

Juren, Rechten, und Freyheiten.

Alle vorhergehende Verbindlichkeiten sind unter gewisser Rücksicht als Vortheile anzusehen, denn ohne genaueste Erfüllung derselben wäre der Orden ausser Stand, nachstehende Vortheile zu gewähren. Nur durch die genaueste Vereinigung,

gung, und Beobachtung der Gesätze sind wir im Stand, unser gegebenes Wort zu erfüllen.

1. steht es jedem in dieser Klasse frey, nach vorgelegten hinlänglichen Ursachen zurück zu treten, wenn er will, und wenn er übrigens ein genaues Stillschweigen beobachtet, so hat er von unserer Seite nicht den geringsten Vorwurf, und Uebel zu gewarten.

2. Ist es uns bekannt, daß niemand zu Gesellschaften trette, und ein Opfer seiner Freyheit ohne allen Vortheil mache. Zu diesem Ende verspricht der Orden allen und jeden, die sich durch Eifer, Realdienste hervorgethan haben:

1) Ihnen den Weg zu mancher verborgnen Erkenntniß zu öffnen, und zu erleichtern.

2) Im höchsten Nothfall, in welchen sie sich ungeacht aller guten Hauswirthschaft befinden, brüderlich so, wie es unsere Kräften leiden, beyzuspringen.

3) Ihnen durch Recommendationen, Intercessionen an Handen zu gehen, und, wenn ihre Bitten vernünftig, und dem Interesse des Ganzen nicht zu leide sind, solche in Erfüllung zu bringen, so viel bey uns steht.

4) Ihnen

4) Ihnen in allen Beleidigungen, und Kränkungen, die sie ohne ihr Verschulden, und Nachläßigkeit zu erleiden haben, mit mit Rath und That beyzuspringen; man hofft aber dabey, daß man nicht auf diesen Beystand sündigen, und sich beflissentlich Beleidigungen aussetzen werde.

5) Wir versprechen ferner zum Trost, und Beruhigung aller, die mit wenig Mitteln, aber im Gegentheil vielen Kindern versehen sind, und durch ein fruhzeitiges Ende den Ihrigen entrissen worden, daß wir bey solchen Kindern Vaters = Stelle vertretten, für ihren Unterhalt sorgen, und der Wittwe mit Rath und That beyspringen wollen.

Wir flehen zu diesem Ende die Hilfe unsrer bemittelten Mitglieder an, welche sich glücklich schätzen werden, Mittel und Gelegenheit zu finden, wo sie von ihrem Ueberfluß guten Gebrauch machen können.

6) Sollten sich ein = oder der andere entweders von unsern Brüdern, oder ihren Kindern sonderbar fähig erweisen, und durch eine Reise noch mehr können aufgeklärt werden, und durch solche dem Orden nothwendig nutzbare Einsichten erwerben, oder Dienste leisten, so ist der Orden auch nicht abgeneigt, solche Reisen unternehmen

men zu laſſen, und die Köſten dazu vorzuſchießen.

7) Ueberhaupt verpflichten wir uns, die Sache dahin zu leiten, daß es keinem von unſeren Brüdern ſo ergehen könne, daß er aller Hilfe beraubet ſey, wenn nur anderſt an ſeinem Verſchulden Unklugheit, oder übles Hauswesen nicht Theil daran hat; wir gebiethen aber auch dabey, daß keiner dem andern um Geld, oder ſonſt anſpreche, ſondern darum ſeinen Obern angehe, ihm ſeine Umſtände glaubwürdig mache, und ſodann ſeine Veranſtaltung erwarte.

8) Wir verhoffen auch, daß ein ſolcher Verunglückter, wenn er zu Kräften kommt, dem Orden auch wiederum Gutes thun werde.

Zu dieſem Ende iſt alles von Mitgliedern eingebrachtes, oder überlaſſendes Geld und Gut, als ein eingeworfenes Gut anzuſehen, auf welches nur der Orden im Ganzen, oder die Dürftige zu ihrem Nutzen Anſpruch zu machen haben.

Da wir auch weiter wiſſen, daß in Geſellſchaften nichts Unangenehmers ſey, und zu Unordnungen und Zwiſtigkeiten mehr Anlaß gebe, als das harte, rauhe, und gebiethiſche

Ver=

Verfahren der Oberen, so hat der Orden in diesem Stück nöthige Vorkehrung getroffen, und da Macht und Oberherrschaft sich bloß allein in der höhern Einsicht und Erfahrung in Ordensangelegenheiten gründet, so ist von uns zu diesem Ende beliebt worden:

1) Wenn ein Verweis zu geben, oder Vorwurf zu machen wäre, so hat der Obere die Erbitterung der Gemüther sorgfältig zu vermeiden, die Ahndungen so allgemein vorzutragen als möglich, v. g. in Beyspielen, oder man erzählt, das was einem an dem andern nicht gefällt vor andern, oder auch vor sich, und bey solchen Reden und Vorfallenheiten erforscht sich jeder, ob es ihn nicht angehe. Auf solche Art ersparen sie dem Obern eine nähere und unangenehme Erklärung, sich selbsten aber Beschämung, und Verdruß.

2) Da die Worte allzeit etwas Hartes haben, und unsre Regierung so viel möglich sich auf Liebe gründen soll, so hat der Orden, als ein gelinderes Mittel Zeichen der Warnung, und der Reprochen substituirt, und befiehlt dann:

1. Auf vorwitzige Fragen, unanständige Reden, beissenden Scherz, und unzüchtigen Spaß, daß der Obere schweigt, und solche Reden unbeantwortet läßt, oder den Discours abbricht.

2. Auf

2. Auf die Familiaritæt, wenn keine Fremden, und Profanen zugegen, folgt sogleich die Beurlaubung auf Wiedersehen.

3. Wenn aber Fremde dabey sind, und die Familiaritæt so weit getrieben wird, daß sie dem Obern unangenehm wird, so fangt er mit dem Sacktuch zu spielen an, oder rückt den Stuhl, oder begehrt ihm in dem Moment, wo er fehlt, Tabac ab, wenn er auch gleich nicht gewohnt wäre, solchen zu nehmen.

4. Wenn aber der Obere den Fehler des andern nicht als Augenzeug erfahren, sondern durch Erzählung weis, so giebt ihm der Obere zum Zeichen, daß er seinen Fehler weis, ein ungesiegeltes leeres Blatt, worinn das Wort Confiteatur enthalten ist, welches über eine Zeit der Fehlende wieder zurückbringt, und den Fehler, den er sich eingebildet, hineinschreibt; hat er es getroffen, so geschieht kein Wort weitere Meldung: hat er es nicht getroffen, so erhält er ein zweytes Billet, in welchem die Ursach geschrieben ist.

Wir ermahnen anbey alle Oberen, keinen einzigen Fehler ungeahndet zu lassen, noch ärger wäre es, sich selbst als Obrigkeit darüber betretten zu lassen. Die Untergebene werden aber auch nicht darüber aufgebracht werden, da sie mit aller Liebe an ihren Mangel erinnert werden.

3. Damit aber auch dem höchsten Obern bekannt sey, ob die mittelbare Obern diesen unseren Gesätzen nachleben, so hat jeder unmittelbare Obere zu Ende Merz, Juny, Sept. und Decembr. von allen ihm Unterworfenen ihre Bedenken, und Beschwerden wider ihren Orden, und Mitbrüder wohlverschlossen, und mit der Aufschrift: *au Premier*, abzufordern, und an unser allgemeines Oberhaupt durch seine Zwischen = Obere unerbrochner einzusenden.

4. Diese Bedenken müssen alle Quatember ohne Ausnahm von allen übergeben werden, und wenn auch etwelche keine Beschwerden hätten, so muß doch dieses eingereicht werden: Er habe keine Beschwerden.

5. Darinnen können auch Vorschläge zu Verbesserungen, und Abänderungen in Betreff der Beschwerden, eingegeben werden.

6. Nach jedem dergleichen Quartal, folgen in kurzer Zeit die Antworten, und Abthuung der gemachten Beschwerden, diese wird jedem sich beschwerenden Theil durch seinen unmittelbaren Oberen mit dessen seiner Handschrift publiciert, von dem gravierten Theil unterschrieben, und beede zurückgesendet; sollte es
ein

ein Oberer wagen, wegen der gegen ihn geführten Beschwerden den Untergebnen zu mißhandeln, oder nur das geringste merken zu lassen, so kann, und muß solches das nächste Quartal als ein neues Gravamen angeführt werden.

VII.
Reform. der Statuten der 1ten Klasse.

Da die gesätzgebende Klugheit erfordert, nach Aenderung der Umstände auch die nöthigen Vorschriften, und Gesätze zu ändern, denen eine Zeit hindurch eingerissenen Mißbräuchen durch neue Gesätze vorzubeugen: und die zweifelhaften Fälle näher zu erklären, so wie auch die indessen gegebene einzele Verordnungen nöthigen Falls allgemein zu machen, und dem ordentlichen Gesätzbuch einzuverleiben, so hat der Orden in seiner letzten allgemeinen Versammlung in Rücksicht der ersten Klasse nachfolgende Verfügungen getroffen.

1. Werden hiemit alle vorige Satzungen, Constitutionen, Privilegien, wie sie immer Namen haben mögen, gänzlich annulliert und cassiert, in so ferne sie gegenwärtigen Fundamental-Verordnungen zuwider sind: behaltet sich

ſich aber auch für künftige Zeiten vor, benöthigten Falls Aenderungen zu treffen.

2. Bleibt ſo, wie bishero auch für künftige Zeiten der Endzweck der Geſellſchaft, dem Menſchen die Vervollkommung ſeines Verſtandes, und moraliſchen Karakters intereſſant zu machen, menſchliche und geſellſchaftliche Geſinnungen zu verbreiten, böshafte Abſichten in der Welt zu hindern, der nothleidenden, und betrangten Tugend gegen das Unrecht beyzuſtehen, auf die Beförderung würdiger Männer zu gedenken, und überhaupt die Mittel zur Erkenntniß und Wiſſenſchaften zu erleichtern. Man verſichert theuer und heilig, daß dieſes der einzige und nicht colorierte Endzweck der Geſellſchaft ſey. *)

Im Gegentheil ſtehet die Geſellſchaft für nichts weiter, werden die Candidaten ſeiner Zeit mehrer finden, ſo iſt es für ſie um ſo beſſer, und ſie mögen daraus erſehen, daß man wider die Gewohnheit anderer Geſellſchaften mehr halte, als man ſich anheiſchig gemacht.

Ein Mitglied, daß durch Erwartung künftiger groſſer Macht und Reichthum vorzüglich würde bewogen werden, in die Geſellſchaft zu tretten, würde darinnen nicht das allerwillkommſte ſeyn.

Da

---

*) Fiſtula dulce canit, volucrem dum decipit Auceps.

Da aber zu Erhaltung eines solchen Endzwecks der Beystand und gute Eintracht, und unzertrennliche Vertraulichkeit aller Mitglieder nothwendig ist, wie auch nicht weniger, daß andere auswärtige zum Beßten, und zu den Absichten der Gesellschaft eingenommen werden, so haben alle Glieder

3. in Rücksicht auf die Gesellschaft allen Haß und Neid gegen Mitbrüder zu vermeiden, sie als ihre erste und liebste Freunde anzusehen, als Mitarbeiter zu demselbigen grossen Zweck, zu ihrem eigenen Besten, das ausser dem nicht kann befördert werden.

4. Fodert die Gesellschaft ein Opfer ihrer Freyheit, doch nicht durchgehends, sondern nur im Falle es ein Mittel zum grossen Zweck ist. Befehle der Obern haben allzeit die Vermuthung vor sich, daß sie zum Zweck führen; denn Obere sehen weiter, tiefer in die System ein, und darum, und aus keiner anderen Ursache sind sie Obere.

5. Jedes neu angenommene Mitglied stellt seinen Recipienten einen Revers de Silentio aus.

6. Die Gesellschaft kann die Leute nicht brauchen, wie sie sind, sondern sie sollen erst werden, wozu man sie nöthig hat. Dazu gehört Prüfung, Proben der Treue, Stillschweigen,

gen, Anhänglichkeit, Arbeitsamkeit, die Erweiterung nützlicher Kenntnisse.

7. Daher die Zeit, welche Candidaten in diesem Grade zuzubringen haben. Junge Leute von 15 bis 18 Jahren haben 3 Jahre zu ihrer Prüfung, von 18 bis 24 zwey Jahre, und von 24 bis 30 ein Jahr.

8. Doch kommt es auf den Fleiß, Maturität, Eifer und Application des Candidaten an, daß ihm auch zuweilen seine Zeit abgekürzet werde.

9. Inner dieser Zeit arbeitet der Candidat an der Erforschung seiner selbst, an der Erforschung seiner Nebenmenschen, zeichnet alles fleißig auf, notiert auf eine gewisse eigne Methode, und denkt, und beobachtet überhaupt mehr, als er liest.

10. Viele Notaten, Bemerknngen, viele entworfene Caracters, aufgezeichnete Gespräche von Leuten, die in der Sprache der Leidenschaften redend angetroffen werden; so wie auch Folgsamkeit gegen Obere sind der sicherste Weg zur Beförderung.

11. Bey der Aufnahm verändert der Candidat seinen Namen in einen eigenen fremden: auf diesen Namen liest, und notiert er alles das, was ihme davon vorkömmt.

12. Un-

12. Unter den Beobachtungen haben physiognomische Bemerkungen, gefundene Regeln menschliche Caractere zu beurtheilen, ein grosses Verdienst.

13. Auch mit Leuten, mit welchen man stark umgeht, haltet man ein eigenes Buch, wo unter die Rubric jeder solcher Person geschrieben wird, auf der einen Seite das Gute, auf der andern das Böse, so sie uns gethan.

14. Vorzüglich empfiehlt man, Gegenstände nicht auf fremde, sondern auf seine eigene Art zu betrachten.

15. Unter die ersten Beweise der Fähigkeit gehört die Aufgabe, die jeder zu behandeln, und aufzulösen hat, und am Ende seiner Probezeit überreicht.

16. Die Sicherheit der Gesellschaft, der Reiz alles Verborgenen, die Beobachtung der Candidaten erfodern es, daß während der Probezeit ohne Noth keinem, auch nur das geringste Mitglied geoffenbaret werde: hätte die Gesellschaft unglücklicher Weise einen Schwätzer, so kann er doch nur einen einzigen verrathen.

17. Dieß wird den Candidaten behutsam machen, gegen Niemand, auch vermeynte Mitglieder, von ⊙ Sachen zu sprechen.

18. Der

18. Der Recipient von jedem Candidaten ist auch sein Oberer, jeder hat Erlaubniß aufzunehmen, doch alles unter Anleitung seiner unmittelbaren Oberen, will er zu einer höhern Klasse, muß er wenigst einen, und nach gewissen Umständen auch zwey aufgenommen haben: So kann es geschehen, daß ein arbeitsamer Mensch in den Jahren seines Novitiats sich schon ein kleines Reich baue, und in seiner Kleinheit groß und mächtig werde.

19. Dabey müssen aber alle Schritte dem Obern angezeigt werden, und ohne Anfrage und Erlaubniß kann keiner etwas vornehmen.

20. Ueber alle seine Leute, die er aufzunehmen gedenkt, haltet er eigene für jeden bestimmte Blätter, tragt unter jeden die seelenverrathende Reden und Handlungen ein, besonders die kleinsten, wo der Mensch nicht glaubt, beobachtet zu werden.

Da alle Urtheile, die man giebt, so wie alle Handlungen uns verrathen, so wird es ihm an Stoff zu Notaten nicht fehlen.

21. Diese Notaten sind der Grund von allen künftigen, müssen also sehr accurat gemacht werden, und blos erzählend, nicht aber raisonnierend seyn, aus diesen Notaten werden alle Relationen, Transport, Briefe &c. gemacht

gemacht, und wenn einer soll aufgenommen werden, muß daraus dem unmittelbaren Obern der Caracter des Recipiendi vorgelegt werden.

22. Zur Sicherheit der Obern ist beschloſſen worden, daß kein Untergebener von seinen Obern nur eine Zeile von ☉ Sachen in Handen habe. Briefe der Obern müſſen alſogleich mit der Antwort zurückgeſandt werden.

23. Wohl aber kann ſich jeder aus den erhaltenen Briefen Excerpten machen.

24. Abweſende ſchreiben an ihre Obere alle 14 Tage franco; Anweſende beſuchen ihren Obern wochentlich wenigſt einmal, und wenn der Obere Zeit hat, ſo kann er die Tage in der Wochen unter ſeine Leute austheilen, mit ihnen leſen, notieren, oder erbauliche Geſpräche führen.

25. Damit alle Mitglieder von einem Geiſt beſeelt werden, und unter ihnen ein Verſtand, und ein Wille werde, ſo ſind ihnen auch gewiſſe Bücher vorgeſchrieben, welche ſie leſen, und aus welchen ſie ſich bilden können.

Für Teutſchland in gegenwärtigen Zeiten ſind beliebt worden:

1) Seneca Phil.

2)

2) Epictet.

3) Antonins Betrachtungen über sich selbst,

4) Plutarchs Lebensbeschreibungen.

5) Seine moralische, so wie auch alle andere Schriften.

6) Von Wielands Werken
　Agathon.
　goldener Spiegel.
　geheime Beyträge.

7) Tobias Knaut.

8) Hirschfeld vom grossen Manne, und von heroischen Tugenden.

9) Popes Versuch über den Menschen.

10) Smith Theoria der Moralischen.

11) Basedows practische Philosophie für alle Stände.

12) Meiners philosophische Schriften.

13) Abt vom Verdienste.

14) Montagnes Versuch.

15) Helvetius vom Geist.

16) La Bruiere Karakter.

17) Alle Bellegardische Schriften, so wie auch

18) Von le Noble Weltschule.

Ueber

Ueberhaupt ist kein Buch ausgeschlossen, daß zur Bildung des Herzens dienet, insbesondere empfiehlt man Fabeldichter, und alle andere, die an Bildern, oder moralisch und politischen Maximen reich sind.

26. Das gute Herz fodert man von allen, Künste und Wissenschaften von denen, so es im Stande sind; außer der Moral sind der Gesellschaft Chimie und Handlung die angenehmsten. Sprachen, besonders französische und griechische werden hochgeschäzt — wenigstens zum Bücher verstehen; aber italienisch und englisch haben auch ihren grossen Werth, wenigstens soll von denen, so weiter wollen, jeder eine Sprache verstehen.

27. Mit dem Arcano bleibt es durch alle Klassen wie vorhero.

28. Obere sind unsere Führer, leiten uns in der Finsterniß und Irrthum, führen uns ab von ungangbaren Wegen. Da wird Biegsamkeit und Folgleistung zur Schuldigkeit, und selbst zur Dankbarkeit; keiner wird sich also weigern dem zu folgen, der für sein Bestes arbeitet.

29. Aber Obere können auch ihre Gewalt mißbrauchen, und sind nicht allzeit Väter; daher will die Gesellschaft ihre Mitglieder gegen alle Unterdrücker, Herrschsüchtige &c. durch fol-

gende

gente Maaßregeln schützen: mit Ende jeden Monats giebt der Untergebene an seinen Obern ein verschlossenes Blatt, oder auch mehrere mit der Aufschrift: *Quibuslicet*, oder *Soli*, in solchen zeigt er an:

1. Wie ihm sein Oberer begegne, ob er fleißig oder nachläßig, hart, oder gelind mit ihm verfahre?

2) Was er gegen die Gesellschaft für Beschwerden habe?

3. Was ihm der Obere dieses Monat hindurch für Befehle kund gemacht? — Was er an den Orden bezahlt hat?

Sollte er auch keine Beschwerden haben, so muß das Blatt doch übergeben werden, und damit es der Untergebene leichter thun kann, so leget er schon zu Anfang jeden Monats ein = oder das andere Blatt zu recht, und sobald ihm etwas vorfällt, so zeichnet er es dahin auf, und am Ende des Monats schließt er es erst. Diese Verordnung dauret durch alle Klassen hindurch, und ist niemand davon ausgenommen; bleibt solches unter, so verfällt der Untergebene in eine seinen Umständen proportionierte Geldstrafe, so wie der Obere, der sie unterlasset frühzeitig einzusenden. Wenn diese Blätter am letzten Tag des Monats noch übergeben werden, so so ist der Candidat außer Strafe, darum hat sie jeder Obere zu præsentieren.

30. Jeder hat sich bey seiner Reception zu erklären, ob er im Stande sey, der Gesellschaft einen Geldbeytrag zu leisten, oder nicht. Ist das letzte, so hofft man, daß sich niemand ärmer machen wird, als er ist; indem man schon vorhinein von den Glücksumständen des Candidaten unterrichtet ist; ist das erste, so hat jeder Obere seinem Recepto ante Receptionem einen proportionierten Geldbeytrag aufzutragen, der bey Geringeren nach Belieben, bey Mittelmäßigen ein Ducaten, bey Vermöglichen eine Carolin ist, dieses wird ihm proponiert nach ausgestelltem Revers vor der Publication der Statuten, mit der Handunterschrift des Candidaten, daß er so viel erlegt habe, an dem nämlichen Tag, wo der Revers ausgestellt ist, und solche Quantität das zweyte Jahr wiederhollet, und so auch bey denen, so auf 3 Jahr engagiert sind. Die Einlage wird von den Obern an ihre weitere eingehändiget: bleibt die Einlage um die bestimmte Zeit aus, so nimmt man den unmittelbaren Oberen dessen her, bey dem die Einlag ausgeblieben. Wollte einer von den Candidaten die Gesellschaft defraudieren, so macht er sich aller künftigen Vortheile verlustig. Von einem wahrhaft Armen soll gar nichts genommen werden, si fidem paupertatis fecerit; kommt er zu Kräften,

so steigt auch der jährliche Beytrag nach Proportion der Kräfte.

31. Zu diesem Ende befiehlt der ☉ allen Obern bis künftiges Jahr 1779 den 31. Jan. ihre Ausstände einzutreiben, aber niemand dabey zu übernehmen, und gegründete Bewegursachen sich schriftlich geben zu lassen. Zahlsaumigkeit der Mitglieder hat zu diesem Gesätze Anlaß gegeben, die doch seiner Zeit allen reelen Beystand vom ☉. hoffen. Diese Verordnung wird um so billiger erfunden werden, als bey anderen Orden 100 und mehrere Gulden ohne Unterschied gleich im Anfang müssen erlegt werden, und dieses Quantum viele Jahre hindurch wiederhollet wird.

32. Tritt jemand in seinen Probejahren aus der Gesellschaft, so erhaltet er alles Eingelegte wieder zurück, darum die Obern solches fleißig aufzuzeichnen haben.

33. Jedem Candidatem ist es bis auf die letzte Stunde erlaubt auszutretten, imposito tamen silentio.

34. Gegenwärtige Statuten werden dem, so noch keinen aufgenommen hat = = = = mündlich, andern schriftlich publiciert. Bey Abwesenden leidet es eine Ausnahme. Jede nachkommende neue Verordnung wird in das

in

in Handen habende Exemplar sogleich einge=
tragen.

NB. Das muß vor allen andern abgeschrie=
ben, und das erste abgeschriebene Exemplar an mich überschickt werden, damit ich es
unter meine Commando vertheilen kann;
auch werden alle angehende künftighin dar=
nach recipiert. Ich denke, es soll es je=
der mit seiner Hand abschreiben, um die
Schreibkosten zu ersparen; und dann will
ich ihre Copien gegen die von Erzerum
troquieren, daß also ihre Copien in Erzerum, und die von Erzerum in Athen
sind. Ich will es schon richten, wenn
ich nur eine einzige Copie habe.

VIII.

Hauptbegriff.

Da die Absicht der Gesellschaft ist, dem Men=
schen die Bemühung um die Verbesserung,
und Vervollkommnerung seines moralischen Ka=
rakters interessant zu machen, menschliche und
gesellschaftliche Gesinnungen zu verbreiten, bos=
hafte Absichten in der Welt zu hindern, der
bedrangten Tugend gegen das Unrecht beyzuste=
hen, auf die Beförderung würdiger Personen
zu gedenken, und endlich vorzüglich verdienst=
volle

volle Männer, die entwederś durch ihre Talente, oder durch ihren Reichthum, oder durch ihr Ansehen dem ☉ einigen Nutzen verschaffen, mit besonderer Achtung, Ruhm und Ehre sowohl in = als außer der Gesellschaft zu belohnen.

So versichert die Gesellschaft alle und jede, denen gegenwärtige Statuten mitgetheilet werden, daß dieses der einzige und nicht colorierte Endzweck des ☉s sey. Im Gegentheile stehet die Gesellschaft für nichts weiter gut: werden die Candidaten seiner Zeit noch mehr antreffen, so ist es um so besser, und sie mögen daraus ersehen, daß man wider den Gebrauch anderer Gesellschaften mehr gehalten, und erfühle, als man sich anheischig gemacht.

Ein Mitglied, das durch Erwartung künftiger grosser Macht und Reichthum vorzüglich würde bewogen werden, in den ☉ zu tretten, würde darinn nicht das Willkommste seyn.

Da aber zu Erhaltung eines solchen Endzwecks der Beystand eines jeden, es mag dieser oder in moralischen oder physischen Vermögen bestehen, und gute Eintracht und unzertrennliche Verbindlichkeit aller Mitglieder nothwendig ist, wie auch nicht weniger, daß andere Auswärtige zu dem Besten, und zu den Absichten der Gesellschaft eingenommen werden, so haben alle Glieder

1. In

1. In Rückſicht auf die Geſellſchaft allen Haß, Neid gegen Mitbrüder zu vermeiden, ſie als ihre erſte und liebſte Freunde anzuſehen, ihr Herz vor allem ſchändlichen Eigennutz zu bewahren, das Beſte des Ganzen, als ihr eigenes anzuſehen.

2. Soll ihr beſtändiges Denken und Trachten ſeyn, ſich ſo zu bilden, daß ſie nicht nur allein das Herz ihrer Brüder, ſondern ſogar ihrer Feinde zu ihrem Beſten gewinnen.

3. Nicht minder ſollen ſie bedacht ſeyn, reele Beweiſe abzulegen, daß ſie ihrem ☉ nutzbar zu ſeyn gedenken.

4. Sich einer vorzüglichen Behutſamkeit, und Verſchwiegenheit gegen alle anzugewöhnen.

5. Fordert der ☉ eine totale Unterwürfigkeit in Rückſicht auf ☉s Angelegenheiten.

6. Haben ſich alle Mitglieder auf die größte innerliche und äußerliche Vollkommenheit zu befleißen.

7. Sich zum lieblichen freundſchaftlichen Weſen und Umgang anzugewöhnen.

8. Die Kunſt zu erlernen, ſich zu verſtellen, andere zu beobachten, und auszuforſchen.

9. Je-

9. Jedes Mitglied muß sich eine besondere Wissenschaft, oder Kunst zur Hauptbeschäftigung sogleich erwählen; da man aber nicht von jedem dieses fordern kann, weil einige, oder nicht Lust, oder nicht Zeit und Gelegenheit dazu haben, so hat in diesem Falle der ☉ veranstaltet, daß jeder innerhalb 14 Tägen bey seinem Insinuanten sich erklären sollte, ob er durch Verwendung in Wissenschaften, oder statt dessen durch einen Geldbeytrag dem ☉ nützen will. Im ersten Falle muß er eine Abhandlung zum Drucke liefern, im zweyten Falle eine proportionierte Einlage machen, (für welche ein anderer eine Abhandlung statt dem Erleger schreiben muß, die sodann seiner Zeit dem Erleger dedicieret wird.)

10. Sollte aus der Aufnahm eines Candidaten nichts werden, so erhaltet er solches unerbrochener wieder zurück, so wie auch all übriges.

11. Sollte ein Mitglied Arcana erfahren, so sind solche dem ☉ zu übersenden, wo man sich aber anheischig macht, eher keinen Gebrauch davon zu machen, als es der Berichter gestattet, oder mit Tod abgeht; wobey aber wieder beobachtet wird, daß der Nutzen des Arcani seinen armen Freunden, oder hinterlaßenen Kindern sollte zukommen.

12.

12. Da der Candidat in diesem Grade noch gar nichts ist, sondern unter der Beobachtung der ihm verborgenen Mitglieder steht, so ist die Erlag vor diesen Grad nur ein Ducaten, will einer mehr geben, so zeugt es von besonderer Anhänglichkeit. Diese Einlage muß jederzeit verschlossener dem Insinuanten gegeben werden,

13. Biß diese Erlag geschehen, folgt kein weiterer Grad.

14. Stillschweigen ist das größte Gesäz, deßwegen ist es nicht erlaubt, auch gegen vermeynte ⊙s Brüder von dem ⊙, von seiner Aufnahme zu reden; denn

    a) ist er kein ⊙s Bruder, so ist die Gesellschaft verrathen.

    b) Ist er wirklich ein solcher, so weiß man nicht, ob er ein höherer, oder niedriger, oder auch ein gleicher, der es anzeigen kann.

15. Daß die Gesellschaft so verborgen bleibe, als nur möglich, ist ihr darum daran gelegen:

    a) Damit sie in ihren Absichten und Operationen durch Gegenarbeit Unedelgesinnter, Unzufriedner, &c. nicht gehindert werde.

    b) Damit die ganze Gesellschaft nicht auf einmal kann verrathen werden.

c)

c) Weil der Reiz, in der Gesellschaft zu bleiben, würde verlohren gehen.

d) Damit Comploten und Ausbrüche der Herrschsüchtigen untertrieben werden.

e) Damit die obern verborgenen Glieder die Untere um so besser beobachten mögen.

16) Will ein Candidat in diesen Grad zurücktretten, so steht es ihm jede Stunde frey: imposito tamen silentio.

17. In diesem Grade ist verbothen, einen anderen aufzunehmen, wohl aber kann man seinem Insinuanten taugliche Mitglieder vorschlagen.

Approbat Spartacus. *

* Diese zwey letzten Worte sind von Spartacus (Weishaupt) eigenhändig hinzugeschrieben.

IX.
INSTRUCTIO
PRO
CATONE, MARIO, SCIPIONE.

Cato, Marius und Scipio sind zu den höchsten Geschäften des Ordens bestimmt, geben sich also mit kleinern Dingen sehr wenig, oder gar nicht ab. Dahero

1) Können sie zwar recroutieren; weisen aber solche an einen andern fähigen Mann zum Unterricht an, und nur zuweilen suchen für den neuen Candidaten durch Zusprechen im Eifer zu erhalten.

2) Vielmehr haben sie ihre ganze Sorgfalt auf Coriolanus zu verwenden, daß dieser seiner Instruction gemäß handle; und in diesem Stücke haben sie ihm nicht das geringste nachzusehen.

3) Besonders haben sie darauf zu sehen, daß durchgehends Gleichförmigkeit herrsche.

4) Ihre erste Sorge ist Athen selbst. Ueber die dortige Verfassung erstatten sie ordentliche Berichte und Anfragen nur an Spartacus; an die übrigen Conscios aber überschicken sie monatlich eine Art von Zeitung. NB. Dieses ist nunmehro das Diarium, und erhalten auch solche von ihnen.

Sie unter sich selbst, theils allein, theils mit Beyziehung des Tiberius, Alcibiades, Ajax und Solon, machen das allerhöchste Collegium aus, für welches eine eigene Instruction; und hier arbeiten sie an Entwürfen, Verbesserungen &c. welche durch Circularien bey allen Consciis herumgehen müßen. Dieses Tribunat erhaltet indessen den Namen *Areopagus*, und die sogenannten Conscii *Areopagiten*: de hoc alibi.

Wenn

Wenn die Areopagiten sich versammeln, und Coriolanus dabey sitzt, so arbeiten sie im Grad der Illuminaten, und nehmen nichts vor, außer was diejenigen Statuta mit sich bringen.

Wenn aber die Areopagiten sich nebst dem Coriolanus, und noch andern versammeln, so arbeiten sie in dem erst zu entwerfenden zweyten Grad nach Ausweisung desselben. Hier ist zu bemerken;

1. Wenn mit Coriolanus im Grad von Illuminaten gearbeitet wird, so haben sie in solchem

a) Coriolanum als Obern für die Versammlung des zweyten Grads zu ernennen, und solemniter darinn zu installieren, auch das beschriebene Ordensband umzuhängen: in diesem Grad können sie alle dieses Band und Zeichen tragen; Cato aber als Oberer der Illuminaten trägt statt der Nachteule an einem ponceau rothen Band einen halben Mond: wäre aber Ajax in loco, so würde ihm qua Seniori der Vorsitz gebühren.

b) Werden darinn dem Coriolanus alle Instructionen ertheilt, alle Relationen von ihm angenommen, und überhaupt alles vorgenommen, worinn Coriolanus an die drey Areopagiten verwiesen ist. Diese Ver=

Verſammlungen werden nach dem Calendario Illuminatorum an Ordensfeſten gehalten; es müſſen alſo die nöthigen Fälle genau aus der Inſtruction des Coriolanus excerpiert werden. Ueberhaupt wird darin von Coriolanus alles referiert, was den erſten und zweyten Grad betrift, in ſo fern ſolcher durch den dritten muß dirigiert werden.

c) Die Literas gravatoriales, ſo von Coriolanus monatlich verſchloſſener wider die drey athenienſiſche Areopagiten ſowohl als andere Conſcios von ihren nächſten Untergebenen überreicht werden, haben ſie nicht zu erbrechen, ſondern an Spartacus zu überſchicken, damit ſolcher auch verſichert ſey, daß die Areopagiten nicht mehr und nicht weniger thun, als ſie ſollen.

2. Wenn mit Coriolanus in dem bald folgenden Plan des zweyten Grades gearbeitet wird, ſo handeln ſie nach der dortigen Inſtruction und nehmen nichts weiter vor.

1) Hier præſidiert Coriolanus, neben ihm kann ein leerer Stuhl geſetzt werden.

2) Eine Zeit lang frequentieren auch alle Areopagiten, jedoch unter der Direction des Coriolanus. Und unter andern ein Beyſpiel der Subjection zu geben, ſo erweiſen

weisen sie ihm eine distinquierte Hoch=
achtung.

3) Coriolanus nimmt hier nichts vor, auſ=
ſer wozu ihm seine Statuten berechtigen,
oder er in den Seſſionen der Illuminaten
von den Areopagiten iſt inſtruiert worden.

3. We, Cato, Marius, Scipio und auch
Coriolanus verſammelt ſind, ſo iſt zu Erſpa=
rung eines Copiſten rathſam, daß nicht von
einem, ſondern wenn der Punct abgeſchloſſen
worden, ihn alle auf ein vor ſich liegendes
Papier aufzeichnen. Von dieſen Protocollen
kommt eines an mich (Spartacus); eines bleibt
im Archiv, und das dritte circuliert. So kön=
nen auch zwey oder gar nur eines genug ſeyn.
Die übrigen Areopagiten ſchicken es wieder
fort, wenn ſie ihre Excerpten daraus gemacht
haben.

4. Auch ſollen ſie ſich in ihren Correſpondenzen theilen. Cato hat (mich) Eleuſis, und
Erzerum; Scipio Sparta, und Marius Theben.

Ueberhaupt arbeiten ſie nun ordentlich, ge=
hen ſie nicht über die Vorſchriften, machen ſie
ſich ſolche bekannt, und beſchweren ſie ſich
nicht ſelbſt mit unnöthigen Arbeiten. Dieſes
iſt alles nur pro interim, ſeiner Zeit wird
alles anderſt geordnet.

Da

Da dieses nur eine Instructio für die athenienfische Areopagiten ist, so braucht solche auch nicht bey den andern zu circulieren, sondern bloß allein Cato, Marius und Scipio verfassen ihre Monita, und Erinnerungen darüber; sodann schicken sie es mir wieder zurück.

Auch werde ich die Statuta primi gradus reformieren und verbessern.*) Aus dieser Ursache halten sie auch noch einige Zeit mit der Mittheilung zurück. Machen sie nur, daß alles geschwind expediert werde, und daß sie ihre drey = und vierfache Personen genau unterscheiden.

X.
INSTRUCTIO
PRO
RECIPIENTIBUS.

1. Hat sich jemand ein anständiges Subject ausgesehen, solches dem Orden vorgeschlagen, und hat die Erlaubniß erhalten, sich an das Werk zu machen, so kann solches nicht auf einmal geschehen, sondern er suchet sich bey ihm Liebe, Zutrauen, Hochachtung zu erhalten.

2. In

---

*) Sieh Seite 26.

2. In seinem Betragen führet er sich so auf, daß der Anzuwerbende hinter ihm etwas mehr, und verborgene Eigenschaften vermuthe.

3. Er muß den andern so leiten, daß die Begierde, in eine solche Gesellschaft zu treten, bey ihm nicht auf einmal, sondern nach und nach entstehe; und daß der Anwerbende von dem Candidaten gleichsam darum gebeten werde, ihm dazu zu verhelfen.

4. Solches kann auf folgende Art am füglichsten geschehen.

1) Kann die Lectur guter und seelenerhebender Bücher dazu dienen, v. g.

Seneca.

Abt vom Verdienst.

Meiners vermischte philosophische Schriften.

Goldener Spiegel.

Beyträge geheime zur Geschicht des menschlichen Herzens.

Tobias Knaut.

Agathon.

Plutarchs moralische Schriften.

Dessen Lebensbeschreibungen.

Antonins Betrachtungen über sich selbst.

Oder es müssen Discours genützt werden, wo-

wovon der Uebergang leicht auf gesellschaftliche Verbindung ist.

2) Zu diesem Ende muß man solche Bücher bey Handen haben, die von Einigkeit, gesellschaftlicher Stärke ꝛc. handeln.

3) Z. B. bey dem Geschrey oder der Unvermögenheit eines kleinen Kindes fängt man an, von der Schwäche des Menschen zu reden, wie wenig solcher im Stande wäre allein zu thun. Man zeigt ferner, wie stark und mächtig er durch andere sey.

4) Alle menschliche Größe und fürstliche Hoheit leitet man aus der Uebereinstimmung der Willen ab.

5) Man zeigt die Vorzüge des gesellschaftlichen Standes vor dem natürlichen.

6) Verfällt man auf die Kunst, Menschen zu kennen, und zu dirigieren.

7) Zeigt man, wie leicht es wäre, daß ein kluger Kopf hundert und tausend Menschen dirigieren kann, wenn man seine Vortheile kennt.

8) Man zeigt solches durch Kriegsdienste und Soldaten, was Fürsten durch die Einigkeit ihrer Untergebenen zu thun im Stande sind.

9)

9) Man zeigt die Vortheile der Geſellſchaft überhaupt, und die Mängel der bürgerlichen, und wie wenig man ſich darinn auf die Hilfe anderer, ſogar ſeiner Freunde, verlaſſen könne.

10) Man ſagt, heut zu Tage ſey es wohl nothwendig, daß ſich einer an den andern ſchließe; die Menſchen könnten den Himmel unter ſich haben, wenn ſie einig wären, nur ihre Uneinigkeit gebe Gelegenheit, daß ſie unterjocht werden.

11) Man erweitert ſolches durch Beyſpiele, Fabeln, v. g. von den zwey Hunden, die Schaaf gehüttet, und ſolang ſie einig waren, die Heerde vertheidiget. Jeder ſammle ſich hier Beyſpiele.

12) Man verfällt endlich darauf, daß geheime Verbindungen noch mehr thun könnten, und zeigt die Urſachen an.

13) Man erläutert dieſes durch den Jeſuiter = Orden, Freymaurer = Orden, durch die geheimen Verbindungen der Alten: man behaupte, daß alle Begebenheiten in der Welt aus hundert geheimen Urſachen und Triebfedern geſchehen, worunter geheime Verbindungen vorzüglich gehören: Man erhebe das Vergnügen der ſtillen und verborgenen Macht, und Einſicht in die verborgenſte Geheimniſſe.

D 2 14)

14) Hier fängt man an, Einsichten zu zeigen, hin und wieder zweydeutige Reden fallen zu lassen.

15) Fängt der Candidat an, hitzig zu werden, so setzt man weiter durch Gründe an ihn, bis man merkt, bey ihm sey der Entschluß entstanden, und das Urtheil: wenn ich heut Gelegenheit hätte, in solche Verbindung zu tretten, so gienge ich gleich darein.

16) Diese Discours werden öfters wiederhollt.

17) Man erzählt, man habe Gelegenheit gehabt, es sey einem vertraut worden 2c. fragt den Candidaten um Rath, bringt seine eigenen Meynungen vor, die aber allzeit stärkere Gründe pro haben müßen, äußert Bedenklichkeiten, und just solche, die man glaubt, daß sie den andern zurückhalten: man löset sich aber selbe sogleich auf, und fragt den andern wieder beständig um sein Gutachten, damit er genöthigt werde ein Urtheil abzugeben. NB. Unter lang bekannten und vertrauten kann dieser kurze Weg auch gleich anfänglich ergriffen werden.

18) Zu einer andern Zeit richte man die Sache so ein, daß zu der Zeit, wo der schon soweit geführte Candidat einen besucht, einen antreffe, wo man einen

Brief

Brief mit Chiffres geschrieben erhaltet. Diesen bricht man in seiner Gegenwart auf, und liest ihn, zwar als wenn man ihn verbergen wollte, doch so, daß der andere die Chiffres sehen kann.

19) Oder man läßt einen dergleichen Brief zu solcher Zeit halb geöfnet auf seinem Tisch liegen, und wenn man glaubt, der andere habe ihn gesehen, so räumt man ihn mit der Mine eines, der nicht gerne etwas will sehen lassen, auf, und stecket ihn zu sich, oder man geht hinaus als wegen Nothwendigkeit.

20) Zu einer andern Zeit verfällt man wieder auf das erste Thema.

21) Man sucht auch die herrschende Neigung und Beweggründe zu erforschen; man leite die Sache so ein, daß er einsehen muß, solche kann nur durch solche Verbindungen und auf keine andere Art bestättigt werden.

22) Unter diesen Reden und Handlungen ist es nothwendig, daß der Candidat sich zeigen muß, ob er dazu geneigt sey oder nicht. Und nach einem von diesen beyden kann die Abbegehrung des ersten Revers geschehen oder unterbleiben.

5. Man soll sich aber ohne besondere Erlaubniß hinter keinen machen, außer

1) er sey von christlicher Religion.

2) Jünger oder im gleichen Alter mit dem Aufnehmer.

3) Man finde an ihm ein großes menschenfreundliches, und wohlwollendes Herz.

4) Außerdem aber habe er entweder Verstand (Hier ist es doch besser, wenn er seine Aufklärung erst dem Orden zu verdanken) oder Geschicklichkeit in Künsten, er sey fleißig, genau, ein guter Haushälter, und von gutem Ruf.

5) Schwätzer, Schwelger, Wollüstige, Eigensinnige, Stolze, Rohe und Ungesellschaftliche, Großsprecher, Unbeständige, Lügner, Eigennützige sind durchgehends verworfen, es wäre denn die nächste Hofnung zur Besserung.

6) Desgleichen sind auch eingeschlossen Juden, Heiden, Weibspersonen, Mönche, und Mitglieder anderer geheimen Orden,

7) Die, so schon in öffentlichen Aemtern stehen, oder im Alter weiter sind, sind nur alsdann fähig, wenn der Recipient selbst schon in officiis, und bey Jahren ist, oder

oder der Recipiendus mit allen diesen gelehrig ist.

8) Am liebsten hat man Junge von 18 bis 30 Jahren, reiche, wißbegierige, gutherzige, folgsame, standhafte und beharrliche Leute.

6. Wenn man merkt, daß der Candidat Eifer und Begierde aufgenommen zu werden, blicken läßt, so kann man zu erkennen geben, daß es dem Orden nicht so sehr darum sey, daß es Mühe koste, dazu zu gelangen.

7. Mit Mittheilung der Einsicht muß der Recipient, oder Insinuant nicht auf einmal vorfahren, sondern so, daß er allzeit noch etwas übrig behalte, und mit diesem geht er nur heraus, wenn sein Candidat anfieng, lau zu werden.

8. Er giebt ihm nichts von seiner Handschrift in die Hände, sondern, nachdem es gelesen worden, fodert er solches wieder zurück.

9. Von allem Vorgang erstattet er seinen Obern genauesten Bericht, und bittet um weitere Verhaltung, und haltet sich auch vor denjenigen, die von seinen Candidaten weiters oder mediate engagiert werden, auf das strengste verborgen.

10. Insbesondre hat er seinen Candidaten öfters zu überraschen, um zu sehen, wie er die Ordensschriften bewahre.

11. Er hat auch öftere Unterredungen mit ihm von dem Orden zu halten, und in seinem mündlich oder schriftlichen Bericht an Obere weiter anzumerken, ob der Candidat mit Eifer, Ernst, oder Kälte darüber spricht.

12. Er muß auch solchen beständig gegen die Langeweile unterhalten, ihm leichte Arbeit verschaffen, vorzüglich aber zur Ordnung, und Punctualität, besonders zur Vollziehung der Befehle angewöhnen, und darüber mit ihm verschiedene Versuche machen.

13. Weiters muß er ihn beständig aufmuntern, um Leute in Vorschlag zu bringen, die ebenfalls könnten aufgenommen werden.

14. Er soll auch öfters mit ihm gute Bücher lesen, ihm Anleitung zu Notaten und Excerpten geben, und sich solche zeigen lassen.

15. Alle in der Tabelle bemerkte Puncten von Zeit zu Zeit genau eintragen.

16. Soll er auch sehen, sein Vertrauen zu gewinnen, durch ihn geheime Verhältnisse zu erfahren, sich Karaktere von verschiedenen Personen entwerfen zu lassen 2c.

17.

17. Ueberhaupt hat er Recipient auf den genauesten Vollzug der Statuten zu sehen, selbige seinem unmittelbaren Obern anzuzeigen; keineswegs aber so leicht selbst Verweis zu ertheilen. Man verweiset ihn zu diesem Ende an die schon in Händen habende Satzungen und Verordnungen.

18. Diese Instruction wird nicht so leicht aus den Händen gegeben, sondern nur vorgelesen, oder mündliche Erklärung darüber gegeben.

XI.
INSTRUCTION
für diejenige,
welche facultatem insinuandi erhalten.

Von der Hand = und Unterschrift des Cato (Zwack)

1. Sobald es von dem ⊙ begnehmiget worden, einen aus den vorgeschlagenen zu insinuiren, so hat insinuans schickliche Gelegenheit zu suchen, um mit seinem neuen Candidaten nach und nach, je wie er ihn zu gewinnen glaubt, in Sachen zu sprechen; und wenn er ihm einmal den Hauptzweck der Gesellschaft erkläret, vom selben den Revers abzufodern, sodann die Hauptgesetze vorzulesen, den Revers an den ⊙ durch seinen resp. Insinuanten zu über=

übermachen, und das weitere zu erwarten, auch bis auf gegebene Erlaubniß nichts schriftlich dem neuen Candidaten abfolgen zu lassen. Bekömmt er Befehle dazu, so giebt er solchem succeſſive die Statuten, sodann die Inſtruction inſinuatorum, fodert das gehörige ab, haltet über jeden Actum sein Diarium, und übermachet dem ☉ das, was unten weiters vorkömmt. Anbey iſt zu beobachten

2. die genaueſte Befolgung der Statuten, welche er als inſinuatus bekommen.

3. In die laut Beylage für seinen vorgeschlagenen Candidaten verfaßte Tabelle alles getreu einzutragen.

4. Genauen Bericht von allem, was diesen seinen untergebenen anbelangt, seinem resp. inſinuanten schriftlich abzuſtatten, damit dieser es dem ☉ weiters überschreibet.

5. Seinen Candidaten öfters zu überraschen, ob er die erhaltene ☉s Schriften sorgfältig und in Ordnung verwahre.

6. Oeftere Unterredungen von dem ☉ mit solchen zu halten, und dabey anzumerken, ob Candidat mit Eifer, Ernſt oder Kälte darüber spricht, was er vorzüglich im ☉ suchet ꝛc.

7.

7. Behände Expedition von allem, was dem nen insinuierten im Namen der Gesellschaft zu zustellen, und in wichtigen Sachen Recepisse von selben abzufodern.

8. Diesen beständig aufzumuntern, daß er taugliche Leute vorschlage, und durch seinen Eifer sich gleichfalls der Erlaubniß zu werben würdig mache.

9. Wenn der neue Candidat diese facultatem von dem ☉ erlanget, so darf der durch diesen Insinuierte des neuen Candidaten Insinuanten nicht mehr kennen, und so muß es in Descendenti bis zu einer von der Gesellschaft zu bestimmenden Zeit immer gehalten werden. Dieses ist strictissimæ Obſervantiæ.

10. Da derjenige, welcher von dem ☉ die Erlaubniß erhaltet, andere vorgeschlagene Subjecta zu insinuieren, um einen Grad höher, als bloß insinuierte gestiegen, so versieht sich die Gesellschaft, daß er sein ganzes Vertrauen ihr schenken werde. Und deßhalb ist in diesem Grade bestimmt, daß noch außer den schon in der Instructione Insinuatorum bestimmten einzuschickenden halben Bögen, besonders einer, welcher alle geheime intriquen, amours, Feindschaften von zerschiedenen Personen enthält, je nach Vollständigkeit, verschloßner durch den resp. Insinuanten, unter

Auf=

Aufschrift: au Premier, übersendet werde. Dabey kann man sich der Schrift N. 1. bedienen.

11. Muß ein Catalogus von allen eigenen Büchern der Gesellschaft übergeben werden.

> Werden nur pro privata inſtructione gebraucht und mitgetheilt, um junge Leute an Ordnung zu gewöhnen, auch nach jeden feinem Caractere Stückweiſe zur Abſchrift gegeben.
>
> Cato.

XII.
REVERS.

Ich Endesgeſetzter verpflichte mich bey meiner Ehr und guten Namen, mit Verzicht auf allen geheimen Vorbehalt von den (Hier wird der Aufnehmer genannt) anvertrauten Sachen meiner Aufnahme in eine geheime Geſellſchaft betrefend, gegen keinen auch vertrauteſten Freund, und Anverwandten auf keine mögliche Weiſe, weder durch Worte, Zeichen, Blicke ꝛc. jemal das geringſte zu offenbaren, es mag nun ſolche meine Aufnahme zu Stande kommen oder nicht; um ſo mehr, als mein Aufnehmer mich verſicherte, daß in dieſer Geſellſchaft nichts wider den Staat, die Religion und die Sitten unternommen werde.

Auch

Auch verspreche ich die mir deßhalben mitzutheilenden Schriften, oder zu erhaltende Briefe, nach vorhergemachten, Niemand verständlichen nöthigen Auszügen alsogleich zurückzustellen. Und dieses Alles, so wahr ich ein ehrlicher Mann bin, und noch ferner seyn will.

(Ort, Tag, Monat und Jahr)

(L.S.) Vor- und Zuname ꝛc.

XIII.
INSTRUCTIO
INSINUATORUM
in triplo.

Die erste ist von Zwackischer Hand- und Unterschrift.

1. Jeder muß sich ein Diarium halten, wo er alle Vorfälle vom Orden, von erhaltenen Schriften ꝛc. je nach Tag und Jahre einträgt.

2. Die von seinem Insinuanten übermachten Tabellen sich abschreiben, und in jene, welche an den Orden durch den respect. Aufnehmer müßen übermacht werden, alles getreu eintragen.

3.

3. Eine Liste von denjenigen, welche er für den Orden schicklich glaubte, nebst einem Zeichen, welche er davon insinuieren könnte, durch den nämlichen Weg dem ☉ übermachen.

4. Bey den in Vorschlag zu bringenden Subjekten ist zu beobachten, daß diese ein gutes Herz, Begierde sich zu bilden, und Eifer und Liebe zum Arbeiten haben müßen. Sind sie schon in Wissenschaften bewandert, ists desto besser; sind sie es noch nicht, so kann die Gesellschaft durch ihren Unterricht ihr Verlangen befriedigen. Weiters taugen auch Künstler, vorzüglich Maler; Handwerker, sonders Drechsler, Goldschmiede, Schlosser; auch Handlanger, als Schönschreiber, Buchdrucker ꝛc. auch Männer zum Schutz und Ansehen. Man muß also mit dergleichen Personen bekannt zu werden suchen.

5. Hat jeder sich besondere einzelne Papierbögen bereit zu halten, und so, wenn der Bogen vollständig, einen anderen beyzulegen. In jedem insbesondere wird

a) all dasjenige, was man von den Karakteren, Handlungen gelehrter, erhabener Männer aus alten und neueren Zeiten liest, gesammelt. Auf ähnliche Art müßen

b) alle erhabene Gedanken, sonderbare Sentiments, Kernsprüche zusammengeschrieben,

ben, und zum Beweise des Fleißes auf Begehren dem ☉ geschickt werden.

5) Eben so hat jeder monatlich einen halben Bogen von allem, was er das Monat hindurch zum Besten der Gesellschaft, oder zu ihrer Bereicherung, oder zu ihrer Bevölkerung, oder zur innerlichen Einrichtung erfahren, gelesen, selbst überdenkt, durch seinen Insinuanten, und zwar ohne Anverlangen dem ☉ zu übermachen. Bedarf gleich die Gesellschaft dergleichen Projecten nicht, oder sind solche wegen ihrer Unschicklichkeit zu verwerfen, so sieht man doch daraus, in wie weit sich Candidat in den Plan hineinarbeitet, und wo er eines weitern Unterrichts bedarf.

6. Da man von dem ☉ einen Namen erhält, muß alles, was auf selben Bezug hat, eigends gesammelt werden.

7. Hat einer wider seinen Insinuanten Beschwerde, so sollen solche diesem verschlossener unter Addresse: au premier, gegeben werden.

8. Soll jeder ein besonders Behältniß sich zu ☉s Sachen halten, und dazu ein Billet legen, auf welchem zu stehen kömmt, daß im Fall eines unversehenen Todes diese Schriften unter dieser Addresse, die an den resp. Insinuan-

nuanten geſtellt ſeyn muß, zu beſorgen ſind. Hat man durch Krankheit Zeit, die Sachen in Ordnung zu ſetzen, ſo ſoll baldige Veranſtaltung gemacht werden, daß die Schriften mit dem Signet verwahrt, und die gehörige Addreſſe darauf geſetzt werde.

9. Muß jeder ſummariſche Copien beybehalten von dem, was er an den ☉ ſchicket, auch alle Modelle, Tabellen, Inſtructionen ꝛc. ſich abſchreiben.

Cato.

2.

In der anderen Inſtruction, welche mit dieſer erſten ſonſt meiſtens gleichlautend iſt, heißt es Nro 4.

— Ferners können auch in Vorſchlag gebracht werden Künſtler, vorzüglich Maler, Petſchierſtecher ꝛc. auch Handwerker u. ſ. w.

3. INSTRUCTIO INSINUATORUM, SEU POTIUS RECEPTORUM.

Weicht von der erſten in einigen Stellen ab, wie folgt.

1. Jeder muß ſich ein Diarium halten, wo er alles, was er vom ☉ bekömmt, oder an denſelben abgiebt, genau aufzeichnet.

2.

2. Muß er die von seinem Insinuanten übermachte 1te und 2te Tabelle getreu verfassen, und durch seinen resp. Aufnehmer dem ☉ übermachen.

3. Liefert er von Zeit zu Zeit eine genaue Schilderung von den Fähigkeiten und Karakteren jener Personen, die er in den ☉ aufgenommen, oder aus Gründen davon ausgeschlossen zu seyn wünschte.

4. Hiebey ist zu beobachten, daß die in Vorschlag zu bringenden Subjecten ein gutes Herz, Begierde sich zu bilden, und Eifer und Liebe zum Arbeiten haben müssen. Sind sie in Wissenschaften noch nicht erfahren, so kann ihnen der ☉ dazu verhelfen. Es können auch Künstler in Vorschlag gebracht werden, so wie geschickte, und ansehnliche Handwerker.

5. Jeder hat besondere einzelne Bögen Papier bereit zu halten, und für folgende Fächer zu bestimmen, auch nach Vollendung neue beyzulegen.

    a) Müßen Karaktere, Handlungen, Denkungsart gelehrter, ansehnlicher Männer alter und neuer Zeiten aufgezeichnet und gesammelt werden.

    b) Eben das gilt auch von erhabenen Gedanken, sonderbaren Sentimens, Kernsprüchen,

sprüchen, und Systemen derselben sowohl, auch der von dem ☉ anbefohlenen oder angerathenen Bücher. Diese Sammlungen müßen auf Verlangen zum Beweiß des Fleißes vorgezeigt, und auch eingeschickt werden.

5) Mit Ende eines jeden Monats übergiebt jeder einen verschlossenen Zettel unter der Aufschrift: *Quibus licet*, an seinen Recipienten. Hierin zeigt er an:

1) Wie sein Recipient mit ihm verfährt, fleißig, oder nicht, gelind oder hart.

2) Ob, und was für Beschwerden er gegen den Orden habe.

3) Was er dieses Monat für Geld an den Orden abgegeben habe.

Hat jemand eine besondere Klage, so schließt er diese unter der Aufschrift: *Soli*, in das Quibus licet ein, und wenn er will, daß diese Klagen auch nicht der Höchste der Provinz, zu der er gehört, sondern der Oberste des ganzen ☉s lesen soll so schreibt er *Primo* darauf.

6. Von dem monatlich einzuschickenden Diarium ist schon oben Nro 1. gesagt worden.

7. Da jeder von dem ☉ einen eigenen neuen Namen erhält, so muß er alles sammeln, was

was auf die Person, deſſen Name er trägt, Bezug hat, um ſeiner Zeit eine ganze Geſchichte davon liefern zu können.

8. Jeder ſoll ſich ein eigenes Behältniß zu ☉s Sachen halten, und ein Billet dazu legen, worauf unter der Addreſſe des reſp. Inſinuanten, oder Obern zu ſchreiben iſt, daß im Falle eines unverſehenen Todes dieſe Schriften gehörig an den zu beſtellen ſeyn, an welchen die Ueberſchrift gerichtet iſt. Hat man durch Krankheit Zeit, die Sachen in Ordnung zu ſetzen, ſo ſoll baldige Veranſtaltung getroffen werden, daß dieſe Schriften mit dem Signet verwahrt, und die obige Addreſſe darauf geſetzt werde.

9. Jeder muß eine ſummariſche Copie von allem, was er an den ☉ geſchicket, für ſich behalten, auch alle Modelle von Tabellen und Inſtructionen ſich abſchreiben, um in der Zukunft für andere davon Gebrauch machen zu können.

XIV.

24. Puncten,

welche entworfen worden, um ſie den Neuaufzunehmenden als Fragen vorzulegen.

Von der Handſchrift des Spartacus (Weishaupt.)

1. Ob er noch gedenke aufgenommen zu werden?

2. Ob er solches gehörig überlegt, daß er hier einen grossen Schritt wage? und unbekannte Verbindlichkeiten übernehme?

3. Aus was Ursachen er in den Orden trette? Was er darinnen hoffe und erwarte?

4. Ob er auch in den Orden tretten würde, wenn solcher keinen andern Endzweck, als moralische Vollkommenheit, auch keine andere Vortheile hätte?

5. Wenn der Orden neu wäre, wenige Mitglieder, eine Erfindung des Aufnehmers?

6. Wenn unanständige ungerechte Sachen darinnen vorkämen?

7. Ob er das Wohl des Ordens als sein eigenes betrachten könne?

8. Ob er alle Mitglieder lieben wolle?

9. Wenn auch er unter diesen seine Feinde antreffen würde?

10. Ob er auch sogar, wenn es nothwendig wäre, und auf ihn ankäme, seinen Feinden Gutes thun, sie anempfehlen, rühmen wolle?

11. Ob er in seiner Abwesenheit sich mit den Mitgliedern des Ordens noch einlassen wolle?

12. Ob

12. Ob er solche bey aller Gelegenheit ehren, unterscheiden, ihnen vor allen andern Profanen Vorzug wolle angedeyhen lassen?

13. Wie er empfangene Unbilden von Mitgliedern, und die von Auswärtigen rächen wolle?

14. Wie er sich verhalten wolle, wenn es ihn gereuen sollte?

15. Ob er mit seinen Brüdern Glück und Unglück theilen wolle?

16. Ob er auf seine Geburt, Amt und Stand dergestalt Verzicht thue, daß er sich solches niemalen zum Schaden und Verachtung anderer Mitbrüder bedienen wolle?

17. Ob er kein Mitglied eines andern Ordens sey?
Wie solcher heiße?
Ob er solchen abschwören wolle, oder nicht?

18. Ob er nicht gedenke, seiner Zeit in einen andern noch zu tretten?

19. Wie er sich verhalten würde, wenn solcher ein gegenseitiges Interesse hätte?

20. Ob er nicht aus Leichtsinn, aus Erwartung, bald etwas von der Einrichtung gegenwärtigen Ordens zu vernehmen, dazu verleitet worden, daß er leichtlich verspreche.

21. Ob

21. Ob er alles auf das genaueste befolgen wolle, was die Ordenssatzungen mit sich bringen?

22. Ob er auch seiner Zeit bedacht seyn wolle, den Orden zu verbreiten?

23. Ihm mit Rath und That, Geld und Gut benöthigten Falles an Handen gehen wolle?

24. Unter welcher Strafe, Ahndung, Versicherung er sich zu diesen allen verbinde?

XV.
Ceremonien, und Feyerlichkeiten bey der Initiation.

Die Handlung der Einweihung geht allzeit vor bey Tag in einem einsamen abgelegenen etwas dunklen Orte, z. B. einem Wald, oder bey Nachtszeit in einem stillen abgelegenen Zimmer, um eine Zeit, wo der Mond am Himmel steht. Das Zimmer muß, so viel es thunlich, finster seyn, wo in zwey Ecken ein Tisch mit einer Oellampe zu stehen kommt, an einem sitzt der Einweihende, am anderen der Einzuweihende. Die Lampe muß dunkel brennen, und nur denjenigen, der ihrer zum Lesen bedarf, allein bescheinen. Niemand ist dabey gegenwärtig, als der Einzuweihende, und derjenige, so ihn aufnimmt. Wo möglich, muß der Aufnehmer eine dem Candidato unbekannte Person seyn, auch mit der Zeit ein eigenes Officium für ein Mitglied werden, welches durch Leibs = Stature, gesetzten ernsthaften Ton, und majestätisches Ansehen der Handlung die gehörige Feyerlichkeit zu geben im Stande ist. Geschieht die *Initiation* im Hause, so müßen die Thüren verschlossen, und, wo möglich, durch ein Vorzimmer, so ebenfalls geschlossen, und vor dem Thürhorchen sicher seyn. Darauf fängt der *Recipient* an.

NB. Nachstehende Fragen werden dem Einweihenden, und Einzuweihenden, wie Theatralpersonen, mit ausgezeigten Schlagwörtern abgeschriebner gegeben. Sie werden von jedem in einem Zimmer sitzend, und in einem Walde, stehend, mit Ueberlegung, laut gelesen, bis auf dem Eid, der vom Einzuweihenden kniend abgefodert wird.

Was ist ihr Begehren N. N. (hier wird der Ordensnamen des Einzuweihenden genannt.)

Initiandus. Erhabenes Mitglied des erlauchten Ordens, in welchen ich verlange aufgenommen zu werden, die Zeit meiner Probe ist vorbey, auf ihren Befehl erscheine ich allhier, ich verlange noch einmal nach gehöriger, reifer zweyjähriger Ueberlegung aufgenommen zu werden, wenn ich anderst in den Augen der erlauchten Gesellschaft tauglich gefunden werde.

Initians. Ich habe ihr *Conduit* eingeschickt, Proben ihres Fleißes eingesandt, sie sind dadurch fähig gefunden worden, einer von uns zu seyn, ich wünsche ihnen in diesem Rückfall Glück, und ermahne sie zu genauer Befolgung alles dessen, was man von ihnen fodern wird — Aus einer zweyjährigen Ueberlegung, Erfahrung, Umgang, Durchlesung der eingetheilten Schriften, und Nachrichten werden sie sich nothwendig den Begriff gemacht haben, daß der Endzweck unserer Gesellschaft nichts weniger sey, als Macht und Reichthum zu erwerben, die weltliche, oder geistliche Regierung zu untergraben, sich der Herrschaft der Welt zu bemächtigen, und so weiter. Haben sie sich unsre Gesellschaft unter diesem Gesichtspunkte vorgestellt, oder sind sie in dieser Erwartung hineingetretten, so haben sie sich gewaltig betrogen, und da sie auf etwas ganz Verschiedenes *consentirt*, so entlasset sie die Gesellschaft durch mich, wenn sie wollen, unter der Obliegenheit des Stillschweigens gänzlich, sie sind so frey wie vorhero, die Gesellschaft macht außer dem Fall der Beleidigung keinen Ausspruch auf sie, dagegen haben sie auch von ihr, außer den ordinaren Zwangs= und Liebspflichten, nichts zu erwarten

ten — Beharren sie nunmehro noch beständig auf diesem Entschluß?

Initiandus. Ich beharre darauf, und verlange aufgenommen zu werden.

Initians. Haben sie aber auch genug überdacht, daß sie sich neue Verbindlichkeiten aufbürden, daß sie auf diese Art ihre natürliche Freyheit einschränken? Daß sie auch unangenehme Befehle erhalten können? Daß sie Personen antreffen können, denen sie abgeneigt sind, die vielleicht gar ihre Feinde sind, daß sie dadurch können gereizt werden, gegen Obere ungehorsam, und gegen die ganze Gesellschaft meyneidig zu handeln?

Initiandns. Ich habe alles genau überdacht, ich bin vollkommener Herr meines Willens, ich bin genau überzeugt, daß Ausgelassenheit, und totale Unabhängigkeit dem Menschen schädlich, daß es nothwendig, daß seine Begierden geleitet werden, daß ich ohne Beystand anderer unvermögend, und nichts bin, daß nicht alles Unangenehme dem Menschen wahrhaft bös, so wie auch nicht alles Angenehme dem Menschen wahrhaft gut sey. Daß mir nichts ohne dem meinigen, und der Gesellschaft Besten, und vernünftigen Ursachen werde aufgetragen werden. Die Mitglieder der erlauchten Gesellschaft sind in meinen Augen meiner Liebe würdig

würdig genug, wenn die **erlauchte Gesellschaft** sie der ihrigen würdig erachtet.

Initians. Ich (**Ordensnamen**) von der erlauchten Gesellschaft Bevollmächtigter lobe ihre Gesinnungen; bevor ich ihnen aber den Eintritt in den Orden gestatte, will ich zuvor ihre Bedingungen hören, unter welchen sie eintretten.

Initiandus. Ich übertrage ihnen, und der erlauchten Gesellschaft in ihren Namen alles Recht über mich, anbey auch, die Pflicht für mich, meine Sicherheit, und wahres Beste, daß mit dem Wohl und Aufnahm der Gesellschaft bestehen kann, zu sorgen. Dafür verbinde ich mich gehorsam zu seyn, sie zu ehren, zu dem Besten der Gesellschaft alle meine Kräfte zu verwenden; sollte ich aber von der Gesellschaft erfahren, daß sie bloß zu meinem wahren, nicht aber eingebildeten Schaden denke, daß sie mich bloß nach ihrem Eigensinn behandlen, und mißbrauchen wolle, so verfluche ich sie, betrachte sie als meinen Feind, und bin ich zu schwach das Joch abzuwerfen, so will ich solches mit Unwillen ertragen, und der Sklav dieser Gesellschaft soll ihr ärgster heimlicher Feind seyn.

Initians. Ihr Begehren ist gerecht und vernünftig, ich verspreche ihnen dahero im Namen unserer erlauchten Obern, im Namen aller Mit-

Mitglieder, und des ganzen Ordens, Schutz und Gerechtigkeit, und Beystand; dagegen steht die Gesellschaft vor keine Unbilden, die sie sich durch ihr Verschulden zugezogen, oder dadurch, daß sie auf die Macht, und Beystand des Ordens gesündigt haben. Aber (hier wird der Ordensname des Einzuweihenden genannt, und ihm der Degen auf die Brust gesetzt) sollst du Verräther, oder Meineidiger werden, so sehe hier in diesem Degen alle, und jede von der Gesellschaft gegen dich in Waffen. Glaube nicht sicher zu seyn, wo du auch immer hinfliehest, die Schand und Vorwürfe deines Herzens, und die Rache deiner dir unbekannten Brüder, wird dich bis in dein Innerstes peinigen, und verfolgen.

Nunmehro, wenn sie noch darauf bestehen, legen sie nachstehenden Eid ab.

Der Eid
wird abgelegt mit über den Kopf gehaltener flacher Hand.

Ich N. N. bekenne hier vor Gott dem Allmächtigen, und vor ihnen, würdiger Bevollmächtigter des erlauchten Ordens, in welchen ich verlange aufgenommen zu werden, daß ich diese meine natürliche Schwäche, und Unvermögenheit erkenne, daß ich mit allem Rang,
Ehren,

Ehren, und Titel, die ich in der bürgerlichen Gesellschaft fodern kann, im Grund nichts weiter bin, als ein Mensch. Daß ich alles übrige, und mehrere, gleichwie ich es durch meinen Nebenmenschen erhalten, eben so auch durch sie verlieren kann, daß mir also aus diesem Grund der Beyfall und Achtung meiner Nebenmenschen unentbehrlich sey. Daß ich solchen nach aller Möglichkeit zu verdienen suchen werde, noch vielweniger aber meine sowohl gegenwärtig, als zukünftige Macht und Ansehen zum Nachtheil des allgemeinen Bestens gebrauchen, wohl aber den Feinden des menschlichen Geschlechts, und der bürgerlichen Gesellschaft nach meinen Kräften widerstehen wolle.

Ich bekenne, und schwöre ferner, daß ich alle Gelegenheiten, der Menschheit zu dienen, begierig ergreifen, meine Erkänntniß und Willen verbessern, und meine nützliche Einsichten allgemein machen wolle, in so fern es das Wohl, und die Statuten gegenwärtiger Gesellschaft von mir fordern werden.

Ich gelobe auch ewiges Stillschweigen in unbrüchlicher Treue und Gehorsam allen Obern und Satzungen des Ordens. Ich thue auch hier treuliche Verzicht auf meine Privat-Einsicht, und Eigensinn, wie auch auf allen meinen eingeschränkten Gebrauch meiner Kräfte, und Fähigkeiten.

Ich

Ich verpflichte mich, das Beste des Ordens als mein eigenes anzusehen, und bin bereit solchem, so lang ich ein Mitglied davon bin, mit meinem Gut, Ehr, und Blut zu dienen. Sollte ich jemalen aus Ueberlegung, Leidenschaft, oder gar Bosheit gegen die Satzungen, und das Wohl der erlauchten Gesellschaft handeln, so unterwerfe ich mich allen Ahndungen, und Strafen, so mir von meinen Obern zuerkannt werden.

Ich verspreche weiters, daß ich in den Angelegenheiten des Ordens nach bestem Wissen, und Gewissen mit Aufopferung meines eigenen Privat-Vortheils rathen und handeln, wie auch alle Freund und Feinde der Gesellschaft als meine eigene betrachten, gegen diese aber mich auf keine andere Art betragen wolle, als nach der Anweisung der Gesellschaft mir wird aufgetragen werden.

Nicht weniger bin ich bereit, auf alle erlaubte Art und Weis auf ihre Vergrößerung, und Vermehrung bedacht zu seyn, und meine Kräfte nach Möglichkeit zu verwenden.

Ich verzeihe mich zu solchem Ende auf allen geheimen Vorbehalt, und gelobe dieses alles nach der Intention der Gesellschaft, die mir diesen Eid auflegt,

  So wahr mir Gott helfe.

Nach

Nach abgelegtem vorgegangenen Eid wird dem angehenden Candidaten vorgetragen:

1. Daß es in der angehenden Klasse ihm ebenfalls noch frey stehe, zurückzutretten, jedoch binde ihn das Stillschweigen noch stärker, als zuvor.

2. Irre er sich, wenn er glaube, gegenwärtig mit allen Gliedern des Ordens in Bekanntschaft zu gerathen, solche haben die höchste Ursache, sich noch weiter vor ihm zu verbergen, seiner Zeit werde er diese Vorsicht selbst gutheißen, jedoch werden ihm Mittel an die Hand gegeben werden, einige durch seine Mühe selbst zu entdecken. (Hier werden ihn die Zeichen gelehrt.)

3. Solle er innerhalb Monatszeit (will er eine längere Zeit, so steht es bey ihm) ein Verzeichniß seiner Bücher überreichen, sowohl von Juristen, Theologen, Asceten, Predigern, Schulbüchern, Philosophen, Chimisten &c. &c. der Catalogue muß in Fächer eingetheilt seyn, und bey jedem Buch die Edition angemerkt werden.

4. Nicht weniger, soll er inner eben dieser Zeit seine Gedanken entwerfen, und einhändigen über folgende Stücke:

a) Was er sich zum Endzweck des Ordens wünsche.

b)

2) Welche Mittel er anwenden werde, um zu diesem Zweck zu gelangen.

3) Welche Einrichtung er treffen würde, wenn er einen Orden einzurichten hätte.

4) Was er besonders nicht wünsche, daß in dem Orden geschehen, oder sich vorfinden möchte.

5) Welche Personen er nicht darinn anzutreffen hoffe.

Sollte sich aber ereignen, daß Candidat entweder unter der Verhandlung selbst, oder zu Ende derselben von seinem Vorhaben abtretten wollte, so ist solcher keineswegs aufzuhalten, sondern nach Auftrag des strengsten Stillschweigens mit aller Höflichkeit zu entlassen.

Wenn der Recipiendus seinem Recipienten Zweifel vorleget, die solcher in continenti zu beantworten nicht im Stande wäre, so wird die Verhandlung bis auf weiters eingestellt, oder gestalten Umständen nach auch fortgemacht, die Beantwortung der Fragen und Zweifel aber bis auf erhaltenen Unterricht ausgesetzt; doch aber, wenn die Handlung soll unterbrochen werden, müßen die Zweifel und Bedenken sehr wichtig seyn.

XVI.

XVI.
La Profession de foi.

Von zwackischer Handschrift.

Ich N. bekenne hiemit an gegenwärtigen Ort und in Beyseyn dieses Mitgliedes der erlauchten Gesellschaft, in welche ich nach reifer Ueberlegung und ausgestandener Probezeit sehnlichst verlange aufgenommen zu werden, und gelobe solcher an, daß ich diese Zeit hindurch hinlänglich erfahren, eingesehen und überlegt habe, daß ich aus den Händen der Natur, aus dem Leib meiner Mutter arm, hilflos, ohne Rang und Ehren gekommen, daß diese meine Güter, Vermögen und Stand erworbene Dinge, daß ich, in so ferne ich solche von meinen Vorältern erhalten ohne all mein Zuthun, ich keine Ursach habe stolz zu seyn, daß ich ohne der Beyhilf meiner Nebenmenschen und Aeltern niemalen zu diesem Alter und Grad hätte gelangen können, daß ich allen, die mir dazu etwas beygetragen, vollkommnen Dank wisse, und nach meinen Kräften und Gelegenheit wiederum dienen werde. Nicht minder bekenne ich, daß ich daraus ersehen, daß der Beyfall und Hilf meiner Nebenmenschen mir interessant und nothwendig ist; daß ich ohne solchen nichts sey, daß ich sie darum liebe, daß ich bereit bin, ihnen zu dienen, und Kraft dessen

deſſen thue ich hiemit gänzlichen Verzicht auf alle Beleidigung, Stolz, Verachtung, Uebermuth und ungeſelliges Betragen. Ich verſpreche gegen meine Obere ein getreuer Unterthan, gegen meines gleichen ein getreuer Freund, und gegen Untergebene ein wahrer Vater zu ſeyn. Ich verſpreche nicht weniger allen Schwachen ſowohl, als Mächtigen Gefälligkeit wiederfahren zu laſſen, Ungerechtigkeit an andern, ſo viel bey mir ſteht, zu verhindern, Unſchuld und Armuth zu ſtützen, böſen, eigennützigen, deſpotiſchen Abſichten niemal beyzutretten, mich der größten Unpartheylichkeit zu befleißen, ſo vollkommen zu machen, als bey mir ſteht, zu dem Beſten der menſchlichen Geſellſchaft mit größtem Eifer die Hand zu biethen, und zu dieſem Ende mich der erlauchten Geſellſchaft ganz zu überlaſſen, nicht minder will ich die Verbeſſerung des menſchlichen Geſchlechtes, die Verbreitung moraliſcher Tugenden, Beobachtung der Pflichten, Verbeſſerung der Erkenntniß, und Verfolgung ſchädlicher Irrthümer meine angelegenſte Sache ſeyn laſſen, die dazu nöthigen Wiſſenſchaften erlernen, und in allem meinen nöthigen Verfehren mit möglicher Klugheit darein gehen. Mein Umgang ſoll bloß allein mit guten ſeyn, und ſolchen, wo ich beſſern kann; mit andern will ich bloß allein Umgang pflegen, um ſie zu guten Abſichten geneigter zu machen. Ich will auch alle und jede, ſo ich erfahren werde, daß ſie ſich in dieſen

diesen Absichten als Mitglieder dieser erhabenen Gesellschaft mit mir vereiniget, als meine liebste Brüder ansehen, sollten sie auch vorher meine Feinde gewesen seyn, allen Haß und Feindschaft vergessen, sie aller Orten anrühmen, das Meinige zu ihrer Beförderung beytragen, sie vor allen andern Profanen unterscheiden, auch ihnen niemal Gelegenheit geben, daß sie sich wider mein Betragen beklagen können. Und da ich fest glaube und hoffe, nur in diesem Orden diesen edeln Zweck erhalten zu können, so gelobe ich dieser erlauchten Gesellschaft an, Zeit meines Lebens in keinen andern Orden zu tretten, sondern vielmehr das Beste gegenwärtigen Ordens nach Möglichkeit zu befördern, Glück und Unglück mit ihm zu theilen, und soll ich in einem oder dem andern Stück als nothwendig erfunden werden, so setze ich mich freywillig nach reifer Ueberlegung aller nur gerechten Rache der Gesellschaft gänzlich dar.

XVII.

Aufnahms-Protocoll
des
Juristen St = =
mit dessen Hand- und Unterschrift, samt Fertigung.

Interrogatoria.   Responsiones.

1.

Ob er noch gedenke aufgenommen zu werden?

Ad 1.

Ja.

2. Ob

2.

Ob er solches gehörig überlegt, daß er hier einen grossen Schritt wage, und unbekannte Verbindlichkeiten übernehme?

Ad 2.

Ja! man hat mir solches schon lange genug vorher gesagt, und ich weiß, daß ich es thun werde; indem ich weiß, daß man nichts anders auferlege, als was zum Besten des Ganzen abzwecket.

3.

Aus was Ursachen er in den Orden trette, was er darin hoffe, und erwarte?

Ad 3.

Daß ich in Stand gesetzt werde, anderer sowohl als meine eigne Glückseligkeit in Verbindung mit andern zu erhalten, und daß, wenn ich das Meinige pflichtmäßig beytrage, auf den Beystand anderer vertrauen dürfe.

4.

Ob er auch in den Orden tretten würde, wenn solcher keinen an-

andern Endzweck als menschliche Vollkommenheiten, auch keine andern Vortheile hätte?

5.

Was er machen würde, wenn der Orden noch neu, oder e. g. die Erfindung eines andern wäre?

Ad 4.
Ja! indem auch dieses etwas Vorzügliches sey, sich zu vervollkommern.

Ad 5.
All mögliches anwenden, daß er zu einer baldigen und ansehnlichen Größe erwachsete: und auch wenn er die Erfindung eines andern wäre, dazu halten, und bestmöglichst verwenden, indem, was ich bisher gesehen, und urtheile, alles gut ist; auch ein jeder Orden hat einen Anfang haben müßen: ich würde mich erfreuen, einer von jenen ersten zu seyn, die ein solches Werk zur Vollkommenheit bringen helfen.

6.

6.
Wenn unanſtändige ungerechte Sachen vorkämen, wie er ſich verhalten würde?

Ad 6.
Ich würde ſolches thun, wenn es mir der Orden befiehlt, indem ich ja vielleicht nicht einſehen würde, ob es wirklich ungerecht ꝛc. wäre. Dazu: wenn es auch unter einer andern Rückſicht vielleicht ſo ſeyn könnte, ſo hörten ſie ſolche zu ſeyn auf, wenn ſie als ein Mittel dienen, die Glückſeligkeit, oder den Endzweck des Ganzen dadurch zu erhalten.

7.
Ob er das Wohl des Ordens als ſein eigenes betrachten wolle, und könne?

Ad 7.
Ja allzeit, indem durch das Wohl des ganzen Ord en auch das meinige erhalten wird, und wenn dieſes nicht wäre, auch ich vor mich allein betrachtet, nichts ſeyn würde. Was meine

ne Macht angeht, iſt ſelbe, auf meine Umſtände betrachtet, dermal zwar noch klein, aber ungehindert und frey. Hoffe auch, daß ſich ſelbe bald vermehren werde.

8.

Es kann ihm nicht unverhalten gelaſſen werden, daß dem Orden Mitglieder, ſo von ihm nur Macht, Größe, Anſehen erwarten, nicht die liebſten ſind; man muß oft verlieren, um zu gewinnen: ob er das wiſſe?

Ad 8.

Ja dergleichen Mitglieder, die dieß alles vom Orden allein erwarten: wenn aber einer anderwärtig durch ſeinen Fleiß oder andre Wege Anſehen erwirbt, um dadurch dem Orden zu dienen, ſo kann dieſes nicht unangenehm ſeyn. Man muß oft verlieren, um zu gewinnen, iſt richtig, indem man

man ja nicht immer sinnliche und gegenwärtige Vortheile suchen muß; Nein, auch Vortheile, die nach langen Jahren sich äußern, sind vortheilig, reizend, und angenehmer, als solche sinnliche oder gegenwärtige.

9.
Ob er alle Mitglieder lieben kann, und wolle, wenn er auch unter diesen seine Feinde antreffen sollte?

Ad 9.
Ja, in allweg, indem sie sodann aufhören, Feinde zu seyn, wenn sie Mitglieder sind, die miteinander zum gemeinschaftlichen Zweck arbeiten.

10.
Ob er auch sogar, wenns nöthig wäre, und auf ihn ankommen sollte, seinen Feinden Gutes thun, sie anempfehlen, rühmen ꝛc. wollte?

Ad 10.
Ja, allzeit; denn dieß erfodert die Menschheit, und dieses verräth eine Stärke des Geistes, derer

11.

Ob er dieser Gesell=
schaft oder Orden auch
das Jus vitæ & necis,
aus was Gründen, oder
nicht zugestehe?

rer ich mich ebenfalls
schmeichle.

Ad 11.
Ja, warum, nicht?
wenn es einmal nicht
anderst seyn kann, und
die Gesellschaft sehe sich
in die Nothwendigkeit
gesetzt, wenn sie dieses
Mittel nicht ergriffe,
ihren größten Ruin zu
beförchten. Die poli=
tische Verfassung würde
wenig dabey verlieren,
indem tausend andere
da sind, die dessen Stel=
le ersetzen. Uebrigens
beziehe ich mich auf die
oben Nro. 6. gegebene
Antwort.

12.
Ob er die Mitglieder
bey aller Gelegenheit
unterscheiden, den Vor=
zug vor allen anderen
Profanen wolle ange=
deyhen lassen?

Ad 12.
Ja, in allweg: in=
dem sie als Ordensmit=
glie=

13.

Wie er empfangene Unbilden, grosse und kleine, von Auswärtigen, und von Mitgliedern rächen wolle?

14.

Wie er sich verhalten würde, wenn es ihn dereinst gereuen sollte, in den Orden getretten zu seyn?

glieder ein Recht mehr dazu haben.

Ad 13.

Durch eben entgegengesetzte Wohlthaten, und Freundschafts = Bezeigungen.

Ad 14.

Ich glaube gar nicht, daß dieser Fall sich sollte ereignen. Und sollte es ja je geschehen, so sollte sich ein jeder die Ursach selbst beymessen, er soll sein Herz in allen sehr geheim anklagen, und übrigens immer fortfahren, wie er angefangen, das Beste des Ordens zu besorgen, auch mit seinem eigenen Untergang, dieweil, wenn er zu Grunde geht, nicht viel Schade ist,

da

15.
Ob er mit allen Brüdern Glück und Unglück theilen wolle.

16.
Ob er auf seine Geburt, Amt, Stand, Macht dergestalt Verzicht thue, daß er sich solcher niemals zum Schaden und Verachtung anderer Mitglieder bedienen wolle?

17.
Ob er kein Mitglied eines andern Ordens sey,

da im Gegentheil er bedenken solle, dadurch so vielen andern gedient zu haben, und das Ganze ihm allzeit mehr am Herzen seyn soll, als sein Privat-Vortheil.

Ad 15.
Ja in allweg; denn es sind alle gleichsam eine einzige Person, und das Unglück anderer ist auch unser eigenes.

Ad 16.
Ja, vollkommen, sondern ich werde mich im Gegentheil befleißen, alles zu deren Vortheil zu gebrauchen.

sey, oder vielleicht in einen andern zu gehen gedenke?

18.
Ob er nicht aus Leichtsinn oder Erwartung, bald etwas von der Einrichtung dieses Ordens (zu erfahren), dazu verleitet werde, daß er so leichtweg verspreche?

19.
Ob er alles auf das genaueste befolgen wolle, was die Ordenssatzungen

Ad 15.
Nein! er wisse von keinem andern, und sey mit diesem allein gerne zufrieden.

Ad 18.
Nein, ganz und gar nicht: ich wüßte nicht, wozu es mir helfen sollte. Ich denke zu rechtschaffen, und wenn ich mich lange bedenkete, oder Schwierigkeiten machte, dann könnte man denken, ich wäre niederträchtig genug, auf solche Sachen zu denken. Meine Seele ist rein, und ich bin mit ganzem Herzen dem Orden ergeben.

ṗungen mit ſich brin=
gen?

20.
Ob er unbedingten Gehorſam angelobe; und wiſſe, was das ſey?

21.
Ob er durch Nichts könne abgeſchreckt wer=
den, in den Orden zu gehen?

22.
Ob er ſeiner Zeit be=
dacht ſeyn wolle, in Bedärfensfall den Or=
den zu verbreiten, ihm mit Rath und That, Geld und Gut an Han=
den zu gehen?

23.
Ob ihm keine von die=
ſen Fragen vermuthlich ge=

Ad 19.
Ja, ſo wie ich ſchon mehrmalen verſprochen.

Ad 20.
Ja! freylich iſt dieß wichtig; jedoch ich bin überzeugt, daß der Or=
den nur dadurch das Beſte abzwecke.

Ad 21.
Nein, durch gar nichts, und ich bin voll=
kommen Herr von mei=
nen Entſchlüſſen.

Ad 22.
Ja!

gewesen, und was für welche?

Ad 23.
Schier gar keine, außer die Nro. 9. 10. 13. und 22.

24.
Unter welcher Strafe, Ahndung, Versicherung er sich zu diesen allen verbinde?

Ad 24.
Zu jeder, die der Orden vor gut befinden werde, nach Maaßgab meines Nro. 20. angelobten unbedingten Gehorsams.

Ita dicit et jurat den 29. Sept. 1776.

(L.S.) Franz Anton St = s Jur. Absol.

2. Auf=

Aufnahms-Protocoll

des

Juristen B = =

Mit dessen Hand- und Unterschrift, samt Fertigung.

Quæstiones.	Responsiones.
1. Ob er noch gedenke in den Orden zu tretten, und aufgenommen zu werden?	Ad 1. Bis daher hab ich kein Bedenken, mich darein zu begeben.
2. Ob er solches gehörig überlegt, daß er hier einen grossen Schritt wage, und unbekannte Verbindlichkeiten übernehme?	Ad 2. Nachdem ich den Endzweck von dem Orden so rühmlich finde, so vermuthe ich eben solche Pflichten, die ich also gar nicht anstehe zu übernehmen.

3.
Aus was Ursachen er in den Orden trette, was er darin hoffe, oder erwarte?

Ad 3.
Der Bewegungsgrund, der mich determiniert, in den Orden zu gehen, der entspringt ebenfalls aus dem Endzweck, auf den der Orden abzielet; denn da derselbe dahin gehet, daß er den Uebelgesinnten zu stürzen suchet, den Wohlgesinnten aber aufzuhelfen, so nehme ich ganz gerne jene Pflichten auf mich, wodurch dieses kann ausgewirket werden.

4.
Ob er auch in den Orden tretten würde, wenn solcher keinen andern Endzweck, als menschliche Vollkommenheiten, auch keine andern Vortheile hätte?

Ad 4.
Sollte auch der Orden keine andere Vortheile haben, als, daß dadurch die Mitglieder desselben an ihren Gemüthern

5.
Was er machen würde, wenn der Orden neu wäre, wenige Mitglieder, oder gar eine Erfindung des Aufnehmers wäre?

6.
Wenn unanständige, ungerechte Sachen darin vorkämen, wie er sich verhalten würde?

7.
Ob er das Wohl des Ordens als sein eigenes betrachten wolle, und könne?

8.
Ob er alle Mitglieder des Ordens lieben wolle?

muthern gebessert würden, so würde ich dennoch bereit seyn.

Ad 5.
Auch dieses würde mich nicht abändern, hineinzugehen. Diese Frage kam mir nicht unvermuthet.

Ad 6.
Werde mich nicht weigern zu unternehmen, wenn das allgemeine Beste dadurch befördert würde.

Ad 7.
Ich kann, und will es auch für das meinige erkennen.

Ad 8.
In Rücksicht, daß sie

fie Glieder des Ordens
sind, werd ich sie auch
alle lieben.

9.

Wenn er auch unter
diesen seine Feinde an-
treffen würde?

Ad 9.
Auch, wie vorher.

10.

Ob er auch sogar,
wenns nöthig wäre,
und auf ihn ankommen
sollte, seinen Feinden
Gutes thun, sie anem-
pfehlen, rühmen wolle?

Ad 10.
Wenn das das Be-
ste des Ordens erfodert,
so würde ich auch dieß
gerne thun.

11.

Ob es ihm allzeit
bekannt seyn muß, daß
dieß das Beste des Or-
dens sey, im Fall es
ihm nicht intimiert
würde, wie er sich da
verhalten würde?

Ad 11.
Weil ich nothwendi-
ger Weise glaube, daß
die Mittel, wodurch
das Beste des Ordens
befördert wird, den
Obern besser, dann mir
bekannt seyn müßen,
so engagiere ich mich
auch

G

12.

Ob er dieser Gesellschaft, oder Orden das jus vitæ & necis in omnes, aus was Gründen, oder nicht zugestehe?

13.

Ob er die Mitbrüder des Ordens bey aller Gelegenheit unterscheiden, und ihnen den Vorzug vor andern Profanen wolle angedeyhen lassen?

auch zu Handlungen, deren Ursach ich nicht einsehe.

Ad 12.

Aus eben dem Grunde ich den Regenten der Welt zugestehe, daß sie den Gewalt über Leben und Tod der Menschen haben, aus eben diesem gestehe ich es auch ganz gerne meinem Orden zu, der eben sowohl, wie die Regenten der Welt sollen, das Beste der Menschen befördert.

Ad 13.

Warum das nicht?

14.

Wie er empfangene schwere, oder leichte Unbilden von Mitbrüdern, oder Auswärtigen rächen wolle?

Ad 14.

Sollte mich ein Mitglied, oder auch ein anderer außer dem Orden beleidigen, so würde ich zum Besten des Ordens gerne verzeihen, wenn die Beleidigung nicht so wäre, daß dadurch entweder mittelbar, oder unmittelbar dem Orden selbst etwas nachtheiliges zuwachse.

15.

Wie er sich verhalten wollte, wenn es ihn gereuen sollte, in die Gesellschaft getretten zu seyn?

Ad 15.

Ist dieser Fall möglich, so würde ich meine Obere befragen, ob sie mich nicht von meinen Pflichten unter der Verheißung, daß ich alles von dem Orden

16.

Falls der Orden ihn, allen gemachten Vorstellungen ungeachtet, nicht entlassen würde, ob dieß Verfahren nicht zu weitern äußersten Schritten ihn zu bewegen fähig wäre, und wie er sich dabey verhalten würde?

17.

Ob er mit seinen Brüdern Glück und Unglück theilen wolle?

18.

Ob er auf seine Geburt, Amt und Stand dergestalt Verzicht thue, daß er sich solches niemals zum Schaden und Verachtung der Mitglieder bedienen werde?

geheim halten würde, entlassen wollten.

Ad 16.

So würde ich mich zur Ruhe begeben, weil ich dadurch, wenn ich immer fortfahre, den Orden mit meinen Klagen zu belästigen, mir meinen Zustand nicht verbessern würde.

Ad 17.
Ganz gerne.

Ad 18.
O ja!

19.

19.

Ob er kein Mitglied eines andern Ordens sey?

Ad 19.

Nein.

20.

Ob er nicht geden=ke, seiner Zeit in ei=nen andern zu tretten?

Ad 20.

Niemals werde ich mich zu einem andern Orden bekennen, wenn er wieder das Wohl des meinigen seyn wird.

21.

Ob er nicht aus Leichtsinn, oder Erwar=tung, bald von der Einrichtung gegenwär=tigen Ordens etwas zu vernehmen, dazu ver=leitet worden, daß er leichtweg verspreche.

Ad 21.

Weder Vorwitze noch Leichtsinn waren Ursach, daß ich das obige ver=sprach; denn ich wür=de keinen Vortheil ha=ben, wenn ich von de=nen mir entdeckten Ge=heimnissen etwas offen=baren würde: auch kann ich mir keinen Vor=wurf

22.

Er habe sich oben verlauten laſſen, daß ihm der Gedanke von der Neuheit des Ordens, und des übrigen, ut quæſtione 5. ſchon öfters eingefallen, ſoll die Urſachen anſagen entfernte ſowohl, als nächſte, die ihn dazu bewogen, verleitet, oder Gelegenheit gegeben haben.

wurf machen, (wenn ich den Endzweck des Ordens erwege) daß ich ohne Bedacht gehandelt habe.

Ad 22.
Das menſchenfreundliche Betragen des Aufnehmers, welches mir ſchon zum öftern aus ſeinen Handlungen herausgeſcheint, konnte gar leicht in mir den Gedanken hervorbringen, als wenn er zum Beſten der Wohlgeſinnten ſich mit mehreren, um ſeinen Endzweck zu erreichen, verbinde.

23.

23.

Ob er alles das genaueſt befolgen wolle, was die Ordensſatzungen mit ſich bringen?

Ad 23.

So wie ich mich in den Orden begebe, ſogleich werde ich auch alles, gemäß meines Verſprechens, vollziehen.

24.

Ob er auch ſeiner Zeit bedacht ſeyn wolle, in Bedärfungsfall den Orden zu verbreiten?

Ad 24.

Zum Beſten des Ordens ganz gerne.

25.

Ob er demſelben mit Rath, That, Geld und Gut benöthigten Falls an Handen gehen wolle?

Ad 25.

Ja!

26.

Ob er unbedingten, oder gränzenloſen Gehorſam angelobe, und wiſſe, was das ſey?

Ad 26.

Wenn ich den Orden als neu, und noch unverbreitet anſehe, ſo nehme

nehme ich Anstand, mich zu einem solch schrecklichen Versprechen zu bequemen, da ich billig zweifeln kann, ob nicht zuweilen aus Mangel des Einsehens, oder aus einer gewissen herrschenden Leidenschaft etwas könnte befohlen werden, das dem wohlgemeinten Endzweck schnurstracks zuwider wäre: wenn ich aber den Orden ansehe als verbreiteter, so kann ich mir denken, daß in einem solchen Orden Leute von verschiedenem Stande, sowohl hohen als niedern, die hiemit den Lauf der Welt besser einsehen, und hiemit die Mittel, wodurch ihr gutes Vorhaben erlangt wird, besser zu entscheiden wissen.

47.
Da er bis auf gesetzten Grad, wie ihm

wohl

wohl wissend, von der ganzen Einrichtung des Ordens, mithin auch von dem Alter oder Neuheit der Gesellschaft nichts erfahren wird, so wird gefragt, ob er unter der Zeit den Orden für neu, oder alt halte?

28.
Ob er es als ein grosses Glück ansehe, von diesem Orden ein Mitglied zu seyn?

29.
Unter welcher Straf, Ahndung, Versicherung er sich zu diesen allen verbinde?

Ad 27.
Nach allen überlegten Gründen und Gegengründen halte ich doch den Orden eher für alt, denn neu.

Ad 28.
Ganz gewiß.

Ad 29.
Der Verlurst meiner Ehr, und Lebens soll die Strafe meiner Fehler seyn.

Dieses alles gelobet feyerlichst an

(L.S.) Franciscus Xaverius B**
 J. U. C.

XVIII.

Vier kleine Zettelchen
folgenden Innhalts:

1stes
Von Zwackischer Handschrift.

Man suche einen von der Suite eines fremden Gesandten in den ☉ zu bringen. Dieser muß Waaren an einen andern ☉s Bruder, welcher Kaufmann ist, liefern, und da ersterer per Protectionem sui Patroni accisfrey, so kann grosses Negotium getrieben, und dieses ersparte der ☉s Cassæ zugewandt werden.

2tes
Von Zwackischer Handschrift.

Wenn einmal mehrere Glieder vorhanden, muß auch eine Eintheilung von derselben Hauptbeschäftigung gemacht werden: als einer zur Bevölkerung, der andere zur Bereicherung, der dritte zur Sammlung von Büchern, der vierte zur Aufsicht ꝛc. angestellt, und jedem der nöthige Unterricht mit ꝛc. (getheilt werden)

3tes
Von Zwackischer Handschrift.

Alle Monate gedruckte Billeten mit Sprüchen, oder Monitis ad normam Sodalium, wie mit Monatheiligen.

4tes

Von der Handschrift des Ajax.

Obſervat. ſecretæ.

1) Jeder Oberer muß mit beyden Händen ſchreiben können.

2) Fehlzettelchen in Logen, wenn auch nichts darinn ſteht von den Fehlern und Schulden ſeiner Obern, und Verhaltung mit ſich ſelbſt. Bona opera.

3) Looſung der Richter.

Rückwärts befinden ſich von Zwackiſcher Handſchrift die Worte:

Es müßen Viſitatores, Beobachter, Caſſier und Commis ſeyn.

XIX.

CABALA MAJOR.

1.

Form und Beſchreibnng einer Brennküſte.

Von der Handſchrift des Ajax.

Dieſe ſogenannte Brennküſte war der Beſchreibung und Einrichtung nach, zur Aufbewahrung geheimer Aufſätze entworfen, in der Abſicht, damit wenn

wenn jemand, dem diese Papiere nicht zu Gesichte kommen dürfen, den Kasten eröfnen, sollte, selbe sogleich in Flammen gerathen müßen.

2.

Entwurf

zu

einem geheimen Schloß,

welches ohne gewöhnlichen Schlüßel geöfnet werden kann.

Von der Handschrift des Ajax.

3.

Auf einem Quartblatt

drey Recepte,

von der Handschrift des Ajax, wovon die Hauptausdrücke jederzeit mit dem Ordens-Chiffre geschrieben sind.

a) - - - - - - - - - eingegeben, das beste Mittel zur Abortierung.

b) - - - - - - - - - in eine Spritze gethan, und einem mit ins Gesicht, verzehrt alles.

c) Recept zum Aqua doffana. (einem unmerklich langsam, aber sicher tödtenden Gifte.)

4.

4.
Drey Recepte,
von der Handschrift des Ajax,

a) zu einer sympathetischen Dinte.

b) und

c) ad procurandum abortum.

Sind wieder mit dem Ordens-Chiffre geschrieben.

5.
Thee Species
ad procurandum abortum;
denn sie kommen mit den in vorigen Recepten angezeigten ingredientien meistens überein.

6.
Ein Bogen,
welcher die chiffrirte Ueberschrift Secreta hat, und worauf das erste Recept heißt:

Herbæ, quæ habent qualitatem deleteriam.

7.
Auf einem halben Bogen steht nebst andern:

Quomodo odor nocivus possit spargi in cubiculum aliquod,
samt einer Zeichnung der Maschine.

8.

8.

Auf einem Quartblatt
stehen drey zum Theil chiffrierte
Recepte,

Von der Handschrift des Ajax.

Das erste für das Zahnweh;

das zweyte; **Pethschaften abzudrucken**, welches mit den Worten geschlossen wird: und es wird nicht russen, wie das andere bewußte.

Das dritte ist betitelt: ad excitandum furorem uterinum.

Es fand sich auch eine Sammlung von Hundert und etlich dreyßig, theils fürstlich, gräflich, freyherrlichen, theils kaufmännisch, Wechslers, und anderen **Pethschaften**
mit der Aufschrift:
Wappensammlung
des
Philipp Zwackhius.

XX.

XX.

Gedanken
über
den Selbstmord.

Von Zwackischer Handschrift.

Den Vorhang aufzuheben, und dahinterzutreten, das ist all; und warum das Zaudern und Zagen? Weil man nicht weiß, wie es dahinten aussieht, und man nicht zurückkehret? — Daß das nun die Eigenschaft unsers Geistes ist, da Verwirrung und Finsterniß zu ahnden, wovon wir nichts bestimmtes wissen.

Auch nur der bloße Gedanke vom Selbstmord erwecket Widerwillen. — Je nachdem mans nimmt, aus welchen Gründen mans überdenkt. Erweckt der Martyrertod, oder der phantastische Hang zur Buße minder Widerwillen bey vernünftiger Menschenliebe?

Daß man, um von einer Sache zu reden, doch immer gleich sprechen muß: das ist gut, das ist bös, das ist thöricht, das ist klug! Was will das all heißen? Habt ihr Menschen deßwegen die innere Verhältnisse einer Handlung untersuchet? Wißt ihr mit Bestimmung die Ursachen zu entwickeln, warum sie geschah, warum sie geschehen mußte? Hättet ihr das, ihr würdet nicht so eilfertig mit euren Urtheilen seyn.

Der Einwurf, daß gewisse Handlungen lasterhaft bleiben, sie mögen aus einem Bewegungsgrunde geschehen, aus welchem sie wollen, ist so wichtig nicht; denn sagt mir einmal: der Diebstal ist ein Laster, aber der Mensch, der um sich und die seinigen vom schmählichen Hungerstode zu erretten, auf Raub ausgeht, verdient der Mitleiden oder Strafe? Wer hebt den ersten Stein gegen den Ehemann auf, der im gerechten Zorne sein ungetreues Weib, und ihren nichtswürdigen Verführer aufopfert? Gegen das *** , welches in einer wonnevollen Stunde in den unaufenthaltsamen *** verliert? — Unsere Gesetze se*n, die kaltblütigen Pedanten, lassen sich rühren, und halten ihre Strafen zurücke.

Man kann nicht mit Grund behaupten, der Selbstmörder ist feig, und zwar, weil es leichter ist zu sterben, als ein quaalvolles Leben standhaft zu ertragen. Ein Volk, das unter dem unerträglichen Joch eines Tyrannen seufzet, darf man das schwach heißen, wenn es endlich aufgähret, und seine Ketten zerreißt? Ein Mensch, der über den Schrecken, daß das Feuer sein Haus ergriffen hat, alle Kräften

zu=

zusammen gespannet fühlt, und mit Leichtigkeit Lasten wegträgt, die er bey ruhigem Sinne kaum bewegen kann; Einer, der in der Wuth der Beleidigung es mit sechsen aufnimmt, und sie überwältiget, sind die schwach zu nennen? Wenn Anstrengung Stärke ist, warum soll die Ueberspannung das Gegentheil seyn? — Die menschliche Natur hat ihre Gränzen, sie kann Leid, Freude, Schmerzen bis auf einen gewissen Grad ertragen, und gehet zu Grunde, so bald der überstiegen ist. Hieher gehört die Frage, ob einer schwach oder stark, nicht; sondern ob er das Mittel seiner Leiden ausbauern kann, es mag nun moralisch oder physikalisch seyn. Ich finde es eben so wunderbar zu sagen: der Mensch ist feig, der sich das Leben nimmt, als es ungehörig wäre, den einen Feigen zu nennen, der an einem bösartigen Fieber stirbt. Man nennet das eine Krankheit zum Tode, wodurch die Natur so angegriffen wird, daß theils ihre Kräfte verzehrt, theils so außer Wirkung gesetzt werden, daß sie sich nicht wieder aufzuhelfen, durch keine glückliche Revolution den gewöhnlichen Umlauf des Lebens wieder herzustellen fähig ist. Nun das auf den Geist angewendet, betrachten wir den Menschen in seiner Eingeschränktheit, wie Eindrücke auf ihn wirken, Ideen sich bey ihm festsetzen, bis endlich eine wachsende Leidenschaft ihn aller ruhigen Sinneskraft beraubt, und zu Grunde richtet. Vergebens, daß der gelaßne vernünftige

H Mensch

Mensch den Zustand des Unglücklichen übersieht, vergebens, daß er ihm zuredet, eben wie ein Gesunder, der am Bette des Kranken steht, ihm von seinen Kräften nicht das geringste einflößen kann. Unser Körper ist die Wohnung unserer Seele, und diese also der unwidersprechliche Herr von diesem Aufenthalt. — Im Falle nun, daß meiner Seele dieser Aufenthalt zum Kerker gemacht wird, wie kann man behaupten, daß ihr der Ausgang aus diesem verhaßten Hause soll verbothen seyn. Warum man dem Selbstmörder die Begräbniße unter anderen gesellschaftlichen Gliedern versaget, finde ich nicht. Soll es Strafe seyn, so muß vor ausgemacht seyn, ob es Verbrechen sich zu entleiben sey, und dann ist es Strafe und keine; denn im Grunde ists eins, ob ich hier oder dort modere. Solls zum Beyspiele seyn? Der Mensch, der seinen Körper nicht achtet, und die Vernichtung der Selbsterhaltung vorzieht, wird es wohl wenig achten, wie man mit seinem überlästigen Körper umgeht. *)

Anm.

*) Konnte nicht etwa auch seine Schwägerinn, die sich vom Thurme herabstürzte, durch dergleichen Grundsätze dazu verleitet worden seyn? —

2.
Ein Brief an (   )
Von zwackischer Hand = und Unterschrift.

München den 30. Octob. 1777.

Bester Freund!

Mir ists besser, ich gehe, leb wohl, überzeuge dich von meiner Ehrlichkeit, überzeug' auch andere davon.

Vertheidige meinen Tod, bestärke die redlich und bescheiden Denkende in ihrem guten Urtheile, daß sie davon haben werden; mit dem übrigen Theile der Kritiker habe Mitleid. Bleib rechtschaffen, erinnere dich meiner, und erinnere auch meine wenige gute Freunde dessen. Bejammere mich nicht, leb wohl! auf ewig sag ich dirs, daß ich dein wahrer Freund

Zwackh m. ppra.

Berichte es an Behörde, ich danke für alle die guten Gesinnungen, die man mir bisher geäußert, du weißt, ob ich ihrer würdig war.

Bestelle alles übrige noch Beygeschlossene. Der Ring ist ein kleines Andenken für dich.

3.
Testament.
Von zwackischer Handschrift.

1mo. Ist mein ernstlicher Wille, mein letzter Befehl, meine letzte Bitte, daß mein Abr-

per

per nach Ingolstadt auf die Anatomie gebracht werde, wo er nach Gutdünken des Profector Wills, und wie ich es diesem überschrieben habe, soll genützet werden.

2do. Schenke ich nachfolgende Stücke den hienächst benannten Personen, und soll dieses nach meinem Tode, so bald als möglich, vollzogen werden.

a) Meinem Vetter Geiser des Ciceronis Opera omnia.

b) Dem Profeſſor Weishaupt Watel Droit des gens. Rondeau Dictionaire.

c) Dem Simon Zwackh die Tabatiere von Leder. Meinen Hirschfänger. Stammbuch. La Bruyer. Lipſii Politicorum. Silberne Hemdknöpfeln.

d) Dem Anton Maſſenhauſen antique Ring. Tacite par Amelot.

e) Dem Joseph Bramante Tabatiere von Porzellan.

f) Dem Profector Will ſilbernen Degen.

g) Meinem Bruder Philipp Zwackh ſilbernen und porzellanenen Degen. Codicis civilis bavarici Tom. 6. Meine Uhr.

h) Meiner Schwester Cordula Gellerts Schriften.

i) Meiner Schwester Francisca Gesners Schriften.

k) Der

k) Der Sprunnerinn in Ingolstadt den Ring mit verzogenem Namen. Werthers Leiden.

l) Professor Steiner Senecæ Opera. Telemach.

m) Conrad Sauer Livii Opera, und Machiavells Werke.

Zu Executoren von diesem meinen letzten Willen ernenne ich als den ersten den Anton Massenhausen, als den zweyten den Simon Zwackh, nach der Vorschrift, die ich jedem geben werde in den an sie bestellten Briefen.

Alles übrige noch von mir vorfindige meinem Vetter Simon, außer den Kleidern, welche meinem Bruder verbleiben.

4.
An den ganzen Orden.
Von zwackischer Hand= und Unterschrift.

Liebste Brüder!

Auch euch, meine Brüder! grüße ich zum letztenmale. Ich danke für jede gute Gesinnung, die ihr für mich gehabt, und versichre euch bey meiner Ehre (das Heiligste, was ich glaube, und das einzige Glückselige, das ich besitze), daß ich jederzeit derselben würdig gewesen. Schenkt noch einiges Andenken meiner Asche, segnet mich, wenn der Aberglaube mir fluchet,

fluchet, belehrt ihn eines andern, suchet der Menschen Glück, schätzet, belohnet die Tugend, straft das Laster, seyd mitleidig gegen die Fehler der Menschheit, lebt für euch und für andre zufriedne Tage. Dieß wünscht und bittet euch noch am Rande des Grabes euer den Tod mit Bedacht, aus überzeugenden Vernunftschlüßen zu seiner Befriedigung erwählender ehrlicher Freund und Bruder

Zwackh.

Meiner Schuldigkeit gemäß übermache ich alle Schriften und andere Sachen, die unsern Orden betreffen. Ich wünsche, daß sie jedem so heilig zum Stillschweigen seyn, als sie mir es waren.

XXI.

Eine Abhandlung

auf 3, 1/2 Bogen in Folio geschrieben,

mit dem Titel:

Besser

als

HORUS

oder

die Sieben Wie und Warum.

Amsterdam 1784.

Worinne der Materialismus und Atheismus vertheidiget wird.

XXII.

XXII.

Eine Abhandlung

über

die Einrichtung

einer Gesellschaft überhaupt.

Von der zwackischen Handschrift.

Wenn ich aus unverzeihlichem Stolze, oder blinder Ruhmbegierde, meine Gedanken gedruckt zu sehen, es wagen würde, in die grosse Welt zu schreiben, müßte ich nothwendig meine Kühnheit durch eine demüthige Vorrede entschuldigen, und um Nachsicht für die in dem Stücke sich befindlichen Fehler bitten, auch um solche desto leichter zu erhalten, meine Jugend, meine Unerfahrenheit, Amtsgeschäfte, und den von einigen Kennern über meine Arbeit erhaltenen Beyfall als Beweggründe rednerisch beybringen. Allein da ich mich der Beurtheilung meiner Freunde aussetze, denen ich als ein Anfänger in dem Fache, von dem ich zu reden habe, bekannt bin, und denen es bewußt, daß ich nur ihrem Auftrage gemäß gegenwärtige Abhandlungen bearbeitet habe, glaube ich, ohne viel Wortgepräng von abgenützten, oder neu auszudenkenden Entschuldigungen selbst, wenn das Stück so unglücklich seyn sollte, ihnen zu mißfallen, auf ihre Vergebung rechnen, und mehr von ihrem Mitleiden, als Zorne hoffen zu dürfen.

Was für Wege giebt es, wodurch Uneinigkeiten in einer Gesellschaft entstehen können? Die besten Mittel dagegen.

Concordia! — Durch dich rollt jede Sphäre,
  Und wo dein Fuß ein Land betrat,
Da zeichneten volkreiche Städte, Tänze, Chöre,
  Der Jungfrau deinen Pfad.

Zu dir erheben aus zerstörten Städten,
  Zu dir auf Trümmern um den Strand,
Zu dir auf Saaten, die des Roßes Huf zertretten,
  Die Völker Mund und Hand.

Ramlers lyr. Ged. das 25te.

Da man beynahe von der Menge der Bedürfnisse auf die Anzahl der Gesellschaften schließen kann, und die Eintheilung dieser von jeder einzelnen insbesondere eben so unmöglich scheint, als die genaue Bestimmung der ersten, so glaube ich, um nicht zu ausschweifend zu seyn, und die Gränzen einer Abhandlung zu überschreiten, nothwendig, daß ich gleich Anfangs die Einrichtung von jener Gesellschaft, in welcher ich
durch

durch nachfolgende Betrachtungen Uneinigkeiten aufsuche, bestimmen müße. Ich habe mir deßwegen einen Plan von einer solchen gewählet, welche mit vielen andern in vielen Stücken übereinskömmt, und vielleicht der am ähnlichsten ist, für derer Nutzen ich diese Arbeit zu unternehmen wünsche. In Rücksicht des Zwecks und der Absicht nehme ich als eine ausgemachte Sache an, daß diese darin bestehen, jedes einzelne Mitglied und alle insgesammt so glücklich zu machen. als es nur immer ohne Verletzung der Pflichten, die wir gegen alle Weltbürger haben, geschehen kann. Ich eigne den Stiftern davon so viele Klugheit zu, daß sie alle zu diesem Zweck abzielende Hauptmittel angewendet, und vorgeschrieben haben; in Betreff aber der innerlichen Anordnung, welche meist bey Untersuchung der Anmerkungen, Ursachen und Mitteln, die ich in dieser Abhandlung angebe, zu beobachten ist, setze ich zum Grunde, daß die Obere nach Mehrheit der Stimmen von allen Mitgliedern gewählt werden, daß sie gemeinschäftlich alles verwalten, und keine despotische Obermacht ihren Untergebenen können empfinden lassen, sondern daß diese nur in so lange Untergebene bleiben, bis sie durch Gehorchen befehlen gelehrt worden, daß endlich überhaupts Freyheit im Denken jenen, welche um die Verfassung der Gesellschaft wissen, in Rücksicht ihrer Einrichtungen gestattet ist, daß man den Adel des Her=
zens

jens als den einzigen Vorzug vor andern nach wirklichen nutzbaren Verwendungen, und nach reelen Tugenden jedem Mitgliede mit Vortheil zugestehe. Dieses vorausgesetzt, will ich nun die beyde vorgelegten Fragen untersuchen, und nach Kräften behandeln.

Ich glaube, daß man keine mehr befriedigende Antwort darauf geben könne, als wenn man diejenigen Anmerkungen, welche man über die Staatsempörungen, und Reichszernichtungen machen kann, beybringet, von den Wirkungen auf ihre Ursachen zurückgehet, und da der Verfall eines Staates niemals ohne Uneinigkeiten bewirket worden, solche in ihrer Quelle aufforschet, und beweiset, wie man auf Unkosten anderer belehrt, und klug durch anderer Schaden, welches eigentlich der ächte Nutzen der Geschichte ist, in ähnlichen Vorfallenheiten sich hüten, und durch das gegentheilige Verhalten sich schützen, und aufrecht erhalten könne. Man wird dadurch entdecken, daß immer die Anlage zum Sturz des Ganzen in einer dem Fall lang vorhergegangenen Handlung, so unbedeutend, als sie geschienen, gemacht worden, man wird bey Zergliederung dieser Anlage ihre Triebfedern entdecken, man wird die Nothwendigkeit ihres Erfolges, und die damit zum Untergang nothwendig verbundene Wirkungen einsehen. Es wird sich beweisen, daß oder schon in den Kindesjahren der Gesellschaft, oder erst in ihrer Fortpflanzung der Grund zu dieser ent-

schei=

scheidenden Handlung gelegt worden: und daraus schließe ich, daß man alle Quellen von Uneinigkeiten auf zwey zurückleiten könne, und daß Zweytracht, Unordnungen, Empörungen, und alle von diesen Furien zur Schande des gesellschaftlichen Lebens erzeugte Geburten sich entwederts in der innerlichen Verfassung der Gesellschaft aus Schuld der Stifter, oder in dem Betragen derer, welche in die Gesellschaft getretten sind, befinden müßen. So vergwißt, daß ich von der Richtigkeit dieses Satzes bin, eben so überzeuge ich mich von der Unfüglichkeit, beyde diese Quellen in meiner Abhandlung genau zu untersuchen. Viele Ursachen, wovon ich einige beyzusetzen mich verbunden halte, sowohl meiner Entschuldigung als Befriedigung meiner Leser wegen, haben mich bewogen, von der ersteren, welche sich auf die Stifter und ihre Grundverordnungen bezieht, gar nichts zu melden, denn ich würde niemals meine Nebenabsicht, zugleich bey Aufdecknung der Wege von Uneinigkeiten Mittel dagegen an Handen zu geben, erreichen, weil man die Wurzel von Zweytracht, zu welcher schon der Saamen in der Grundlage gelegt worden, nicht herausreißen kann, ohne das Hauptgebäude zu erschüttern, und umzuwerfen; ich erkenne aber zu wohl, daß ich nicht Wissenschaft genug habe, das sinkende Gebäude zu unterstützen, und selbes so wieder zu ordnen, daß es mit Pracht sich erheben könne, ohne sobald ihrer

Zerstörung sich wieder zu nähern. Dieß ist eigentlich die erhabene Bestimmung eines Stifters, und ich bin zu bescheiden, als mir dieses Amt, und die erforderlichen Kenntnisse davon zuzueignen. Auch finden wir in den Geschichten nur wenige Beyspiele, in welchen der Grund von Uneinigkeiten in der Grundlage der Gesellschaft vorfindig ist, und von diesen wenigen sind die meisten, ehe sie den ächten Namen der Gesellschaft verdienet, wieder zusammgefallen; die andere, welche sich längers erhalten haben, sind Beweise von der menschlichen Schwachheit, mit eben dem forschenden Auge in die Zukunft zu sehen, wie in das Vergangene oder Gegenwärtige. Will man aber doch den Verfall von solchen Gesellschaften der Anordnung ihrer Stifter zumuthen, so kann man es nur in so weit, als sie nicht ausdrücklich durch ein positives Gesätz diese oder jene Neuerungen, welche ihre Nachfolger einführen könnten, verbothen haben. Und da ich ohnehin schon festgesetzt, von welch einer Gesellschaft ich reden werde, so nehme ich noch dazu als ausgemacht an, daß von Seiten des Stifters darin nichts ausser Acht gelassen worden, was seine Pflichten beleidigen könnte, und betrachte in ihm einen Mann, welcher nicht von Eigenliebe, Eigennutz und Stolz beherrschet, sich eine Versammlung Sklaven, um seine Leidenschaften zu befriedigen, gestiftet, sondern der sich das Wohl seines Nebengeschöpfes zum Zweck

auf-

aufgestellet, die Freuden des gesellschaftlichen Lebens zur Absicht gemacht, und von den uneigennützigen Banden der Selbstliebe geleitet, seine ihm von Gott zum Glücke der Sterblichen anvertraute Bestimmung nach Kräften erfüllet hat.

Ich denke, daß ich nun ungescheut auf die zweyte Hauptquelle gehen, und mir diese zu dem einzigen Stof meiner Rede auswählen könne.

In jeder wohlgeordneten Gesellschaft müßen Vorgesetzte und Untergebene, Kenner von dem Ganzen, und Idioten darin in größerer oder kleinerer Anzahl, nach Bestimmung gewisser Jahre und Verdienste, vorhanden seyn. Das Betragen jeder Klasse gegen die andere, jedes einzelnen gegen alle insgesamt, und gegen die Auswärtigen muß pünktlichst bestimmt seyn; und aus dieser Bestimmung entspringen sodann alle Uneinigkeiten. Wem nun bekannt ist, daß den Vorgesetzten einer Gesellschaft zuständig, den Untergeordneten darin Vorschriften zu geben, der wird von selbst schließen, daß das Betragen der Untergebenen sich nach denjenigen ihrer Obern, oder wenigst nach ihren Anleitungen verhalten müße, und daß die gute Ordnung, so wie die Unordnungen allezeit diesen zuzuschreiben sind, und daß fast jede dem Ganzen schädliche Handlung der Gehorchenden sich oder auf die Bösartigkeit, oder Verwirrung, oder

sträfli=

sträfliche Nachsicht der Befehlenden beziehe. Man könnte also beynahe das Betragen der Obern allein als die zweyte Hauptquelle von Uneinigkeiten annehmen. Da aber doch meistens einiger Grund auch in dem Betragen der Untergebenen wenigst in Betracht einer mehr oder minderer Mitwirkung und Vorbereitung zugegen ist, so will ich in Kürze solches behandeln, und noch, vor ich das Betragen der Obern untersuche, die Gelegenheiten, welche Untergebene zu Verwirrungen geben, anführen.

Erster Punkt.

Wege, wie in einer Gesellschaft aus dem Betragen der Untergebenen Uneinigkeiten entstehen können.

Darunter zähle ich nicht nur Ungehorsam, Selbstrache, Verschwörungen, und Rebellionen; denn diese müßen erst als Folgen und Wirkungen betrachtet werden, welche zwar nothwendig zum Verfall der Gesellschaft, doch aber nicht die einzige Quellen dazu sind. Ich suche entferntere, mehr unbekannte, und weniger dem Anschein nach gefährliche Ursachen aufzubringen. Es giebt eine Gattung Menschen, deren Charaktere ganz den übrigen Gesitteten entgegen ist; sie wollen durch ihr sonderheitliches Betragen anfangs nur anderer

Beob=

Beobachtung auf sich ziehen, sie wollen durch ihre Unachtsamkeit sich erheben, und zählen sich ihrer Meynung nach unter die Sekte der Stoiker. Endlich kommen sie so weit, daß, wenn der Hang zum gesellschaftlichen Leben nicht so allgemein, und die Bedürfnisse nicht so dringend wären, sie sich niemals bequemen würden, unter Gesätzen mit gewissen Verträgen von Menschenliebe, Wohlstand und Hochachtung zu leben. Ihr ungezähmtes, beleidigendes Wesen zieht ihnen die allgemeine Verachtung ihrer Nebengeschöpfe zu, sie werden niemals mit Vorzüglichkeiten beehrt, sie bleiben in den untersten Klassen von der Gesellschaft, und man betrachtet sie als eine unnütze, beschwerliche Bürde, von der man sich die Befreyung wünschet. Diese Leute, wie man sichs vorstellen kann, sind zu nichts mehr aufgelegt, als zur Stiftung von Verwirrungen; mit sich selbst unzufrieden, ohne Nachsicht gegen die Vergehungen anderer, unbiegsam, unhöflich, trotzig, und elende Sklaven ihrer Schwärmerey werden sie zu Handlungen, die nichts als Beleidigungen gegen ihre Mitbrüder sind, verleitet. So schädlich als man diese Phantasten immer für Gesellschaften glaubet, so sind sie es doch bey weitem in keinem so hohen Grade, als diejenigen, welche unter dem Vorwande gesellschaftlicher Neigungen, und dem Schutz der Verstellung Gelegenheiten abwarten, ihre Absichten zu erfüllen, und oft

mit

mit Bedacht Uneinigkeiten erwecken, um diese zu ihrem Vortheile nützen zu können. Unter diese gehören vorzüglich diejenige, deren Hauptsleidenschaft der Stolz ist. Um diese Neigung zu befriedigen, und destoweniger ungehindert ihr abzuwarten, suchen sie diejenige, denen ihre Leidenschaft bekannt, zu überreden, wie viel Nützliches, Erhabenes von so edeln Gesinnungen zu hoffen; und schimmernde Beyspiele müßen ihren Satz beståttigen. Dann trachten sie Sicherheit wider alle Beleidigungen von Obrigkeiten, und andern Mitgliedern zu erhalten, und da die Billigkeit dieses nothwendig gestatten muß, wenden sie zerschiedene ehrliche Mittel an, solches zu bewirken; sie verschaffen sich Freunde, und erwerben sich der gerechten Sache wegen einen Anhang, welchen sie oder mit Hilf ihres Geldes, oder mit ihrem Schutz und Ansehen, oder mit ihrem einnehmenden, höflichen Umgange vermehren, bis sie endlich so weit kommen, daß Privat-Mitglieder sich vor ihnen fürchten, und die Obrigkeiten Achtung gegen sie haben müßen, wo es sodann ihnen wenig Mühe und Zeit kostet, es dahin zu bringen, daß man aus Bescheidenheit, um größern Uebeln vorzubeugen, genöthiget ist, nach ihrem Belieben Urtheile zu sprechen, Verordnungen zu treffen, und die Oberstellen zu besetzen. Aehnliche Folgen sind zu befürchten, wenn die Gemüther der Untergebenen zu sehr von Ehrfurcht, Privat-Haße, Selbstrache, und Neu=

gierde,

gierde beherrscht werden: denn das Bestreben, all diese Neigungen zu befriedigen, kann nicht anders, als mit Ungehorsam gegen die Gesetze, mit Verachtung gegen diejenigen, welche sich entgegensetzen, und mit Beleidigungen gegen das Ganze verbunden seyn. Wird wohl derjenige, welcher nach Würden und Ansehen, nach Ruhm und Ehre sich beeifert, jemals mit dem Stande, den man ihm verwilliget, zufrieden seyn, wird er nicht immer auf den Fall desjenigen, der ihm noch bevorstehet, lauern, nur bedacht seyn, wie er ihn stürzen, und sich dagegen erheben kann? Zu groß von sich selbst denkend, wird er mit keiner Belohnung begnügt, seine Nebenbrüder undankbar schelten, und weil er selbst Ansprüche zum Gebiethen aufzuweisen glaubt, wird er sich hart zum Gehorsamen bequemen lassen. Was kann man sich von dem Betragen desjenigen, welcher für jede Beleidigung selbst Richter seyn will, versprechen, was von dem, der sich mit keiner Genugthuung begnüget, und der um seinen Privathaß zu sättigen auch den würdigsten Mann, auf welchen das Glück der Gesellschaft beruhet, als ein Opfer für seine Wuth verlanget. Wie kann man sich ein ruhiges, friedsames Betragen von jenen hoffen, welche in ihren Herzen den Keim von Krieg und Unruhen ernähren? Man sieht von selbst, daß all diese angeführte Karaktere höchst untauglich zum gesellschaftlichen Leben seyn müßen, und es giebt

J sich

sich leicht der Schluß, wie behutsam man seyn muß, ihnen niemals einen Zutritt in Versamm=
lungen zu gestatten. Eben dieses kömmt zu beobachten von denjenigen, welche zuviel Neu=
gierde und zuviel Geschwätzigkeit äußern. Der Neugierige wird alles anwenden, um alles, was vorgeht, auszukundschaften. Er versäumet da=
bey seine eigene Geschäfte, und immer auf an=
derer Thaten aufmerksam, ist er über sich und seine Leidenschaften sorgenlos, diese setzen sich endlich in seinem Herzen fest, und wenn er auch ihre Verwüstungen empfindet, so hat er nicht Macht genug, sich entgegen zu setzen, weil er niemals auf sich gedenkt, und mit sich selbst ein Fremdling ist. Deßhalben sind die meisten Neugierige dumm und ausgelassen: Je mehr sie Geheimnisse vor sich wissen, de=
sto ungestümmer suchen sie solche zu erfahren. Sie beunruhigen diejenige, welchen sie Wissen=
schaft davon zueignen, sie ängstigen sie mit Vorwürfen des Mißtrauens an ihr Stillschwei=
gen, sie werden überlästig durch die Beweise, welche sie darüber machen, und oft bringen sie es dahin, daß man ermüdet von Ausschwei=
fungen und Beleidigungen entweder das Ge=
heimniß entdeckt, oder sie mit Feindseligkeiten abweiset. Das erstere wenn sie erhalten, so sind gewiß alle von dem Geheimnisse unterrich=
tet; denn da mit ihrer Neigung allezeit die Thorheit verbunden ist, sich vor andere mit ihren eingebrachten Erfahrungen und Neuigkei=

ten

ten einen Grad von Ansehen zu erwerben, so geben sie umständliche Nachricht von allem, was sie vernehmen, an, und wenn die kleinsten Umstände vergessen worden, muß die Geschichte von vorne wiederhollt werden. Von der Schwatzhaftigkeit kann ich nichts bessers sagen, als wenn ich etliche Stellen aus der Abhandlung, welche Plutarch darüber geschrieben, beysetze. „Von den übrigen Leidenschaften und Krankheiten der Seele, sagt er, sind einige gefährlich, andere hassenswerth, und andere lächerlich; die Schwatzhaftigkeit aber treffen alle diese Uebel. Man spottet der Schwätzer in den lächerlichen Geschichtchen, so man denselben herumträgt, sie werden gehaßt wegen der bösen Zeitungen, so sie oft bringen, und laufen oft grosse Gefahr, weil sie Geheimnisse nicht verschweigen können; sie ziehen sich durch das Reden, die leichteste Sache auf der Welt, wie Plato sagt, die allerschweresten Strafen zu. Eines einzigen Mannes Schwatzhaftigkeit hat Nero's Tod, und Roms Befreyung gehindert. — —

Ich glaube das Unheil von diesem Karaktere sey genug erprobet, und ich komme nun auf den letzten Punkt, welcher der gefährlichste, und einer der allgemeinsten ist, worüber schon eine Menge Edelgesinnter aufs nachdrücklichste geschrieben; deren Beweise und Klagen aber meist ohne Wirkungen gewesen, und allem Anscheine nach lange so bleiben werden: ich mey̆ne dasjenige Vorurtheil, welches man von der Wahrheit seiner Religion mit Verachtung aller übrigen hat, und den daraus entspringenden Verfolgungsgeist, welcher zur Schande der Menschheit nur in ihrer Zerstörung Vergnügen findet, und der sich, wegen Verheißungen von ewigen Belohnungen kränket, wenn er nicht seine dem Ganzen schädliche Absichten in so hohem Grade erreicht, als es ihm erfoderlich vorgeprediget wird, um künftige Glückseligkeiten dafür zu erhalten. Die Geschichten durch ihre tragischen Scenen, die meist von dieser Furie, welche sich die Phantasey des leichtgläubigen Pöbels als heilig vorstellet, aufgeführt worden, nöthigen jeden edelgesinnten Weltbürger davon zu schweigen, und überzeugt in sich selbst verschent er die Gedanken, welche zuviel seinem fühlbaren Herzen kosten würden. Aus diesem Grunde unterlaß' ich alle Beweise, und begnüge mich mit der blossen Anzeige von diesem Punkte. Wenn man mich um Mittel wider diese ungesellschaftliche Chymere fragen sollte, so getraue ich mir zu behaupten, daß keins mehr wirksam seyn könne, wenn einmal mehrere von der Gesellschaft ihr ergeben sind. Belohnungen verachtet man aus phantastischen Begriffen für höhere und vollkommnere, die auf den Verlurst der zeitlichen gesetzt sind: Strafen werden gewünscht, weil man überzeugt wird, daß man über seine Be-

lei=

leibiger erhoben wird, daß man nach Endigung dieses Lebens himmlische Vergnügen schmecken, und den Werth der Schankungen erhöhen kann. Gegen freundschaftliche gelinde Mittel macht dieser verblendeste der Gedanken von Vorstellung, Bosheit und all anderer schwarzer Laster, die sie dem zumuthen, der nicht wie sie denket, taub und unfühlbar. Es ist also alle Sorge nur dahin zu nehmen, daß man keinen, der zu sehr abergläubisch, in die Gesellschaft aufnimmt, daß Gewissensfreyheit uneingeschränkt, daß jeder gleiche Vorzüge und gleiches Recht genießet, und daß man weder von ein noch der anderen Religion sprechen und urtheilen dürfe. Man muß dieß letztere um so genauer beobachten, als mehr die Menschen dazu aufgelegt sind. Montesquieu sagt:

L'homme pieux et l'Athée parlent toujours de Religion; l'un parle de ce, qu'il aime, et l'autre de ce, qu'il craint.

Aus eben den oben angeführten traurigen Folgen des Aberglaubens, welche durch die Geschichten nur zuviel bestättiget werden, glaube ich, daß es einer Gesellschaft weniger nachtheilig, wenn sich Mitglieder darinne befinden, welche gar keinen Gott glauben, als wenn einige darinn geduldet werden, die sich einen erzörnten, rachgierigen, und mit menschlichen Leidenschaften, oder Vollkommenheiten

be=

begabten vorstellen. Atheismus findet sein Vergnügen, seine einzige Glückseligkeit, im gesellschaftlichen Leben, er wendet alles an, darinn glücklich zu seyn, und durch seine Verdienste andern zu nützen, und wenn auch nur Eigenliebe, sich zu erheben, der Grund dazu ist, so kömmt doch immer einiger Vortheil dabey dem Ganzen zu; der Aberglaube entgegen lehrt die Welt verachten, und verachtungswerth sie anderen zu machen, all ihr reizendes, das sie denen, so ihr nützen, verspricht, und mit dem sie jeden aufmuntert, als verführerisch und schädlich zu betrachten, und mit Verletzung der natürlichen Pflichten die Befehle, welche er der Gottheit zudichtet, zu erfüllen.

Ich endige diesen Punkt mit einer Aufforderung von einem unsrer größten Gelehrten.

Tels sont les funestes progrès de la premiere erreur, que l'imposture a jettée ou nourrie dans l'esprit humain. Puissent les vraies lumieres faire rentrer dans leurs droits des êtres, qui n'ont besoin, que de les sentir, pour les reprendre. Sages de la terre; Philosophes de toutes les Nations, c'est à vous seuls à faire des loix, en les indiquant à vos Concitoyens. Ayez le courage d'éclairer vos freres, et soyez persuadés, que la vérité est encore plus facile à
re-

reprendre, que l'erreur. Les hommes interessés par l' espoir du bonheur vous écouteront avidement. Révélez tous les mysteres, qui tiennent l'univers à la châine, et dans les tenebres, et que s'appercevant, combien on se joue de leur credulité, les peuples eclairés tous à la fois vengent enfin la gloire de l'espece humaine.
(Abée Renal, hif. phyf. et pol. T. 7. 1. Liv. 1.)

Dieses glaube ich, soll von dem Betragen der Untergebenen genug seyn. Ich habe mit Bedacht alle diese Karaktere hier beygebracht, nicht als wenn sie nur Untergebenen allein eigen wären, sondern weil ich mir vorstelle, daß man keinen, der eine von den angeführten Neigungen als herrschend besitzet, jemals zu Oberstellen lassen, sondern daß man alle Maaßregeln wider ähnliche Karaktere um desto mehr, als sie sich niemals verbergen können, treffen werde, sie oder gleich aus der Gesellschaft zu stossen, oder wenigst in die unterste Klassen für allezeit zu verbannen.

Zweyter Punkt.

Wege, wie in einer Gesellschaft Uneinigkeiten aus dem Betragen der Obern entstehen können.

Es läßt sich das Betragen der Obern aus dreyen Gesichtspunkten betrachten: Sie müssen sich

sich mit ihren Nebenobern wissen zu verhalten; mit ihren Untergebenen; und mit jenen, welche keine Mitglieder von ihrer Gesellschaft sind. Ich nehme jedes insbesondere, und bestimme, in wie weit jedes zu Unordnungen Anleitung geben, und wie man sich dafür sicher stellen könne.

Aus dem Betragen der Obern unter sich.

Der Einfluß, welcher aus diesem dem Ganzen zukömmt, ist zu bekannt, als daß ich mich in dem Beweise davon lange aufhalten sollte. Alle Handlungen der Vorsteher einer Gesellschaft werden von den Untergeordneten mit begierigem Auge ausgeforschet, (Systéme Social.) und weil der Nachahmungsgeist nur diejenige, welche man glücklich glaubet, verfolget, so werden sie von den meisten als Muster gewählt, nach welchem sie sich bilden und verhalten wollen: ist nun darinn etwas unanständiges, etwas gesetzwidriges vorhanden, so ziehen sie sich von dem klügern Theile Verachtung, Spott und Haß zu, und dem minder bescheidenen, welcher von der Erhabenheit der Würde auf jene des Geistes schließt, geben sie Gelegenheit, daß er in Befolgung und Nachahmung dieses widrigen Verhaltens eben die Uneinigkeiten unter sich erwecket, welche aus demselben vorhin unter den Obern entstanden sind.

sind. Um also dieses zu vermeiden, müßen diese sorgfältig darauf bedacht seyn, all dasjenige, von dessen wirklichen Vollkommenheiten sie nicht überzeugt sind, so geheim zu behandeln, als es immer möglich, eingeschlichene Fehler unkennbar machen, und das unanständige Verhalten ihrer Nebenobern verhüllen. Ich habe gleich Anfangs dieser Abhandlung angemerkt, daß ich von einer Gesellschaft, worinn mehrere die Obergewalt führen, rede: wenn nun in dieser so geordneten Gesellschaft nicht alle von den Vorgesetzten die nämlichen Absichten zum Wohl des Ganzen haben, wenn sie nicht all ihre Kräften, dieses zu befördern, verwenden, wenn jeder nur für sich, um sein privat Interesse zu befriedigen, arbeitet, mit seinem Rath, Ansehen, und oder physischen, oder moralischen Vermögen dem andern nicht verhilflich, in Benöthigungsfalle gegenwärtig ist, und entweders aus Haß gegen den einzelnen, der seiner bedarf, oder aus Haß gegen das Ganze, und aus gewissen unerlaubten Absichten gelassen die übeln Folgen von des andern Schwäche erwartet, kurz: wenn nicht alle in Rücksicht der ihnen anvertrauten Versammlung gemeinschäftlich denken, überlegen, handeln, und sich unterstützen, so muß nothwendig all jenes zu erwarten seyn, was nur immer Verwirrungen bewirken kann. So nothwendig aber, wie ich eben gezeiget, ein freundschaftliches harmonisches Verhalten zwischen

schen den Vorgesetzten zur Erhaltung ihrer eigenen Würden, und der Gesellschaft, in welcher sie solche begleiten, seyn kann, so nachtheilig wird solches für die nämlichen werden, wenn sie sich darinn keine Schranken setzen, und auf Unkosten des Ganzen die Pflichten ihres Amtes den Pflichten der Freundschaft aufopfern, zu nachsichtsvoll gegen die Uebertrettungen der Gesetze, worinn sich jene, die neben ihnen Oberstellen besitzen, strafbar machen, entweder aus zärtlicher Neigung, oder aus eigennütziger Absicht in ähnlichen Fällen eben so behandelt zu werden, ohne Ahndung, und ohne Strafen solche geschehen lassen. Denn wird dieses einmal gestattet, braucht man weiter nichts, als die Kunst, sich gefällig zu machen, um ungestraft fehlen zu können: hat man dieses einmal erhalten, wie wenig wird es kosten, auch ungestraft Verbrechen zu begehen. Es muß also immer einer des andern gerechter Richter seyn, und noch Ansehen, noch Freundschaft müßen die Uebertretter von der Strafe schützen können, um so weniger, wenn ungeachtet aller Fürsorge, welche man gebraucht, doch das Vergehen kundbar geworden. Selbst die um die Gesellschaft sich erworbene Verdienste dürfen nicht zum Vorwande gebraucht werden; denn sonst würde jener, welcher auf einige zählen könnte, es ungescheut wagen, sich diese oder jene Freyheit herauszunehmen, und der Gerechtigkeit zur Hindernis niß die Befreyung von der Strafe als die Belohnung seiner vorhin geleisteten wichtigen Dienste fodern. Es ist also vonnöthen, daß man jedes Verdienst gleich belohnet, und daß keine Hofnung übrig gelassen wird, sich deßselben noch einmal zu bedienen. Manlius Capitolinus wurde wegen der Errettung des Capitols, das die Gallier belagerten, zwar mit einer kleinen, nach dortigen Umständen aber ansehnlichen Schankung, gleich nach erwiesenem Verdienste belohnet; da er aber nachher entweder aus Neid, oder natürlicher Bösartigkeit in Rom einen Aufstand zu erregen suchte, so wurde er ohne Rücksicht auf seine Verdienste von eben dem Capitol herunter gestürzt, welches er zuvor mit so grossem Ruhme gerettet hatte. Bey der Strafe von vorgesetzten gegen ihres Gleichen merke ich noch an, daß sie, wenn das begangene Verbrechen die Entsetzung der obrigkeitlichen Stellen nach sich bringet, man ja darauf bedacht ist, daß die einmal davon abgesetzte Person sie nicht wieder erlangen könne. Ein solcher aufs neue in seine Würde wieder erhobener Mann wird dann erst sich an denen, die seinen Fall verursacht haben, zu rächen denken, und durch die Gelegenheit, welche sie ihm selbst gegeben, dazu angeeifert werden. Auch wird er, durch seinen ersten Fall belehrt, nun viel schicklichere Mittel, seine Außsichten, die er entworfen, zu befolgen, anwenden, und derjenige Anhang, welcher

cher ihm verhilflich zu seiner Wiedererhöhung gewesen, wird das angefangene Werk ausführen. Regnabit sanguine multo, quisquis ab exilio venit ad imperium. Suet.

Da ich einmal festgesetzt, und zum Wohl einer Gesellschaft die Gemeinheit der Strafen beobachtet haben will, so muß ich auch alle erkünstelte Wege, der man sich dagegen bedient, anzeigen, und als verbothene und untaugliche erklären. Der mächtigste von diesen ist die Wohlredenheit: je ansehnlicher und herrschender sie in einer Gesellschaft ist, desto schädlicher wird sie der Einrichtung, und der Ordnung von eben dieser. Wir wissen aus der Litteraturs-Geschichte, daß sich meist in freyen Staaten diese Gottheit in ihrem vollkommenen Glanze zeiget, daß sie mit ihrem himmlischen Feuer jeden Republicaner zu begeistern trachtet, und daß man ihr eben da die prächtigsten Altäre erbauet, und die herrlichsten Opfer darbietet. Die Staatskunde hingegen führt uns Beweise an, daß Wohlredenheit sehr oft zur Sklaverey, und dem Verfall wohlgeordneter Gesellschaften gedient hat. Rom und Griechenland hatten zur Zeit, wo die meisten Unruhen ihr Innerstes durchwühlten, die vornehmsten Redner. Wenn man durch Beredsamkeit einmal den Richtern die Streitigkeiten vortragen, und zu Ende damit bringen darf, wenn

Vertheidigungsschriften, und Anklagen können rednerisch behandelt werden, so wird derjenige, welcher in einem vorzüglichern Grade diese Kunst sich eigen gemacht, für sich, und für all jene, denen er seine Hilf zu leisten entschlossen ist, die Freyheit herausnehmen, nach Belieben zu handeln, und ungestraft Fehler zu begehen. Jedes andere Mitglied, dem er nicht gewogen, wird in seiner Gewalt, und in jener seiner Günstlinge stehen; sie werden auf die niederträchtigste Art von ihm verläumdet, wegen seiner überredenden Gabe aber für angeklagt angesehen werden. Gleich nachtheilig ist Wohlredenheit, wenn man sie als ein Mittel zu Ehrenstellen zu gelangen vorschreibet. Denn ihr ist es eigen, die Herzen der Menschen zu fesseln, und derjenige, welcher des Namens würdig ist, besitzt die Kunst nach seiner Willkuhr, Liebe, Hochachtung, Zorn und Furcht in die Gemüther seiner Zuhörer auszugießen, die weisesten Gesetze sind seiner Phantasie unterworfen, er kann zuversichtlich auf seine Kunst die Einwilligung all seiner Begierden und Forderungen sich versprechen. Könnte man allzeit auf das edle Herz desjenigen, der die Gabe, edel zu sprechen besitzt, schließen, so wäre Wohlredenheit noch in einiger Rücksicht zu gedulden. Allein wie wenige können das von sich mit Grunde betheuern, was Cicero zur Vertheidigung seiner Beredsamkeit sagte, als ihm Martellus den Vorwurf machte, daß er durch seine Anklagen

mehr

mehr Menschen um das Leben gebracht, als er durch seine Schutzreden gerettet hätte. Wer gesteht es nicht, sagte er, daß ich mehr Treu und Redlichkeit, als Wohlredenheit besitze? Nicht nur dem, welcher uns von der Wahrheit einer Sache überzeuget, eignen wir den Namen eines Redners zu, sondern wir schätzen diesen in seinem Fache um so höher, wenn er uns einen an sich falschen Satz so vorlegt, daß wir ihn als wahr erkennen, der den Schuldigen unschuldig, das Laster als Tugend vorstellen kann, diesen erst erhebt man als ein vollkommenes Muster von Wohlredenheit, und gesteht ihm vollkommenes Lob zu. Aus all diesen angeführten Gründen sieht man, welche Folgen von dieser sonst erhabenen Wissenschaft in einer Gesellschaft zu hoffen sind: sie muß also in Rücksicht derjenigen Sachen, welche unter das Fach von Gerechtigkeit gezählet werden, ganz verbannet seyn. Bey dem Gastmahle der sieben Weisen, welches uns Plutarch erzählet, wurde unter anderen Fragen auch jene aufgeworfen: welche Republick die glücklichste sey? Unter den zerschiedenen Meynungen war Chilons seine, daß diejenige die beste wäre, wo man den Gesetzen am meisten, den Rednern an wenigsten Gehör gebe.

Alles, was ich bisher von der allgemeinen und genauen Beobachtung der Gesetze gesagt habe, bezieht sich meistens auf diejenige, wel-

che

che von den Stiftern in der ersten Anordnung schon entworfen worden: man muß es aber gleichfalls auch zur Anleitung bey Befolgung der erst von den Obern gemachten Verordnungen, die sie untereinander so heilig wie die Grundgesetze zu halten verbunden sind, nehmen. Jede Ausnahme und ungestrafte Uebertrettung, welche sie sich gestatten, muß nothwendig die Gedanken bey ihren Untergebenen erwecken, daß entweder das Gesetz unnütz, oder die Befolgung und Uebertrettung desselben gleichen Einfluß auf das Wohl des Ganzen habe, und sich gleichgiltig dazu verhalte, oder daß man dabey die Absicht gehabt, immer mehrere Bürden den Untergebenen aufzulegen, um sie desto leichter strafbar zu finden. Der Haß, welchen der letztere Gedanke erweckt, muß eben so schädlich seyn, als die Verachtung, welche der erstere einflößt. Corneille läßt in einem seiner tragischen Spiele einen Prinzen an seinen Vater, der sich an kein Gesetz halten wollte, also sprechen: Le peuple, qui vous voit, la cour, qui vous contemple, vous désobéiroient sur votre propre exemple. Donnez leur en un autre, et montrez à leurs yeux, que nos premiers sujets obéissent le mieux. Vorgesetzte müssen daher auch nicht einmal sich von den Pflichten, welche sie von ihren Untergeordneten gegen ihre Personen beobachtet wünschen, ausnehmen, in soweit sie anders mit ihrer Würde sich ver-

tra=

tragen können. Allzuvielfältige Abänderungen
von Verordnungen, zu viele, und zu schnell
nacheinander gemachte Gesetze über einen Gegenstand allein, oder Widersprüche darinn können keine andere Wirkungen bey jenen, welche unter den Untergebenen mit einem forschenden Auge alles betrachten, hervorbringen, als
daß sie die Schwäche ihrer Vorgesetzten, ihre
Unbeständigkeit, und Widersprechungsgeist erkennen. Man muß deßhalben genau und lange
auf ein einmal gemachtes Gesetz halten, und nur
im äußersten Falle eine Abänderung treffen. In
Schweden war nach Carl den XII, und Gustav
Adolph bis auf die Zeiten des itzigen Königs
ein immerwährender Widerspruch von Gesetzen
und Anstalten, eine Diette änderte die Verordnungen der vorigen, die Menge der an diesen Rathsversammlungen allzeit gegenwärtigen Vorsteher und Magnaten war zu rauh und
ungesittet, als daß sie sich auf ähnliche Gesinnungen einander verstehen konnten, und jeder glaubte, seine Macht wäre geschwächt,
wenn er sie nicht durch Gesetze von seinem
Gutgedünken bekannt würde machen. Deßhalb
war dieses Reich in beständigen Unruhen, und
ihre Freyheit immer mehr dem Untergang na-
he, bis endlich den weisen Anstalten des grossen Gustav es geglückt, die ganze Nation zu
nöthigen, statt einer zügellosen Freyheit, welche sie den größten Empörungen aussetzte,
Bande einzutauschen, mit welchen er sie immer

mer mehr zu den vollkommensten Stufen der Glückseligkeit führet, um welche sie die angränzenden Völker eben so, wie die entfernten beneiden. Ist aber das flüchtige Wesen in Abänderung der Gesätze gefährlich, so kann es die Hartnäckigkeit, mit welcher man in unschicklichen Zeiten zu sehr darauf hält, es nicht minder werden. Denn da sich die Zeiten ändern, müßen sich auch nothwendig die Caractere und alle Verhältnisse zu dem Ganzen ändern. Ein Gesätz, welches im vorigen Jahrhunderte nothwendig zur Aufnahm der Gesellschaft gewesen, kann vielleicht in dem jetzigen eben das zum Untergange werden. Nach Zeit und Umständen die Gesätze ändern, ist eine der vorzüglichsten Eigenschaften eines Gesätzgebers. Und man verspricht aus eben diesem Grunde eine beßre Dauer einer Republik, als einem Staate, wo despotische Regierung ist. Denn der Verschiedenheit ihrer Bürger zu Folge kann sie sich besser, als ein Fürst in die Verschiedenheit der Zeitläufe schicken. Ein Mensch hingegen, der einmal nach einer gewissen Weise zu verfahren gewohnt ist, ändert sich so leicht nicht mehr, theils weil ihm so zu handeln aus Fertigkeit zur andern Natur geworden, und er schwer diesem natürlichen Triebe zuwider handeln wird, theils auch, weil er sich hart wird überreden laßen, daß er eben soviel Glück bey dem Verfahren, welches er neuerdings angreifen sollte, haben werde, als er bey seinem vorigen genossen hat. Wenn ich aber behaupte, daß die Obere Vorschriften und Gesätze, welche von den Stiftern, oder jenen, die ihre Stelle in Folge der Zeiten versehen haben, abändern sollen, so will ich es nur in dem Falle, wo es die größte Nothwendigkeit erfodert. Dabey muß die größte Vorsicht gebraucht werden, daß man durch zu vielfältige solche Abrogationen nicht zu weit von der ersten Einrichtung entfernt werde, daß der Geist der Grundgesätze nicht zu sehr geschwächt, und der Zusammenhang vom Ganzen nicht zu viel getrennt werde: es ist daher höchst weise, wenn man die in einer Gesellschaft befindlichen Mitglieder öfters auf die ersten Grundsätze derselben zurückführt, wenn man Gelegenheiten suchet, sie daran öfters zu erinnern. Dieses kann entweders durch Kraft eines guten Gesätzes, oder durch eine außerordentliche Tugend eines rechtschaffenen Mannes, der aus ihrem Mittel hervortritt, und durch sein Beyspiel die Wirkung einer heilsamen Verordnung übertrift, geschehen. Rom, das Muster von allen Staatsverfassungen, sorgte für das erstere, und den zweyten Vortheil verschaffte ihr das Glück. Die Ansetzung der Zunftmeister des Volkes, und der Sittenrichter, und verschiedener anderer Gesätze, die wider den Stolz und die Unverschämtheit der Menschen gegeben wurden, waren die angeführten Veranstaltungen. Der Tod der Söhne Brutus, des Getreidwucherers Melius, des Manlius Capitolinus,

pitolinus, das Urtheil des Papirius Cæsar, und die Anklage der Scipionen, der Muth des Scævola, und der vaterländische Enthusiasmus der beyden Decier, und einiger andern bekannten Römer waren die Schankungen des letztern.

Da ich in dem Plane der Gesellschaft, über dessen Uneinigkeiten ich meine Betrachtungen anstelle, die Obermacht mehreren zugeeignet habe, so ließ ich es noch unbestimmt, ob dieser einer gewissen Anzahl von Jahren, nach deren Verfluß man sie andern überlassen müße, vorgeschrieben sey, oder ob sie nur durch den Tod derer, die sie begleiten, entlediget würde. Ich wollte dieses mit Bedacht damals noch nicht entscheiden, weil ich glaubte, daß, obschon aus der ganzen Einrichtung, die ich dort gewählet, zu urtheilen sey, daß nach einiger bestimmter Zeit die Würden anderen übertragen werden sollten, es doch noch einiger Erörterung bedarf, wie nothwendig diese Anordnung in einer ähnlichen Gesellschaft sey, wenn man anders die Obergewalt getheilt, und nicht einem alleine sich zu unterwerfen, will genöthiget werden. Je länger einer ansehnliche Aemter führt, destomehr gewöhnt man sich an seine Leitung, desto mehr hat er Gelegenheit, sich Verbindliche zu machen, desto grössern Anhang zu erwerben. Man verwöhnt sich wegen der Gemächlichkeit, daß er für unser Wohl, Ruhe und Sicherheit sorget, ohne

daß

daß es uns viel Mühe kostet. Wir gewöhnen uns daran nach seinem Willen zu denken, und es ist ihm ein leichtes, uns darnach zu führen, bey nächster Gelegenheit sich unsrer Schwäche zu bedienen, und unter einem sanften, heuchlerischen Titel sich als Gebieter zu erklären. Die fünfmalige Bestättigung des Cæsars zur Dictators-Würde, welche ihm allen Gesätzen zuwider verlängert wurde, und bey welcher die Römer sich des guten Raths und Beyspieles nicht mehr erinnerten, welches ihnen L. Quintus, als man seine Consulat verlängern wollte, durch die Verachtung dieses Antrages gegeben, brachten Roms Freyheit den Untergang, und sie wurden aus Sklaven des Dictators Cæsars, Sklaven aller ihm folgenden Kaiser. Aber auch, noch ehevor die Periode von dieser Veränderung des Ganzen zu Stande kömmt, entstehen aus zu lang einem allein ertheilten Oberämtern die meisten Verwirrungen. Denn fürs erste ist immer um ein Mittel weniger vorhanden, diejenigen, welche aus Ruhmgierde in die Versammlung getretten, zu befriedigen. Fürs zweyte um eine Gelegenheit mehr, den Neid der Mitglieder zu erwecken; und weil er keine Zusage von seinen Begierden hoffen kann, in alles Uebel auszuarten. Fürs dritte bleibt denjenigen, welche über die Verwaltung der Gerechtigkeit unzufrieden, keine Vertröstung übrig, bey Regierung anderer besser behandelt zu werden, und ihren Haß zu be-
sänfti=

sänftigen. Endlich viertens werden sich wenige um die Verfassung der Gesellschaft, und die nöthigen Wissenschaften, solche zu erhalten, bekümmern, eben darum, weil sie keinen Nutzen von ihrer Arbeit verhoffen können. Aehnliche Folgen verursachet man, wenn man auf eine einzige obrigkeitliche Person so viel Vertrauen setzt, daß man ihr Macht gestattet, den Lauf der Geschäfte einzuhalten, und wenn man nicht durch Verordnungen vorhersorget, daß, im Fall diese Obrigkeit die nöthigen Anstalten versäumet, ein anderes thuen könne, und müße. Auch muß von den Vorgesetzten gesorgt werden, daß sie Einem allein nicht mehrere Aemter zu versehen geben, sondern nur jedem ein Fach bestimmen, und in die übrige sich einzumischen nur im Benöthigungsfalle gestatten. Dabey gewinnet man unter andern auch diese Vortheile, daß man mehrere, die sich um die Gesellschaft verdient gemacht, belohnen, und die Ehrsucht, welche die meisten beherrscht, mit leichter Mühe sättigen kann. Auch wird man jederzeit auf die Beobachtung, und Pflichtserfüllungen desjenigen mehr rechnen können, welcher nur eines einzigen Amtes Obsorge zu tragen, als der sich bey jeder fehlerhaften Gelegenheit mit der Menge seiner Geschäfte, und der daraus entstehenden Verwirrung entschuldigen kann.

Nachdem ich nun bestimmet, daß es zu Erhaltung einer freyen Gesellschaft höchst vonnöthen,

nöthen, die Obergewalt mehreren zu überge=
ben, dabey die größte Aufmerksamkeit zu ge=
brauchen, daß nicht einer des andern Würde
und Arbeiten an sich ziehet, und sich erhebet,
daß diese nämlichen Stellen nach gewissen we=
nigen Jahren entlediget, und mit neuen Subjekten sollen besetzt werden, so will ich, um
diesen Punkt, welcher einer der wichtigsten,
ganz auszuführen, noch von dem, was bey der
Auswahl zu diesen Aemtern zu beobachten sey,
etwas beyfügen.

Es mag in einer Gesellschaft die Wahl bey
den Untergebenen, und bey den Obern zugleich,
oder bey diesen nur allein seyn, so ist sorg=
fältig darauf zu sehen, daß nicht nach Gunst,
sondern nach Verdiensten gewählet wird, und
dabey nicht zutreffe, was Ludwig der XI den
Monarchen als eigen zugemuthet, nämlich,
daß sie diejenigen, welche ihnen verbunden,
mehr lieben, und erheben, als die, denen sie
wegen ihren geleisteten Diensten Dankbarkeit
schuldig sind. Man muß die zu einer Ober=
stelle zu ernennende Person genau kennen, und
geprüft haben. Es ist daher nützlich, wenn
eine gewisse Anzahl von Jahren bestimmt ist,
wie lang man in der Gesellschaft, um darin
gewisse Grade zu erhalten, seyn müße. Wei=
ters ist der sonst gewöhnliche Schluß: weil
man in diesem oder jenem Stande und Fach
besonders hervorleuchtend gewesen, werde man
es

es auch in einem andern seyn, niemals für sicher anzunehmen, sondern man muß thätige Proben von den erfoderlichen Eigenschaften zu der neu bestimmten Würde an der Person wahrnehmen, welcher man diese anvertrauen will. Selbst, wenn von Seiten derjenigen, welchen die Ernennung zukömmt, auf diesen Satz gebauet worden, so soll der auf diese Art Ernennte seiner Ehre wegen, wenn er es je aus Liebe fürs Ganze nicht thuen will, das übertragene Amt sich verbitten. Man würde Galba noch immer der Kaiserkrone würdig achten, wenn er sie niemals getragen hätte. Als Privat-Mann war er unter die erste Klasse der Edeln von diesem Stande zu setzen, und als Kaiser verdient er nicht einmal in die unterste Reihe zu stehen, weil er schon des Namens sich unwürdig gemacht.

Ich glaube, daß mir nichts mehr von dem Betragen der Obern unter sich zu erörtern übrig sey; nur etwas weniges will ich zum Schluße dieses Punkts noch von den sonderheitlichen Eigenschaften, welche Vorgesetzten nothwendig, und welche mit ihrer Würde verbunden sind, anführen. Unter diese gehört vorzüglich grosse Verschwiegenheit in Rücksicht auf die Verfassung, gemachte Berathschlagungen, und künftige Anordnungen, viele Verstellungskraft, eine herrschende Macht über Minen und Gebärden, um all dasjenige geheim zu halten, aus dessen

Offen=

Offenbarung üble Folgen zu gewarten wären, eine Enthaltsamkeit von jenen wollüstigen Ausschweifungen, welche den Verstand betäuben, und die Seelenkräften schwächen, eine mäßige Lebensart, so wie sie Plato von seinen Kriegern will beobachtet wissen. Denn es ist lächerlich, wie er sagt, wenn man diejenige hüten soll, welche für andere zu diesem bestimmt sind. Es ist zwar nothwendig, daß Vorgesetzte bey den öffentlichen Freuden sich einfinden, und durch den Mitgenuß derselben ihren Mitbrüdern solche im vollen Maaße schmecken machen. Allein sie müßen allzeit sich gegenwärtig, und auf den Fall, wo man ihrer Vernunft bedürfen könnte, vorbereitet sich halten. Im entgegengesetzten Falle wird ihr Ansehen verlohren, und ihre Pflichten werden verletzt werden. Sie werden, wie es meist beym Weine zu geschehen pflegt, Freundschaften errichten, Geheimnisse offenbaren, eben weil sie weder Gebieter über ihre Vernunft, noch über ihre Zunge mehr sind. Wie selten sind diejenige Weisen, wie Zeno war! Dieser fand sich zu Athen bey einem Gastmahle, mit persischen Gesandten ein. Als diese ihn fragten, was sie von ihm ihrem Könige Rühmliches sagen sollten, bat er sie, ihm zu erzählen, daß sie zu Athen einen alten Mann gesehen, der bey vollen Bechern zu schweigen gewußt. Sind einmal unter den Obern dergleichen Ausschweifungen herrschend und allgemein geworden, so

ist

ist weit mehr von einem einzigen Unmäßigen aus dieser Klasse zu befürchten, als von einer zügellosen Rotte der Untergebenen. Ihre Begierden sind dem allgemeinen Haufen ähnlich, aber die Befriedigung von diesen ist auszeichnend, und ganz besonders: Macht, Ansehen und Würde verschaffen ihnen das letztere im vollen Maaße; und ist nicht dann erst das Laster wirksam, wenn man es unterstützet? Multorum quia imbecillia sunt, latent vitia. *Seneca Ep.* 42.

Ich muß etwas weniges von dem höflichen und freundschaftlichen Umgange, welchen Obere gegen jene, die ober im gleichen, oder höheren Grade mit ihnen in Ansehen stehen; vorzüglich aber gegen diejenige, welche die älteren, nach ihrem Aufenthalt in der Gesellschaft gerechnet, sind, anführen. Immer ist die Jugend dem Alter Verehrung schuldig, und das letztere, sich der Rechte dieser Foderung bewußt, hält aufs genaueste darauf. Wirklich ist auch das Alter mehr zu fürchten, als man sich öfters vorstellet. Ihre Erfahrenheit, welche sie über die Neulinge und Jüngere in der Gesellschaft haben, die genaue Kenntniß von den Karakteren ihrer Mitbrüder, das Bewußtseyn ihrer eigenen Stärke, und der Schwäche anderer, die durch langen Umgang mit dem Unglück erworbene Standhaftigkeit, gelassenes, langsames, aber desto mehr überlegtes Verfahren,

fahren, und die dem Alter eigne Schlauheit, alles dieses erseßet ihr gar leicht das jugendliche Feuer, die Behendigkeit, und physische Kräften. Es steht oft nur bey den Alten einer Gesellschaft, sich all dessen aus Unwillen gegen ihre Mitbrüder wegen der wenigen Achtung, und dem rauhen Umgang, die man ihnen erweiset, zu bedienen, was die Ruhe stöhren, und diese unglücklich machen kann.

Meiner Eintheilung zu Folge behandle ich nun den andern Theil dieses Punktes:

Wie aus dem Betragen der Obern gegen die Untergebene Uneinigkeiten entstehen können.

In der Gesätzgebungswissenschaft wird als das wesentlichste Stück die Kenntniß derer, welchen man zu gebieten hat, vorgeschrieben: in der sonderheitlichen Politik, welche das Verhalten im Umgang gegen unsre Nächsten behandelt, ist das nämliche zum Grunde gelegt. Da nun den Vorgesetzten daran liegt, sowohl die erstere, als letztere Wissenschaft genau, und jede in ihrer Stärke zu besitzen; so muß ihnen nothwendig eine der ersten Beschäftigungen seyn, die Karaktere ihrer Untergebenen auszuforschen, gemeinschaftlich daran zu arbeiten, darüber ihre Beobachtungen sich einander mitzutheilen, aufzuzeichnen, und all dasjenige,

was

was dazu verhilflich seyn kann, zu bestimmen.
Dazu gehört grosser, und aufmerksamer Umgang mit Leuten von jeder Gattung, Selbstprüfung, Verstellungsgeist, genaue Kenntniß vom menschlichen Herzen, und vorzüglich von Physiognomien. Doch muß man bey den letztern zum Lehrsatze annehmen:

( )

Die Vorgesetzte müßen genau jene entscheiden können, welche aus Eigennutz, und welche aus Ruhmbegierde, die einzigen zwey Grundtriebe zum gesellschaftlichen Leben, in ihre Versammlung getretten sind. Ehe sie nicht sichre Auskunft und Erfahrung haben, wessen Gemüthsart, Verhalten, Standes, Erziehung, Umganges, Vermögens und Absichten derjenige sey, welcher in ihre Gesellschaft zu kommen sich wünschet, muß darauf gehalten werden, diesen in einigen von oben gemeldten Stücken Unbekannten nicht aufzunehmen. Mindere Vorsicht in diesem Punkte ist beynahe die einzige Ursache von Verwirrungen in einer sonst wohlgeordneten Gesellschaft. Es müßen alle Verordnungen nach dieser Kenntniß eingerichtet werden: denn wie könnte man sich Gehorsam bey einem Gesätze versprechen, welches den herrschenden Neigungen, die durch Klima, Religion, Staatsverfassung, Erziehung, zu Gewohnheiten und Fertigkeiten, und durch die letztere zur zweyten Natur geworden sind,

schnur

schnurgerade entgegengesetzt ist. Befehle müßen allzeit den Kräften derer, welche sie befolgen sollen, angemessen seyn. Sie müßen nicht das Aeußerste von Vollkommenheit fodern, niemals wird die Ausübung dasjenige erreichen, was man durch Speculationen ausgedacht, und entworfen hat. Man muß deshalb nicht nur dasjenige, was das Beste, sondern was am längsten Bestand haben kann, erwählen.

Die Menge von Verordnungen ist immer nachtheilig in Gesellschaften. Plato sieht sie als ein sicheres Zeichen von einem verderbten Staate an, und er behauptet, der Schluß sey so richtig, als dieser, wenn man von der Menge der Aerzte auf die Anzahl der Kranken folgert. So ausgemacht der erste Satz des Plato, so würde er bey unsern Zeiten doch wenig davon überzeugen, wenn er nicht durch einen andern Mitschluß ihn unterstützen würde. Nach der Kenntniß der Karaktere der Untergebenen, nach der schicklichen Auswahl von Gesätzen muß den Obern nichts mehr am Herzen liegen, als die genaueste und heiligste Beobachtung bey Verwaltung der Gerechtigkeit; denn nur durch diese allein können Gesellschaften ihren Flor erhalten, und ihre Vollkommenheit mehren. Diese muß die Sicherheit und Ruhe, welche uns in Gesellschaften nicht unverhofft, doch jederzeit erwünscht kömmt, verschaffen. Sie ist noch die einzige, welche thätige Hilfe

Hilfe leistet, wenn auch sonst Zwitracht und Uneinigkeiten die Oberhand gewinnen; durch sie muß der unterdrückten Tugend Schutz gewährt, und das siegende Laster verbannet werden. Bey jeder Verzögerung, welche sich die Vorgesetzten in diesem Punkte erlauben, geben sie Gelegenheit, daß man sie als ungerecht schelte; denn man glaubt durch das Verzögern wolle sie aus Gunst gegen den fehlerhaften Theil entweders den Fehler ganz in Vergessenheit bringen, oder wenigst dadurch die Rache des Beleidigten schwächen. — Nichts wird von den Untergebenen mehr durchforschet, auch mit Recht mehr gefodert, als eine ächte Gerechtigkeit in Behandlung ihres gemeinschäftlichen Verhaltens, und wenn sie sich darin betrogen finden, so entsteht Haß gegen obrigkeitliche Personen, und oft auch selbst gegen die Würde und das Amt, Mißtrauen in die von diesen gemachte Verordnungen, und am allermeisten nimmt Selbstrache den Platz der Unterwürfigkeit in dem beleidigten Herzen ein. Wo aber einmal diese Furie sich emporschwinget, ist das Harmonische der Gesellschaft nothwendig in ihrer Zerstörung. Auch nicht einmal der beleidigten Ehre muß die Zuflucht zur Selbstrache gestattet werden, und die Vorgesetzte müßen diesem herrschenden Vorurtheile durch allgemeine Begriffe, Gesätze, genaue Befolgung derselben, und selbstiges Beyspiel Einhalt thuen, und dort Schimpf und Schande zur Strafe auflegen, wo blinde Wuth Ruhm, und verlorne Ehre zu erhalten, zu finden, und wieder zu erlangen glaubte.

Ich könnte mich hier etwas weitläufiger von der Art und Weise, die Gerechtigkeit zu verwalten, erklären. Allein da es ein schon allgemein ausgebreiteter Stof ist, so begnüge ich mich mit einigen wenigen Bemerkungen ihn auszuführen. Man muß allezeit ohne Unterschied, auch selbst bey klarem Beweise von der Lage der Sachen alle interessierende Theile vernehmen. Qui statuit aliquid parte inaudita altera, æquum licet statuerit, haud æquus fuit. *Senec. Trag.* Alle Anklagen müßen willig angehört, nicht unterdrückt, sondern untersucht, und in Bälde abgeurtheilt werden. Es muß jeder von der Gesellschaft ohne Furcht, und Verdacht angeklagt werden können; dagegen müßen alle Veranstaltungen getroffen seyn, welche nur immer zur Tilgung der Verläumdungen etwas beytragen können, niemand ist sonst vor diesen gesichert, weil sie in allen Oertern können vorgebracht werden, wo man eben keine genaue Proben auffodert, sie erwecken Haß unter den Mitgliedern, beßern sie aber nicht, die Verläumdeten denken darauf, wie sie sich rächen können, und haßen die falsche Nachrede mehr, als sie sich vor ihr fürchten. Man muß nicht einmal gestatten, selbst wahrhafte Fehler und Verbrechen anderer Mitglieder öffentlich zu verkündigen, und darüber zu schimpfen.

pfen. Jeder muß davor geschützet seyn. S. S.
1. T. p. 127. Immer ist noch eine falsche
Anklage weniger zu bestrafen, als Verläum=
dung, obschon man auch auf die Unterdrückung
der ersten behutsam wachen muß, und ja nicht,
wie es viele als eine politische Maxime aus=
geben, sie belohnen, und vermehren. Inve-
nit etiam æmulos infelix nequitia, quid si
floreat vigeatque? *Tac. Hist.* 4.

Ist einmal die Sache abgeurtheilet, so muß
der Vollzug schleunigst und aufs strengste be=
obachtet werden. Strafen und Belohnungen
müßen nach ihrer Bestimmung unverzüglich,
und im vollen Maße ausgetheilt werden. Nichts
muß von den erstern, wie ich es schon oben
weitläufiger ausgeführt, befreyen; nur das
einzige erleichternde dabey, welches nicht nur
gestattet, sondern gebothen seyn soll, muß das
Mitleiden, und die Zusicherungen des Empfin=
dens von denjenigen seyn, welche die Strafe
bestimmen, oder die schon bestimmte auf das
begangene Verbrechen als schicklich anerkennen.
Belohnungen müßen nicht zu allgemein, noch
weniger zu prächtig und kostbar seyn: denn
kann jeder wegen dem mindesten geleisteten Dien=
ste Rechnung darauf machen, so verlieren sie
für diejenige, die nur Vorzüge vor andern darin
suchen, ihren Werth; zudem sind die meisten
Menschen mehr wegen der Hofnung sich Gutes
zu sammeln, als wegen dem schon gesammel=
ten

ten aufmerksam, und bemühend, sich nützlich zu machen. Schankungen von zu grossem Werthe sind in einer Gesellschaft, wo man durch selbige nicht die Absicht hat, des Belohnten physischen Bedürfnissen abzuhelfen, fast unnütze, und beynahe schädlich. Denn da nothwendig das Ganze dazu beytragen muß, so fällt der zu starke Vorschuß jedem einzelnen zu sehr zum Last, und bey jeder Enthaltsamkeit vom Vergnügen erinnert man sich mit Unwillen der Ursache dieser Enthaltsamkeit. Man erweckt anbey mehr den Eigennutz, als die Ruhmgierde zum Triebe der Nachahmung und der Verdienste: immer üble Folge genug, die in die Länge nicht mehr wird können befriediget werden. Rom und Griechenland belohnten mit Lorbeerkränzen eben die nämlichen Thaten, welche bey unsern Zeiten eine Krone mit Schmuck erhalten würden, und doch reizte damals Lorber mehr, als unser Schmuck. Es kömmt darauf an, welche Bestimmung man der Sache, die man als Schankung aufwirft, giebt, und mit welcher Art man sie macht. Derjenige, dessen Innerstes von Ruhmgierde beherrscht wird, wünscht sich, wenn ein Stab von Epheu gröfsere Verdienste fodert, und wenigern zugestanden worden, als ein goldner, unendlich heftiger den erstern, als den metallenen. Noch giebts bey Belohnungen eine andre Quelle zu Uneinigkeiten, welche von den wenigsten beobachtet wird, und wegen welcher man doch sorg-

fältigst

fältigst jederzeit Bedacht nehmen soll. Belohnungen erwecken jederzeit Neid, so wie Strafen Mitleid, um wie viel mehr muß dieser zu fürchten seyn, wenn man zur Verachtung eines Dritten zu seinem Schaden, oder gar mit Kränkung seiner Rechte belohnet? *Paterculus* und *Cæsar*.

So wie Freundschaft der Gleichheit der Sitten ihren Ursprung zu danken hat, eben so wird sie durch Gleichheit der Güter und des Vermögens genähret und unterstützet. Für das erstere wird der Nothwendigkeit halber von den meisten Menschen gesorgt: das zweyte entgegen hält etwas schwerers, und muß also von andern darauf gesehen werden, daß man es durch andere je nach Umständen der Karaktere angebrachte Mittel erleichtere. Dieses kann am füglichsten von den Obern geschehen. Sie müßen wachen, daß Ueppigkeit niemals die Oberhand gewinne; sie müßen Ordnung treffen, den Ueberfluß des einen zur Tilgung der Armuth des andern anzuwenden; sie müßen für die physische Nothwendigkeiten des armen Gelehrten sorgen, so wie jener für die moralischen der reichen Idioten. Nichts ist gefährlicher, als der äußerste Grad von Armuth, und Reichthum. Denn aus Gemächlichkeit, welche der letztere verschaffet, glaubt man des Beystandes der Gesellschaft entbehren zu können; man denkt nur auf seine Vergnügen, und legt den unse-
ligen

ligen Grundstein zum allgemeinen Verderben der Sitten. Aus Noth, Kümmerniß und Armseligkeiten, welche der Armuth Gefährten sind, wird das Herz verhärtet, Verzweiflung verfinstert den Verstand, und erstickt die fühlbare gesellige Triebe. Man spricht sich von allem, was man der Gesellschaft schuldig, frey, weil man ihrer Seits keine Rechnung auf Beystand und Unterstützung machen kann, und man sucht Nebenwege sich anderswo Verdienste zu sammeln, und jenen sein Verwenden, seine Kräfte zu widmen, von welchen man thätige Erkenntlichkeit erhält.

Das nämliche kann sich ereignen, wenn die Obern so lange mit Wohlthaten zuwarten, bis die höchste Noth vorhanden, und wenn sie dann erst die Gemüther, derer sie bedürfen, gewinnen wollen, wo es merklich einleuchtet, daß sie zu ihrer Willfährigkeit gezwungen worden. Wir schreiben denn ihre Gutthaten nicht ihren Herzen, sondern ihrem schändlichen Eigennutz zu, und wir machen uns zur Pflicht durch Halsstärrigkeit diesen zu bestrafen. Machiavell, nachdem er die üble Verfassung Roms zur Zeit ihrer Belagerung von dem Porsena, und die Freygebigkeit des Senats gegen das Volk in Nachlassung des Salzzolles, und anderer Abgaben erzählet, fügt die Anmerkung hinzu, daß es so leicht keinem Staate, wie dem römischen, gelingen weyde, ein äußerst bedrängtes

I. Tab. ad pag. 10

drängtes Volk erst in diesem Falle mit Wohlthaten in Schranken zu erhalten, und seiner Treue sich zu versichern. Die Vorfallenheiten zu Zeiten Machiavells mögen ihn verleitet haben, dieses zu muthmassen; von uns aber kann es durch die in vorigen, und selbst in unsern Zeiten allzubekannten Beyspiele als eine ausgemachte Sache angesehen werden. Wohlthaten müßen niemals in zu großer Anzahl, oder zu hohem Werthe erwiesen werden; um als solche angesehen zu werden, müßen sie wohl angewendet, nur im Benöthigungsfalle, und ohne grosse Kosten anderer ausgetheilet werden.

XXIII.

Zwo Tabellen,

wie sie

die neu Aufgenommenen,

und

deren Aufnehmer

verfassen mußten.

NB. Man suche sie am Ende.

XXIV.

CORRESPONDENZ.

XXIV.

Ein Quartblatt,

auf welchem angemerkt ist,
von der Handschrift des Ajax:

Ingolstadt den 19. Julii 1776.
Um 2 Uhr nach Mittag in meinem Zimmer.

Ist ihm eine summarisch abgekürzte Recapitulation von den Ordens-Pflichten, Statuten, so andern gehalten worden. Ist ermahnt worden, da er nächstens abzureisen gedenkt, fleißig zu schreiben, und seine weitere Reisevorfallenheiten zu berichten, alle 14 Tage wenigst sicher 1mal bey Ahndung. Ist ihm weiters gesagt worden, daß er sich befleißen solle, die Statuten in Ausübung zu bringen: alleweil, besonders das letzte Jahr zu Ende hin immer zu trachten, ein baares Geld in seiner Gewalt zu haben, und von allen möglichen hindernden Geschäften frey zu seyn, wenn ihm der Orden etwa eine kleine Reise gebiethen würde, bereit zu seyn. Ferners sind ihm insinuiert worden, die Bücher I. &c. das Pensum fleißig zu bearbeiten, und auch wegen einem Buch, wo Blätter eingeschaltet. Die weiteren Schriften werde man ihm noch communicieren. Occas.

cas. hujus vom Geld. Seine Schrift ist die Nro. 3. Bis auf weiters gleichgiltige Sachen mit der Schrift Nro 1.

XXV.

Ein Brief

folgenden Innhalts:

Liebster Bruder!

Ich hatte meine Antwort biß meiner selbstigen Ankunft in Ingolstadt versparen wollen, weil ich ohnedieß mehrers dann mit dir reden zu können glaubte. Es thut mir leid, daß sich selbe wider meinen Willen unvermerklich so lange hinausverzögert hat, und ich dir jetzo erst deinen Brief vom 28 Xbr 1776 beantworten kann.

Ich glaube, daß du deinen Brief in einem sehr neugierigen Zeitpunkte geschrieben hast. — Hab ich's dir nicht im Anfange erklärt, daß du eine bestimmte Zeit über nichts vor dem Alter, Regierungsform &c. des 14.17.9.8.13.18. *) erfahren wirst. Du hasts in deinen 18.19.12. 19.20.19.8.13. — Hast die Zeit aufgezeichneter, die 2 Jahre, und dennoch fragst du mich um nähere Kenntnisse. O Freund! wie gerne
wünschte

---

*) Um die mit Ziffern geschriebene Worte zu lesen, sehe man den Nro. I. angezeigten Ordens-Chiffre.

wünschte ich dir willfahren zu können, wenn ich nur dürfte. — Ich habe dein Petitum dem 14. 17. 9. 8. 13. nicht vorstellig gemacht, schließe hieraus meine Freundschaft. — Sollst du denken, unvorsichtig gehandelt zu haben, daß du unbekannte Verbindlichkeiten übernimmst; so steht dir jede Minute der Austritt offen. — Ist das dein Ernst, Bruder? Ich erwarte Antwort bis 14 Tagen. — Freund! liebster Bruder! erforsche dein Innerstes hierüber, verläugne dich auch hierin nicht, schreibe mir aufrichtig, du magst bleiben oder nicht, so bin ich doch lebenslänglich

Dein

Ingolstadt den 1. Merz.

getreuester Freund, Bruder
F. A. v. M.

XXVI.

Ein Brief

Datiert Pfarrkirchen den 14. August 1776.

Bester, liebster Freund!

Anmit übersende ich sowohl das Paquet Bücher, als auch das noch in Handen habende von dem Paßigt zur beliebigen Ueberschickung dessen nacher Biernbach oder Kleeberg.

Uebrigens

Uebrigens wolleſt nicht vergeſſen, ein und anders geſtern abgeredter maſſen ſchriftl. der Verhaltungs willen nebſt der Copie zum einsweilig abreißen occaſione retournierenden Auguſtin mir zu widmen, anbey auch mir über die F. z. Aufnahm Auskunft zu ertheilen.

1. Wie das Tableau müße beſchaffen ſeyn?

2. Ob der Suſcipiens das — (Schurzfell) müße umhaben?

3. Ob ſie auch Zeichen und Schrift überkommen: allenfalls was für eine, mithin ob ſie Schweſtern werden?

4. Was ich, mit einem Wort, in einem wie dem andern ſowohl vom Anfang bis zu Ende umſtändig zu obſervieren. Ich werde trachten zu derley Aufnahm, um wir ſtatt eines Schneiders ſolche gebrauchen können.

NB. Suſcepta wird ſich wohl auch unterſchreiben müßen, daß ſie dem Eid nachkommen wolle, damit ſelbe nicht mehr zurückgehen, oder ratione Aufnahm Widerſpruch machen könne? Es wird ja gelten, und nichts beytragen zur Sache, oder daß ich Verdrüßlichkeiten ausgeſetzt würde, wenn die aufzunehmen Geſinnte auch nicht vom Adel.

Anbey

Anbey embraffiere dich inniglich, und beharre mit voller Hochachtung

Euer Hoch = und Wohlgebohrn

An H. Bruder und Frau Schwägerin folgt meine Empfehlung.

Ergebenster
N. N.

XXVII.
Zween Briefauszüge
des

Ajax an Spartacus.

Von der Hand = und Unterschrift des Ajax.

1.

Spartaco

Wird meinen Brief vom 16. 9br. 1776 von Griesbach aus erhalten haben? — Bin dieser Tage angekommen. — Kann nicht zu ihm in die Kost, wegen der Widersinnigkeit meiner Eltern, da er kein Zimmer hat. Muß der Frau Wolfinn deßwegen schreiben, und bleibt wegen Kost und Zimmer wie vorm Jahr.

Wegen Dänaus Vetter ists richtig. Noch viel Neues mündlich zu sagen. Wegen Hertl, muß

muß früh oder spät noch daran. Bis Ostern absolvieren. Wenn einmal versorgt, dann läßt sich mit Händen und Füßen dran arbeiten. Kann nur die Leute schicklicher beobachten, weil anderswo in Zimmer und Kost. Wegen kindischen Wesen des ⹊Sch ⹀ ⹀ ⹀ Soll bald weitere Befehle geben. Ich bin mit der pflichtschuldigsten Hochachtunng.

München den 10 Xbr. 1776.

Ajax.

2.

Spartaco Ajax sal. pl. dicit.

Schafftesbury, der heute nach überstandenen Interrogatoriis die Erlaubniß bekommen hat, sub meo Directorio 12.20.7.24.20.13. 8.5.1.8.13. macht Anschläge auf 21.4.13.19. 8.17.5.12.2.19.8.17.13., die er mir mitgetheilet hat. Ich erwarte ihre Meynung darüber. Dem Lucullus ist ein bißchen mehr Verschwiegenheit einzuschärfen; denn er hat 21.4. 13.19.8.17.5.12.2.19.8.17.13. worauf er etwan Absehen haben mag, oder sich zu rühmen, vieles, so er in ihrem Umgang erlernt, gesehen, sehr vieles wieder gesagt. Schafftesbury, der sich täglich in der Politic bessert, hat 21.4.13.19. 8.17.5.12.2.19. 8.17.13. bey Discours im Hofgarten das Mährchen von dem Schnecken und der Biene, so in Alexander von Joh. S. 266. steht, umständlich erzählt, mit

dem

dem Umſtand, es vom Lucullo zu wiſſen, den er über alles lobt: und wirklich der Menſch eſt docilis. Sollte aber Lucullus ſelbſt mit ihme Abſichten haben, als an welchen 21.4. 13.19.8.17.5.12.2.19.8.17. ſich während deſſelben Hieſeyn immer gewendet, gehalten und groſſe Zuneigung gewonnen hat, ſo berichten ſie mirs ohnverzüglich, und im Fall, daß Lucullus nichts mit ſelben vorhätte, ſagen ſie mir auch, ob mit ſelben per modum caroloniacum vel rectum, ut omnes alii, ſoll verfahren werden.

Wegen B. 8.17.19. iſt vorbereitet. Soll die 12.20.7.13.12.5.1.8. — 4.13. — 4.13.6. 14.2.18.19.12.19. — vor ſich gehen. Was es wegen Koſtgehen ſey. Soll Schema ſchicken ad receptionem Caroliniacam. Ich bin ewig dero ganz eigener

Ajax.

1.4.13.10.5.8.13.
den 23 7br. 1776.
um ½ 1 Uhr Nachts.

Soll meine überſchickten Comperten nehmen unter der nämlichen Addreſſe. Soll ſeine Meynung ſagen über die beygeſetzte Religions äuſſerſt widrige Sachen in epiſtola cognita.

XXVIII.

XXVIII.
Zehn Briefe
des
Spartacus an Ajax.

Von der Hand= und Unterschrift des Spartacus.

I.

Werthester Freund!

Wider den 11.12.17.14.13.— 8.17.19.— habe ich nichts einzuwenden. C'est un bon enfant! Man muß solche Leute auch haben: augent numerum et ærarium. Also nur den Anfang gemacht. Agathon ist nach 21.12.2.7.8.17.18.3.4.13. abgereiset. Er ist noch nicht so menschenfreundlich, als ich ihn wünsche und brauche. Ich glaube, ein heimlicher Stolz macht ihn so ungesellschaftlich. Monendus est ad socialitatem. Es muß ihm keine Person in der Welt zuwider seyn. 1.8.17.24. wird künftiges Jahr wieder kommen, und zwar zu mir in die Kost. Es war mir nicht lieb, daß es mit ihnen in dem Collegio richtig geworden. Ich hätte sie auch dazu gewunschen. Ich werde einen gewissen Baron Schroeckenstein nebst dem 5.14.8.13.12.4.10.5.8.17. auch dazu bekommen. Diese Leute müssen an den Angel beißen, den man ihnen vorwerfen wird. — Haben sie nicht mit dem 5.8.17. 9.8.2.

9.8.2. geſprochen? — Den 19.5.12.2.2.5.
8.4.1. habe ich nicht geſehen. — Ich glaube,
ich will auch noch einen 17.8.10.14.20.
19.8.13. machen, wenn mir das Glück gut
will. Und der iſt ein ganzer Kerl. Der Buchhändler von Erlangen hat an mich ein für ſie
beſtimmtes Buch, *Machiavells-Unterhaltun-
gen* geſchickt. Ich glaube, es liegt gut bey
mir. Den Campanella de ſenſu rerum könnte
man nehmen. Cura, ut valeas. Ich bin

      Dero

8.4.10.5.18.19.12.8.19.19.
den 12 Sept. 1776.
                Ergebenſter Spartacus.

NB. Bey der 12.20.7.13.12.5.1. der 10.12.
17.14.2.4.13. — 24.12.5.2.8.17. —
iſt alles auszulaſſen, was ein nähers Per-
ſpectiv auf das Künftige giebt. Tels
doivent être perſuadés, qui le dégres,
qui vient, ſoit le dernier. Auch iſt er
nicht mit Ausarbeitungen und dergleichen
zu plagen. Kurz reſpice finem, prop-
ter quem elegitur. Was dazu dient,
muß mitgetheilt werden: reliqua non.

           2.

Wertheſter Freund!

Meinen letzten Brief werden ſie vermuthlich erhalten haben. Hier kann ich nicht ſo
                        frey

frey schreiben, als wie bey mir. Denn es sind zu viele Leute im Haus. Das ist die Ursach, warum meine Briefe seltner sind. — Vor den schönen Tabackskopf werde ich meine Gebühr entrichten, wenn wir wieder zusammen kommen: indessen danke ich für die gehabte Mühe. — Ich denke und arbeite täglich an unserm grossen Gebäude. Arbeiten sie auch von ihrer Seite, und führen sie mir Steine zu. Lassen sie sich keine Mühe verdrüßen: suchen sie Gesellschaft junger Leute: beobachten sie; und und wenn Ihnen einer darunter gefällt, legen sie Hand an. Ich habe auch wieder einen, der ein ansehnlicher und einsichtsvoller Mensch ist. Was sie nicht selbst thuen können, thuen sie durch andere. Agathon, Danaus und Schaftesbury sind zu beordern per modum imperii, das sie unter junge Leute gehen, qu'il tachent epier les characteres, daß sie sich Anhang erwerben, Vorschläge machen, und dann Befehle erwarten. Es muß nun auf einmal gehen; Agathon soll ein Verzeichniß von den jungen Leuten seines Aufenthalts schicken, nach dem ihm schon mitgetheilten Formular. Es muß seyn. — Wenn Ihnen ihre Reise nicht hinderlich ist, in dortigen Arbeiten; so sehe ich nicht, warum sie nicht gehen sollten. Hat doch Christus auch seine Apostel in die Welt geschickt, und warum sollte ich meinen Petrus zu Hause lassen. Ite et prædicate. — Die 9.4.13.19.8. mag gut thun oder nicht, es wird doch

doch gehen. Mit dem 8.17.9. nur angefangen. Fac ut venias onustus spoliis, non indecoro pulvere sordidus. Ich bin übrigens

Ihr

den 19. Sept. 1776. Spartacus.

In München befindet sich ein gewisser Advocat B = adjungierter Bahnrichter: ich habe in meinem Leben keinen activern Menschen gesehen, der auch überdas sehr geschickt ist: Sehen Sie, daß Sie mit ihm bekannt werden, und richten Sie ihm ein Compliment von mir aus. Sapienti pauca. Reden kann er, wie noch einmal ein Advocat. Natus et factus. Dem B = = thuen sie indessen desgleichen, und versichern Sie ihn, daß ich ihm bald schreiben werde. Diese beyde sind ein Paar T = = s Kerl: aber etwas schwerer zu dirigieren, eben weil sie T = = s Kerl sind. Unterdessen wenn es möglich wäre, so wäre die Prise nicht übel.

3.

Spartacus Ajaci S.

Wenn der 21.4.13.19.8.17.5.12.2.19. 8.17.13. einer von uns werden soll, so muß er noch ziemlich abgehobelt werden. Einmal gefällt mir sein Gang gar nicht: seine

Ma-

Manieren sind roh und ungeschliffen; und wie es mit der Gedenkungsart steht, weiß ich nicht. Das wollte ich höchstens recommandieren, daß er sein rohes Wesen ändere. Er muß ganz ein anderer Mensch werden, bisher ist er kaum pro carolino zu gebrauchen. — Mit dem Lucullus will ich es ad notam nehmen. Er kömmt auch zu mir in die Kost. **Wochentlich 3 fl., und wenn Sie kein Zimmer bishero wissen, so will ich Ihnen dafür sorgen.** — Macht euch hinter Cavaliers, ihr Leute! ich glaube zwey liefern zu können, und Domherrn noch dazu. Wenn mir meine Absicht mit den Domkapiteln gelingt; so haben wir grosse Schritte gethan. Suchet junge schon geschickte Leute, und keine solche rohe Kerls. Unsere Leute müßen einnehmend, unternehmend, intriquant und geschickt seyn. Besonders die ersten. Wenn den Receptis einmal die Augen aufgethan werden, so müßen sie Leute sehen, von denen man Ehre hat, und wo man sich in ihrem Umgang glücklich schätzt. Nobiles, potentes, divites, doctos quærite. Ich weiß nicht, mit dem Agathon verzweifle ich schier, ob wir ihn erhalten werden: er hat einen guten Kopf; aber verderbtes boshaftes Herz, und das thut uns eben am meisten Schaden. Ich glaube, er ist ein Mensch, der sich schwer bändigen läßt; sein heimlicher phantastischer Hochmuth leidet es nicht. Ich höre ihn hier

wenig

wenig loben, und er hat sich durch sein mürrisches, menschenfeindliches Weſen viele Feinde gemacht. So viel mir ſcheint, läßt er ſich auch unſre Sachen nicht mit ſonderlichem Eifer angelegen ſeyn. — Die Inſtruction pro Carolinis kann ich nicht ſchicken, weil ich meine Schriften nicht bey mir habe. — In die Epiſtolam können ſie pro qualitate recipiendi hineinſetzen, was ſie wollen: Sie kann auch weggelaſſen werden. Wenn ihr Leute in München ſo viel thut, wie ich hier, ſo werden Rieſenſchritte gemacht. Compagnie geſucht, mit artigen Leuten angebunden; das muß ſeyn, inertes animæ! da muß man ſich keine Mühe reuen laſſen. Auch zuweilen den Knecht gemacht, um dereinſt Herr zu werden. Ich habe einen Kerl angeworben, der mir lieber als zehn andere ist. Ich habe auch ſchon einen andern unvergleichlichen Kopf für ſie beſtimmt, den ſie mir unter den Schuljahren aufnehmen ſollen: geſchickte, arbeitſame, reiche, artige, mächtige Leute brauchen wir. Von dem 18. 10. 5. 2. 8. 4. 10. 5. — habe ich mir behalten.

1) Porta Phyſiognomia cœleſtis.

2) Campanella de Monarchia, de ſenſu rerum.

3) Padinum de Republica.

Sie können ſich den Fludd verſchreiben. Eſt liber rarus, und nicht theuer. Ich will
pro

pro Politicis sammeln, und Sie pro Chemicis und Physicis: wenn nur der Guttmann Offenbahrung ꝛc. ꝛc. nicht so theuer wäre. Est liber valde rarus. Der Schleich gefällt mir, daß er diese seltene Bücher aufgetrieben. Noch eins. Sammeln sie alle Lesebücher, die sie geschenkt, oder sonst bekommen können: v. g. Poeten, Romanen, Comœdien und andere Bücher, die heut zu Tage gerne gelesen werden. Ich will von den meinigen auch einen grossen Beytrag dazu thuen. Ich habe ausspeculiert, daß sie für uns eine Finanzquelle werden müßen; ich will auch sonst darauf sammeln: Pro nostra Republica nihil est inutile. Sie werden schon sehen, wozu ich sie brauche, und was sie sammeln, lassen sie nur in loco. — Aude aliquid. Machen sie mir doch in München eine Acquisition, die der Mühe werth ist. Sind sie dann in vornehmen Häusern gar nichts bekannt, oder wenn sie es nicht sind, kennt dann Danaus gar keine Seele? Denn, wissen sie, Sie brauchen sich nur um einen rechten Cavalier Mühe zu geben: dieser muß uns nachmalen die andern liefern.

Flectere si nequeas superos, Acheronta
 moveto.

Es giebt ja viele artige junge Leute in München. Ich sollte dort wohnhaft seyn, ich wollte in kurzer Zeit eine ganze Litaney haben.

Was die Leute auch actu noch nicht sind, das können sie doch noch werden. Darum sind zwey Jahre festgesetzt. Und die Carolini müssen sie auch aushalten. Denn halten sie sich in dieser Zeit gut, so werden sie zu rechten avanciert. Im übrigen lassen sie nur mich gehen und sorgen, und schreiben sie mir, wann sie bey mir eintreffen wollen.

Ich habe vor einer Zeit an sie geschrieben unter dem gegebenen Couvert. Wenn sie meinen Brief, welchem ich einen an Danaus beygeschlossen, nicht erhalten haben, so ist die unleserliche Schrift auf der Addresse Schuld daran. Fragen sie also beym Hertel, oder auf der Post selbst. Nur das ist die Ursache, warum ich mich dieser Couverts nicht bedienen will.

4.

Spartacus Ajaci S. d.

Obwohlen ich ihre Gegenwart allhier sehr sehnlich wünsche, um über gewisse interessante Gegenstände gemeinschäftlich deliberieren zu können: so bin ich doch nicht entgegen, wenn sie noch eine Zeit daroben zubringen wollen: dummodo in vinea Domini labores. Ich habe gewiß für mich diese Vacanz mehr gethan, als ihr sämmtlich. Sollte der 5.8.17.19.8.2.
noch

noch zu uns können gebracht werden; so würde es mir sehr lieb seyn. Arbeiten Sie auch unter dieser Zeit daran, und ich will es ihrer Einsicht überlassen, ob er mit oder ohne mehrere Einsicht soll engagiert werden, prout videbitur. Die Taufe von Danaus Vetter habe ich auch vorgenommen: er heißt *Claudius der Kaiser*. Ich höre einen gewissen 18.14.10.5.8.17. recht sehr loben, und soll ein treflicher Kopf seyn. Wenn er auch so biegsam, docilis & flexilis ist, so könnte Danaus z. B. beordert werden, sich um ihn zu bewerben. Dermalen kann man keine brauchen, als *qualitates generales*. 1. Geschickt. 2. Industrios. 3. Biegsam. 4. Sociabilis. Sind die Leute noch dazu reich, vom Adel, und mächtig, tant mieux. Schreiben sie mir, ob etwas damit zu machen sey. Unter den hiesigen habe ich dermalen meine Gedanken gerichtet auf den 3.17.8.13.8.17.— 11.12.17.14.13.—8.10.3.8.17., welcher eine vortrefliche Acquisition wäre. Lucullus hat ihn auch schon wirklich in Commission. Ferners hätte ich gerne, daß sie bey ihrer Ankunft statt des Lichtensterns mit dem 11.17.12. 20.13. repetieren würden, welcher ein geschickter Mensch ist, und welchen sie bey dieser Gelegenheit engagieren könnten. Mir ist er aus dieser Ursach lieb, weil er beständig hier bleibt. Auf den 11.8.4.8.17.5.12.1.8.17. hatte ich auch meine Gedanken; will aber erst mit ihnen aus der Sache reden. Den Medicum 2.4.1.5

2.4.1.1.8.17. kann Ich nicht vorbey gehen laſſen, der Menſch gefällt mir gar zu wohl. 5.14.8.13.8.4.10.5.8.17. erwartet nur, biß jemand ihm die Propoſition macht; denn ich habe ihn ſchon gänzlich disponiert. Ob mit 12.17.13.1,4.2.9. etwas zu machen ſeye, überlaſſe ich ihnen. Die Bücher, welche dem Danaus zur Lectur anzubefehlen ſind, ſind folgende:

Bellegarde Reflexions ſur le ridicule.

— — Reflexions ſur les Coutumes de notre ſiecle.

— — Reflexions ſur ce, qui peut plaire ou déplaire dans le commerce du monde.

— — l'art de connoitre les hommes.

La Chambre. L'art de connoitre les hommes.

Gracian. L'homme de cour.

Abbadie. L'art de connoitre ſoi même.

Le Noble Ecol de monde.

C. *Cornelius Tacitus.*

Amelots Abhandlung über Kaiſer Tiberius.

Machiavells Unterhaltungen über den Livius.

Syſteme Social.

Ferners ſollen ſich die Leute angewöhnen, ein Buch zu halten, in welchem ſie jeder Perſon,

son, mit der sie umgehen, 3 oder 4 Blätter bestimmen. Unter dem Namen und auf die Blätter dieser Person wird alles von Handlungen gebracht, auch das kleinste, nach vorhergegangener Beschreibung des Körpers, Haar, Gesichtsfarbe, Gang, Stimm ꝛc. was man täglich davon bemerkt, doch so, daß man nicht den Caracter aufzeichnet, sondern nur die Thaten, aus welchen der Caracter zu schließen ist. V. g. Man schreibt nicht: *Titius* ist argwöhnisch, sondern eine That, aus welcher der Argwohn geschlossen wird. V. g. *visitiert* die Säcke und Briefe, ob nichts von ihm darin stehe. Horcht an der Thüre ꝛc. Ich will ihnen mündlich sagen, zu was es dienen kann und soll. — Wenn sie zu mir hätten kommen können, so wäre es mir lieber gewesen: kann es nicht seyn, so sind wir doch gute Freunde. Ich bin

Ihr

den 20 Xbr. 1776.

Spartacus.

5.

Spartacus Ajaci.

Da Herr Papa nichts an mich geschrieben, daß ich hinberichten soll, wie viel ich für die Kost fodere, so gedenke ich es ihnen bloß zu

schreiben,

schreiben, wo sie es sodann mündlich sagen können, weil ich zudem auch nicht weiß, ob sie es gerne haben, daß ich es ihm schreibe, daß sie nur die Mittagkost verlangen. Auf Mittag und Nacht also 3 fl., und auf Mittag allein 2 fl. Wegen dem Logis ist bey dem (= = = =) solches schon durch den Merz besetzt, in der Nähe weis ich kein anderes als bey meiner Mutter, und das wäre mir auch eine ungemeine Gefälligkeit, wenn sie damit vorlieb nehmen wollten, indem sie von ihr auch den Hausschlüßel erhalten werden. Doch will ich sie gar nicht dazu nöthen, wenn sie sonst ein anständiges Quartier wissen. Es wäre auch aus dieser Ursach gut, weil ich oft einen Titel hätte zu ihnen auf ihre Stuben zu kommen, und uns zu unterreden, da mir zu Hause dazu die Gelegenheit oft fehlet; und hier könnte es geschehen, ohne daß man es weiß. Der Nexus wäre verborgener. Dem Danao will ich einen bessern Namen geben. Er soll hinführo Philip Strozzi heißen, welchen Namen er durch das Loos erhalten. — Mit dem Lucullus stehet es sehr schlecht: ich glaube, er und Agathon werden die Ehre haben, ausgeschlossen zu werden. Denn anstatt daß er seine brusque Manieren abändern sollte, so wird er von Tag zu Tag ärger: non est homo sociabilis. Obwohlen ich von beyden verzweifle, so wollen wir sie doch ihre zwey Jahre aushalten lassen: und dann weiter sehen. Dem Strozzi

hätte

hätte ich doch gerne, damit ihm etwelche Bücher geoffenbaret würden, ut lege possit, et alios erudire. — Dem Claudius könnte die Frage aufgeworfen werden:

1. Ist es nutzbarer in einen Privat Orden zu tretten, oder nicht?

2. Was haben solche geheime Orden für Vorzüge vor der bürgerlichen Regierung?

3. Auf welche Art wäre ein Mensch zu disponieren, daß er v. g. in unsern Orden trette; oder wie wollte Candidat nach seinen dermaligen Einsichten mit einem Menschen verfahren, wenn er zum Eintritt in unsern Orden bewegen wollte?

den 8. Jan. 1777.

Spartacus.

6.

Spartacus Ajaci.

Dero Herrn Papa werde ich schreiben. Dem Agathon sollten sie meines Erachtens rescribieren: ein solches Begehren verrathe zuviel Neugier und Vorwitz wie auch Stolz, daß er allein glaube, man werde ihm nähere Nachrichten zur Unzeit mittheilen, da solches wider die

die Grundverfassung und Gewohnheit des Ordens seye. Er habe ja solches vorher gewußt, daß es nicht geschehen werde. Glaube er aber, er unternehme auf diese Art unvernünftiger Weise unbekannte Verbindlichkeiten, vielleicht auch wider seine Pflichten; so könne er solches aus der Conduite des Aufnehmers, und aus den früher mitgetheilten Statuten, wie auch aus den bisherigen Aufträgen ersehen. Sey er aber ungeachtet dessen noch ängstig, so stehe es ihm ja noch jede Minute frey abzutretten, wenn er will. Schreiben sie ihm auch, sie vor ihre Person hätten sich anderst besonnen, sie wollten ihm zum Besten dieses sein Petitum den Obern nicht vorstellig machen: indem dieses Petitum für einen Menschen, der uns noch gar kein Specimen seiner Anhänglichkeit gegeben, der so lange Zeit den Briefwechsel unterlassen, würde für zu arrogant angesehen werden rc. Behalten sie zugleich dieses Rescript in copia für künftige Fälle auf. Nova. Noch vor dem Fasching werde ich nach München kommen, und in dem bekannten 7.17.8.23.1.12.20. 17.8.17.-14.17.9.8.13. aufgenommen werden. Ne timeas; unsre Sache geht doch fort, und wir lernen einen neuen Nexum kennen, und werden dadurch reliquis fortiores. — Wie geht es denn mit dem 5.8.17.19.8.2.

Spartacus Ajaci.

Ich weiß nicht, warum ich gar nichts mehr von unsrer Sache höre? Kommt die Reue vielleicht, oder haben sie Lust dazu verlohren, so haben sie die Güte, es mir zu schreiben, da ich noch Zeit habe, unser Unternehmen fahren zu lassen. Mich deucht es wenigstens, daß es ihnen weniger Ernst seye, als zu solchen grossen Dingen nothwendig ist. Sollten sie aber noch Lust haben, so bitte ich mir solches zu berichten, von allen Vorfallenheiten, sie mögen so widrig seyn, als sie wollen, nichts zu dissimulieren, damit ich Mittel dagegen vorkehren kann. Es wird auch höchst nothwendig seyn, daß sie darauf lesen, und sich noch fernere Eigenschaften beylegen, die dazu erfoderlich sind. Das ist keine Kunst, einen grossen Entschluß zu fassen; aber der Zeit zu trotzen, es dagegen auszuhalten, was man groß gedacht, auch groß und standhaft auszuführen, das ist, worin sich der grosse Geist zeigt, und wodurch manche grosse Projecte unterblieben sind. — Was macht Livius? Ich habe nichts von ihm erfragen können? Was Coriolan? Was Schafftesbury? Was Claudius? Hat 1.4.10.5.2. noch nicht geschrieben? O Ajax! Wenn die Sache so saumselig, so schläfrig gehen soll, so ziehe ich die Hand davon ab, ehe ich Prostitution davon tragen, und Verdruß mit den andern haben soll, und
Fehre

kehre in meine vorige Ruhe zurück. Und denke, was ich aus Mangel der Mithelfer nicht ausführen kann. Ich erwarte ihre Erklärung, und sodann das weitere. Ich bin indessen

Ihr

den 30 8br. 1777.

NB. Ich bin schon wieder in
meinem alten Aufenthalt
angelangt.

Spartacus.

8.

Spartacus Ajaci S. d.

Gestern als den 30ten erhielt ich das Paquet von der Abhandlung des Philip Strozzi. Wenn ich solches nur etwelche Stunden früher erhalten hätte, so hätte ich auch meinen gestrigen Brief ersparen können. Aber superflya non nocent; Und das Amt eines wachsamen Mannes ist zu allen Zeiten, seine Mannschaft aufzumuntern, anzufeuren, und in gehörige Bewegung zu setzen. Bewegung ist Gesundheit aller sowohl physischen als politischen Körper. Nichts ist gefährlicher als Stagnation, auch nur von Seiten eines einzigen; denn die Bewegung und belebende Kraft wird den weitern und entferntern nicht mitgetheilt. Die Abhandlung des Philip Strozzi ist vortreflich.

lich.. Wenn er in meinem Kopf gesessen hätte, so wäre es ihm unmöglich gewesen, sich in mein System so gut hineinzudenken. Solche Mitarbeiter freuen mich, und dieser ist im Stand, ein grosser und vielbedeutender Mann zu werden. Ich überlasse ihnen und dem Strozzi die völlige Auswahl der Subjecten, ohne daß sie sich bey mir anzufragen haben. Nur müßen mir die Tage ihrer Reception angezeigt werden. Meine Meynung wäre auch, daß man künftighin den Candidaten das erste Stück der Statuten, und das zweyte von dem Verhalten gegen Obere gar nicht mehr in die Hand geben, sondern bloß vorlesen soll. Die übrigen Stücke können ihnen zum Abschreiben ohne Ziffer gegeben werden, wenn sie solche verlangen. Vom Coriolanus weiß ich den Tag seiner Reception nicht. Solcher muß auch ein Pensum ausarbeiten. Ich überschicke ihnen hier mehrere. Diese können sie communi consilio mit Strozzi, nach Fähigkeit des Candidaten den künftigen Recipiendis austheilen: doch allzeit so, daß der Recipiendus dadurch mit nöthigen Ideen bekannt werde, die ihm am meisten fehlen, v. g. einem, der gern bald oben seyn möchte, giebt man das Pensum von der Stuffenbeförderung: einem, der noch gar keinen Begriff von solchen Gesellschaften hat, giebt man von Vortheilen geheimer Gesellschaften, u. s. w. Das überlasse ich ihnen also völlig. Ziehen sie nur die Umstände zu Rath, die sie

besser

besser wissen können als ich). An dem System des Ganzen arbeite ich beständig. Denke hin und her. Mache Abänderungen, und verfeinere solche. Es gelingt mir auch wunderbar, und sie werden sich verwundern, wenn sie einmal meine Einrichtung für den weitern Grad sehen werden. Langsam, aber sicher gehe ich zu Werke. Ihr, meine Leute! habt euch indessen um nichts zu kümmern, als mir Leute anzuwerben, solche fleißig zu studieren, zu unterrichten und zu amusieren. Für das übrige sorge ich. Mit dem Gelderlag muß auch der Anfang gemacht werden. Meine Meynung wäre, jeder soll sich einen Spartopf halten, und täglich etwas darein werfen, damit ihm die Zahlung auf einmal nicht zu hart ankomme. Wie solcher zu eröfnen, und was dann damit anzufangen, sollen sie hören, wenn ich weiß, daß einmal diese Anstalten getroffen worden. Timon muß fleißiger werden. — Für den Coriolanus, glaube ich, wäre das leichteste Pensum, von den Vortheilen geheimer Gesellschaften. Doch das überlasse ich ihnen wieder, ich sage nur meine Gedanken. 5. 8. 17. 19. 8. 2. wäre mir sehr lieb und nothwendig. Machen sie, daß es vor sich geht. Strozzi soll sich auch einen Substituten abrichten, auf welchen er sich in Auswahl der Subjecten, wie auch im Unterricht derselben verlassen kann.

Durate, et vosmet rebus servate secundis.

31. 8br. 77.   NB.

NB. Die Problemata müßen dem
Strozzi abgeschriebener gezeiget
werden. Beyliegender Brief
gehört an Strozzi. Ich weiß
seine Adbreſſe nicht.

Spartacus.

9.

Spartacus Ajaci S. d.

Soviel die Hiſtorie des Negromantiſten betrift, ſo glaube ich nichts davon, bis ich ſolche ſehen werde: und dergleichen Geſchichten wollen ſich gar nicht in mein Syſtem ſchicken. — Ich wünſche von Herzen, daß ſie bald ihre Prob-Relation abgelegt hätten, damit die Sache ernſthafter würde. Nunc omnia lanquent. Ich bitte mir auch nochmalen alle Monat über den Eifer eines jeden ihrem Bezirk Unterworfenen eine förmliche Relation von ſeinem Eifer, Conduite &c. aus, und zwar ſo, daß ſolche nicht in den Worten beſtehe: er iſt eifrig, ſondern ich muß wiſſen, durch welche Handlungen er ſeinen Eifer, oder Lauigkeit an Tag lege. Ich überlaſſe es ihnen, ob mit dem 11.8.17.6.8.17. nichts anzufangen wäre. Geſchickt iſt er gewiß, und ſeine Schwätzereyen hatten ihren Grund, weil er vom Ickſtätt, und ſeinen Aeltern könnte mißhandelt werden, dem er nunmehro nicht mehr ausgeſetzt iſt. Ich denke Strozzi könnte ihn übernehmen, und man
kann

kann es versuchen, wie er sich anläßt. Um so mehr wird sein unbeständiges Wesen fixiert, wenn er einmal einen engagiert hat, welches mit ihm bald vorzunehmen wäre. Ueber diesen Punct erwarte ich baldigst Antwort. Desgleichen auch über einen gewissen 18.14.10. 5.8.17., von dem ich schon einmal gesprochen, und den auch Strozzi sehr gerühmt. Sollte ein und der andere Privathaß dagegen haben, so muß solcher hier aufhören, wenn er im übrigen geschickt ist. Mein Wille ist auch, daß in möglichster Bälde vom Livius und Timon alle Schriften abgefodert werden, und solches in einer Zeit, da sie solche nicht privatim abschreiben können. Es geschieht dieses nicht in der Absicht, als wenn sie ausgeschlossen wären, sondern theils ihren Eifer zu prüfen, theils zu hüten, daß solche nicht in profane Hände kommen; denn beyde halten sich an gefährlichen Orten auf. Ferners sähe ich gerne, daß sie mit Lucullus eine freundschaftliche Correspondenz unterhielten. Es hat alles seine Ursache. Antworten sie mir, so bald möglich, und diesen Brief überliefern sie dem Strozzi. Ich bin

Ihr

den 16. Xbr.

ergebenster
Spartacus.

10.

Spartacus Ajaci.

Das Manuſcript habe ich erhalten. Es iſt nicht einmal die Auslage für den Bothen werth. Lieber wär es mir geweſen, wenn ſie die Zeit zum Abſchreiben auf eine reelere Arbeit verwendet hätten: denn ich muß es ihnen geſtehen, und bin Kraft unſers Nexus befugt, ihnen zu ſagen, daß ich gar nicht mit ihnen zufrieden bin. Sie laſſen mich ſchreiben und anſchaffen, ſo viel ich will, und ich bekomme keine einzige Antwort darauf, und es ſcheint, ſie thuen, was ſie wollen. Zeit ihrer Abweſenheit habe ich noch nichts als matte Vertröſtungen erhalten; aber keinen einzigen Punkten meiner Briefe beantwortet, nicht einmal noch geſchrieben, an welchem Tag Coriolanus ſeinen Revers ausgeſtellt. Keine Nachrichten von Leuten, wie ſie ſich betragen, in ſumma das vorige Jahr ihres Hierſeyns, und dieſe Vacanz gar nichts. Gut iſt es, daß es noch an der Zeit iſt, die Sache liegen zu laſſen, ehe am Ende für mich Proſtitution, ja wohl gar Gefahr heraus käme. Wenn ſie mir antworten, ſie ſeyen durch die Probrelation aufgehalten, ſo kann ich im Gegentheil ſagen, ſie haben doch Zeit zum Bücher abſchreiben! Und ich habe dieſes Jahr mein Amt zu vertretten, das mich auch Mühe koſtet, ich habe noch
neben

überdas das mir sehr beschwerliche Rectorat: und anbey, meine Hausangelegenheiten, und doch kann ich ziemliche Correspondenzen abfertigen. Es hat jeder Zeit, der sich die Zeit nehmen will. Ich denke mir dabey meinen größten Theil, und würde dieses nicht sagen, wenn ich nicht glaubte, dazu berechtigt zu seyn, und daß ich dächte, ich habe es zum letztenmal gesagt. Ich kann mir dabey vorstellen, wie es in der Folge gehen würde, wenn der Anfang schon so schön ist. Bey solchen Sachen heißt es: multum sudavit et alsit, abstinuit venere et vino. Und denken sie an mich, sie werden in keinem Fall weit kommen, wenn sie so fortfahren. Ich bitte mir auch ins künftige alle Briefe ab, worinn blosse Excusationen, und Obtestationen enthalten sind, in summa, Wort und keine Werke. Und ich kann ihnen aufrichtig sagen, ich bin gänzlich entschlossen, die Sache liegen zu lassen. Was heißt das: ich habe einen im Garn; und nicht sagen, wen? Heißt das nicht soviel, ich habe keinen, ich thue nichts, und ich möchte doch gern, daß man glaube, ich thäte etwas? Ich glaube auch nicht einmal, daß Coriolanus aufgenommen worden. Ich halte es vor bloße Worte, wie alles. Ich habe endlich noch Thaten von Worten unterscheiden gelernt, und so lang sie sich nicht auf solide Wissenschaften, und eine ernsthafte gesetzte, gemeinnützige Denkungsart verlegen, und zu erwerben suchen, und bloß sich dabey zum Endzweck haben, das

ganze

ganze Wesen nach ihren Kopf und Nutzen modeln. Es ist alles nichts, und ich bedanke mich ein Mitarbeiter zu seyn. Ich bin übrigens

Dero

ergebenster Dr.
Spartacus.

XXIX.
Ein Brief
an
Xavier Zwack.
Von Weishaupts Handschrift.

Wohlgebohrner,
Hochzuverehrender Herr und Freund!

Meine Rectoratsarbeiten erlauben mir nuns mehr wieder an meine wertheste Freunde zu denken. Aus dero schätzbaren Zuschrift habe ich ersehen, daß wir beynahe gleiches Schicksal haben, bald oben, bald unten, viele Maulfreunde, und wenig wahre, das ist leider die Erfahrung jedes ehrlichen Mannes. Darf aber ihr ehemaliger Lehrer es noch wagen, ihnen noch etwas zu sagen, so hören sie meine väterliche Erklärung. Von mir kann ich die Versicherung geben, daß ich von ihren Verdiensten, Einsicht und

und Vernunft eine hohe Meynung habe, und daß ich von ihnen noch etwas Hohes erwarte: aber alle Menschen urtheilen nicht gleich davon, ihre Rechtschaffenheit und Einsicht macht ihnen Feinde. Sollte es also nicht rathsam seyn, wo man nicht Amts halber muß, nicht allzeit Einsicht zu zeigen, auch zu schweigen, wo Reden nicht Amtspflicht ist? Machen sie es, wie ich, entfernen sie sich von grossen Gesellschaften, schließen sie sich an ihre genaueste Freunde auf das nächste an, von denen sie versichert seyn können, daß bey ihnen Liebspflichten Zwangpflichten seyen. Gedenken sie nicht müßig zu seyn, und in die Welt Einfluß zu haben, so warten sie, die Stund kömmt gewiß, wo sie viel thun werden. Erat autem Sejanus otioso simillimus, nihil agendo multa agens. Suchen sie durch ein unbemerktes Leben dem Neid zu entgehen, und müssen sie in der grossen Welt erscheinen, so nehmen sie auf diese Zeit eine heitere freundliche Miene an, legen sie alles Beleidigende von sich, und dann tretten sie wieder in ihre philosophische Stille zurück, um über Thoren und Narren zu lachen, die sich einbilden, man stünde nur aus Gottes Barmherzigkeit zum Raumfüllen in der Welt.

Perfer et obdura, dolor hic tibi proderit olim.

Lassen sie Philosophie und Menschenkenntniß, und praktische, nicht speculative Tugend ihre

ihre Angelegenheit seyn. Sie geben uns manchen Trost, den wir von außen vergebens erwarten. Wirken sie indessen in die kleine Sphære, die sie um sich haben, und zu versammeln im Stande sind, genug gethan, wenn auch diese wieder so viel thuen.

Tu ne cede malis, sed contra audentios
ito,
quam tua te fortuna sinet.

Schonen sie auch ihre Gesundheit; denn sie sind solche wegen ihrer wichtigen Dienste, so sie der Welt leisten können, der Welt schuldig. Ihre Lecture gefällt mir recht wohl; aber lesen sie doch so, daß es ihnen dabey ums Herz warm wird.

Deus, ecce! Deus, cui talia fanti
ante fores subito, non vultus, non color
unus,
Non comtæ mansere comæ, sed pectus anhelum
et rabie fera corda tument, majorque videri,
nec mortale sonans afflata est Numine,
quando,
Jam propiare Deo &c.

Dieses ist derjenige Seelenzustand, in welchem man am meisten zu grossen Unternehmungen aufgelegt ist: wo die Wahrheiten nicht mehr

mehr in abſtracten Bildern, ſondern in dem
vollen Pomp aller Beziehungen auf uns, aller
unendlichen und entfernteſten guten Folgen er=
ſcheinen.

Ecce autem primi fub lumine folis, et
ortus
Sub pedibus mugire folum, et juga cœpta
moveri
filvarum: vifæque canes ululare per umbras
adventante Dea: Procul, o procul efte pro-
fani!
conclamat vates, totoque abfiftite luco.
Tuque invade viam, vaginaque eripe fer-
rum:
nunc animis opus, Ænea, nunc pectore
firmo.
Tantum effata, furens antro fe imifit aperto
Ille ducem, haud timidis vadentem paffibus
æquat.

A. W.

Halten ſie meine Briefe geheim, die Leute
könnten ſonſt denken, ich wäre ein Narr.

Præſ. den 22 Xbr. 1777.

- XXX.

XXX.
Briefe
des
Spartacus
an

Philippus Strozzi, (Xavier Zwack, vorhin Danaus, dann Philipp Strozzi, und nachmals Cato genannt) **Marius, Scipio, Tiberius, und an die Areopagiten zu Athen.**

I.

Spartacus Philippo Strozzi.

Ich hoffe Sie durch die Beylage, die ich mit wieder zurück erbitte, zu überzeugen, daß ich in der Sache Vollmacht und Einsicht habe. Ueberhaupt hat Ajax in dieser ganzen Sache so willkürlich geschaltet, daß es mich gar nicht wundert, wenn sie nicht wissen, wie sie daran sind. Wir werden eine gute Zeit brauchen, bis wir die Sache in Ordnung bringen. Ich werde ihnen auch zu diesem Ende die Abschrift der Statuten, die ich zu meinem Gebrauche habe, mittheilen, denn ich denke immer, es sind auch hier Verfälschungen mit eingeloffen. Die Briefe, so sie an den Orden geschrieben, hat kein Mensch zu Gesicht bekommen, es ist natürlich

türlich, daß er sie selbst beantwortet habe. Denn es ist alles erlogen, wie ich sie nach und nach hinlänglich überführen will. Wir wollen nur zuwarten, was er weiter thun wird. Sie haben zu diesem Ende seinen Umgang nicht zu unterlassen, ihn vielmehr fleißiger, als zuvor, zu besuchen. Ersuchen sie ihn doch einmal, der ⊙ möchte ihnen ins künftige ohne verborgene Schrift seine Antwort und Befehle ertheilen, es nehme ihnen auf diese Art zu viele Zeit hinweg. Da werden sie einen Spaß sehen, wie er sich winden und drehen wird, um dieser Falle zu entgehen; denn er müßte mit seiner eigenen Handschrift, die er zu verstellen suchen wird, zum Vorschein kommen. In wichtigen Sachen aber lassen sie sich gar nicht mit ihm ein, sondern wie er sie betrogen hat, so betrügen sie ihn ebenfalls. Dieser Mensch hat uns einen Schaden an Leuten und Geld gethan, der uns auf zwey oder drey Jahre in diesen Landen zurückwirft. Gott sey gedankt, daß man das bald erfahren. Nur behutsam; denn er könnte noch mehr schaden.

Mit 11.8.17.6.8.17. denke ich ja. Machen sie einen Versuch. Mit dem andern ist es nichts; sie müßten ihn nur anderst disponieren können.

Von Büchern lesen sie fleißig *Tacitus* mit den Noten des *Amelot*, und das bey uns classische

ſche Buch *Baſſedows praktiſche Philoſophie,* wie auch *Meiners vermiſchte philoſophiſche* Schriften, 3 Theile.

In letztern iſt eine Abhandlung von eleuſiniſchen Geheimniſſen enthalten, die ihnen groſſes Licht geben wird. Es taugt auch zum Werben und Recrutieren; denn von dieſer Abhandlung kann man Gelegenheit finden, Leute, die man gern hätte, weiter zu disponieren.

Bey der Auswahl der neuen Candidaten merken ſie mir allzeit an, ob er gut zum Anordnen, Ausführen, Entrepriſen, mündlichen Unterhandlungen, oder zum Unterricht anderer tauge. Man braucht auch weiters Leute zum Anſehen, Schutz.

Andere ſind dienlich als Handlanger v. g. mit ſchönen Handſchriften, Bücherüberſetzungen, auswärtigen Correſpondenzen.

Auch Artiſten, als Mahler, Buchdrucker, Buchhändler, Poſtverwalter ꝛc. ꝛc. ſind nicht unnütz. Ueberhaupt muß mir jeder Candidat angezeigt werden, und ſein gänzlicher Karakter mit allen phyſiſchen und moraliſchen Urſachen und Wirkungen beſchrieben werden. Und ſodann werden ſie allzeit das mehrere hören.

Machen ſie auch, daß ſie mit dem zweyten Theil ihres Problems fertig werden, und

ſodann

sodann soll es mit ihnen bald weiter gehen. Indessen bin ich

Ihr

den 31. Jan. 78.

Spartacus.

2.

Spartacus Philipo Strozzi S. d.

Die meisten von dero Vorschlägen werden sie nebst noch vielen andern in meinem Entwurf von der weitern Klassen finden. Ich theile solche ab 1. in die Ceremonien, 2. in die Statuten, 3. in die Allegorie, 4. in die wirkliche sogenannte Mysterien. Jede Klasse enthält von jedem derselben etwas. Besonders sind die Mysterien, oder sogenannte geheime Wahrheiten das vorzüglichste, und machen mir viele Mühe, sind auch die Grundlage des ganzen Gebäudes. Arbeiten sie indessen, ein Personale in München herzustellen. Sie haben so viele Einsichten in diese Sache, daß ich ihnen alles überlasse, doch muß ich wissen, was vorgegangen, damit ich mich im weitern darnach richten kann. Denn der kleinste Umstand, der einem Obern unbekannt bleibt, kann in der Folge sehr wichtig werden. Meine erste Gesellen waren Ajax, Sie, Merz, Bauhoff, Sutor. Letztere zwey waren wegen außerordentlicher Nachläßigkeit gar nicht zu gebrauchen, und wurden von mir ausgestrichen. Merz aber dauert noch beständig, und thut mir sehr gute Dienste, er ist auch ungemein geschickt. Ajax sagte mir, sie stünden nicht gut mit ihm. Ich weis nicht, ob es wahr ist, unterdessen wünschte ich, daß es nicht wahr wäre. Durch die Exclusion des Ajax habe ich verlohren, Michl, Hoheneicher und Will. Dermalen sind also nebst mir, Ihnen, Claudius und Merz noch 5 ihnen unbekannte Eichstätter, wovon die meisten schon bedienstet, und sehr wackere und mature Leute sind. Hätte indessen Ajax statt seinen Lüsten mir gefolgt, so sollte die Zahl grösser seyn. Vor allen ist es zu bemerken, daß ich unbekannt bleiben muß; denn mit mir hat es eine Beschaffenheit, die ich ihnen seiner Zeit mündlich eröfnen will: diese Situation, in welcher ich bin, ist zwar unserm ☉. vortheilhaft, aber mir höchst beschwerlich, und auch zum Theil gefährlich. — Wenn sie denken wollen, so ist es ihnen leicht, solches zu errathen. — Von den Projecten zur Bereicherung gefällt mir besonders das Drucken kleiner Spasse, Pasquilen und dergleichen. Ich hasse zwar solche Dinge, aber sie machen uns doch einen Fond. Und das ist das erste. Was halten sie vom Baierhammer? Er wird diese Tage von hier abgehen, und hat sich meines Gedunkens sehr gut gemacht. Damit er Gelegenheit habe, Sie zu sprechen, so will ich ihm einen Brief

Brief an sie mitgeben. Mir wäre es lieb, wenn er zu haben wäre; denn er ist ungemein activ. Ich weiß, daß sie dagegen Ausstellungen haben: vielleicht aber haben die Ursachen ihrer Abgeneigtheit aufgehört. — Wenn nur einmal in München 5 oder 6 geschickte und vertraute Männer können zusammgebracht werden. In Eychstätt hoffe ich, es bald dahin zu bringen. Aber das größte Mysterium muß seyn, daß die Sache neu ist: je weniger davon wissen, je besser ist es. Dermalen wissen es nur sie und Merz; und ich hab auch nicht so bald Lust, es irgend einem zu eröfnen. Wir 3, glaube ich, sind genug, der Maschine ihr Leben und Bewegung zu geben. Von den Eichstädtern weiß es kein einziger, sondern sie leben und sterben, die Sache sey so alt, als Mathusalem. — Von Büchern habe ich diese Zeit in unser Fach die seltensten und besten gesammelt. Sie werden sich erstaunen, was nur ich da zu liefern im Stande bin. Dermalen aber ist nichts zu thuen, als die Zahl zu vermehren. Sed vide, cui fidas. Mich haben beynahe alle meine besten Leute betrogen. Wenn ich einmal das Personale mit seinen Tabellen vor mir habe, so bin ich erst im Stand, meine weitere Plane recht zu machen. Denn mit den Umständen werden sich die meisten dermaligen Anstalten ändern. Bleiben sie indessen mit ihrer Mannschaft auf dem Fuß wie bishero, und machen sie nur, ut numerus crescat. Meine

weitern

weitern Aufſätze werde ich ihnen bald mitzutheilen im Stande ſeyn. — Ihre Abhandlung habe ich zum Unterricht der Leute, von dem jedesmaligen Obern abſchreiben laſſen, und ſie wird allgemein bewundert. — Die Hiſtorie von dem ☉ muß geſchrieben werden, Ferners die Statiſtic des ☉s, ſo wie auch für jeden Grad und Obern eine vollſtändige Inſtruction, und das ſo, daß es uns nicht viel Mühe macht. Dafür habe ich in meinem Plan ſchon geſorgt. Sorgen ſie nur, daß ſie den Leuten nicht zuviel avancieren, und zum vorhinein ſagen: Nur ſoviel, als nothwendig iſt. Nach meiner Meynung ſollten Sie nur mehr 3 oder 4 engagieren, aber dieſe gute und tüchtige Leute; die übrigen ſollen alle mittelbar aufgenommen werden; dabey bleiben ſie ehender verborgen, und wenn ſie ihre Leute aufnehmen laſſen, ſo verſichern ſie ſich dadurch ihrer, denn ſie ſchämen ſich zu gehen: ich habe darum mit Fleiß, wider alle Gewohnheit, den erſten und Ungeübteſten die Aufnahme zugedacht, und ich risquiere doch dabey nichts, weil die Aufnahm nur unter Direction der Obern geſchehen darf. Den Zuſatz zu den Statuten laſſe ich mir gefallen. Schriftlich geben ſie keinem etwas, außer ſie ſind ſeiner durch ſchon von ihm beſchehene Aufnahm verſichert. Den einfältigen Brief, den Ajax bishero bey der Aufnahm ſchreiben ließ, laſſen ſie aus: er iſt zu nichts gut. Aus meinen Briefen machen ſie Excerpten. Theilen ſie

sie ihre Notaten in ☉ Sachen in gewisse Klassen und Fächer, und die Regeln, so sie in meinen Briefen finden, tragen sie nachmalen ein.

25. Febr. 78.

Spartacus.

XXXI.

Auf einem Octavblatt

steht

von zwackischer Handschrift:

den 10 Merz 1778.

11.8.17.6.8.17. aufgenommen. Ihm vorgesagt, er werde dispensiert. Diesem schwören mußen, daß nichts vom Jesuiter ☉ seye. Muß Tabelle 1. 2., und Vorschlag zur Insinuation liefern. Noch keine Statuta communiciert. Dient zur Bevölkerung, muß 11.12zen insinuieren, auch 18.14.10.5.8.17. den nun besser kenne. Noch ein oder zwey kann Concilia halten; ist zwar noch sobald nicht zu thuen, doch möglich. Liegt nichts daran, wo die Hauptloge: jede soll glauben einen Obern zu haben, so auch die Vorgesetzten vorgeben. Wegen Unterricht nebst Billet im Fall des Todes. Projecte des Coriolan. Wegen Verbreitung unter dem Handelsstand; mangelt 18.12.20. 8.17. sonst kenne zu wenig. Coriolan könnte

für

für deren Unterricht sorgen. Kenne selbst B.
Ecker und Krenner nicht, obs nicht mit ihnen,
wie mit Zoroaster Præparation möglich. $\frac{2}{4}$ Du=
caten gefunden.

12ten

Seine Jugend wird durch Vernunft ersetzt.
Soll mir alle Details vom Plane schicken. Die
☉s=Geschichte arbeiten : brauchs zu Seſſionen. Diese Consiliarii als Mitarbeiter betrach=
ten, erst mit den andern gradatim verfahren.
Coriolan , 11.8.17.6.8.17. — 11.12.24.
W. H. sind ausgesehen, ob die letzte nicht im
M. ☉, 11.8.17.6.8.17. wird durch B. und
S. versichert. Soll wegen H. sorgen. Ein=
theilung der Sammlungen. Solls so machen,
daß ja kein Gedanke von ihm uns verlohren
gehe. Soll Coriolan anempfehlen.

Auf einem Quartblatt

steht

von zwackischer Handschrift.

13ten Merz 1778.

Statt Ajax ist ein anderer zu ersetzen. Mag
das Præsidium nicht zu führen scheinen,
um keine Eifersucht zu erwecken. Es soll jeder=
zeit

zeit Proponens daſſelbe führen. Seſſionen für jedes Fach gehalten werden. Der geheime Conſeil kann nur aus Mario und mir beſtehen. kann mit der Zeit zur groſſen Seſſion geſtoſſen werden. Theile den ☉ in 3 Claſſen. 1. Inſinuati. 2. Wirkliche Mitglieder. 3. Oberſte Cohorte des Spartacus. Die 2te muß ſich als die letzte glauben; ihre Grade als die höchſte; muß Gradus, Claſſificationes, Ceremonien, Symbola, Allegorien ꝛc. Beſorgung über Inſinuierte haben. Die aus der Cohorte müßen darin erſcheinen, und ohne Oberſtellen immer zu begleiten, Haupteinfluß haben. Auch ſich aus dieſer 2ten Claſſe ihre Mitconſiliarii erſt bilden, und bey Abgang eines ihrer Mitglieder zu ſich nehmen. Dieſe 2te Claſſe ihrer Einrichtung werde ſonders bearbeiten mit den Meinigen. Er ſoll die Myſteria &c. für die Cohorte beſorgen. Zoroaſter inſinuiert. Der Drucker fürchtet Riſico, ſchlägts auf 120 fl. an: Man ſoll zuwarten.

17ten M. 1778.

Der Brief vom Ajax folgt. An Tiberius hab ſeinen beſorgt. Dieſem meine Progreſſen geſchrieben. Was Ajax davon zu wiſſen habe? Zoroaſter hält fleißig ſeine Stunden, Scipio leitet Sa. und So. — Claudius kommt morgen. — Mit 18. = = Freund. Von den Candidaten ſollen uns nur Penſa et Projecta eingeſchickt

geschickt werden, das andere der 1. Insinuanten in loco behalten. Claudius wird vielleicht 17.20.9.14. rfer liefern. Außer West = =. 2 ich keinen mehr. Lese Lodin.

18ten

Werd weitläufiger über das Uebermachte schreiben. Wegen Langsamkeit und succeßiven Unterricht bin verstanden. Ob die übermachte für jene, welche 2 Jahre ausgehalten, gehören. Ob bey der Session was davon zu melden, oder zu schweigen? Wills halten, wie mit seinem Brief vom 17. Antwort wegen Drucker. Soll Tagebücher besorgen, Compliment.

20ten

Wegen Pythagora. Will arbeiten, ohne was zu wissen. Wie er zu benutzen? —— Claudius hat den R. infinuirt, ist mit schwerem Penso zu verschonen. Ist reich — Welches Unterrichtbuch er für ihn vorschlägt? Uebernehme ich ihn, Resolution wegen 11.12.24. Coriolan hat den 1. Entwurf des Pensi überliefert, arbeitet, je wie ihm was neues beyfällt. Hoch. könnte 8.3.8.17. engagieren. 11.12.9.8.17. glaublich einen andern Nexus.

NB. Um diese Briefauszüge des Cato zu verstehen, halte man sie zu den folgenden Briefen und Antworten des Spartacus vom Monate Merz.

XXXII.

XXXII.
Fortsetzung
der Briefe des Spartacus.

3.

Spartacus Catoni S. d.

Da wir diese Zeit hindurch Ferien gehabt, so konnte ich mit meinen Briefen etwas häufiger seyn: nunmehro geht aber diese Zeit zu Ende, also werden meine Briefe auch wieder anfangen, in etwas seltener zu werden. Die Bücher werden mit dem 11.8.4.8.17.5.12.1. 8.17. anlangen. Machen sie die Sache gut mit ihm. Wenn wir ihn uns eigen machen können, so ist es eine vortrefliche Prise. Lesen sie diesen Brief an Ajax, und schicken solchen verschlossener ihm zu. An Tiberius folgt ingleichen einer. Es ist mir lieb, wenn sie mit ihm in Correspondenz tretten wollen: juncta consilia können vieles thuen. Die Eichstädter sind noch nicht genug aufgeklärt, sie müßen ihren ganzen Unterricht erst durch diesen Weg erhalten: Und ein fleißiger, mit guten Fähigkeiten versehener, wissensbegieriger Mensch, der noch nicht zuviel weis, aber mehr wissen wollte; solches aber erst durch uns erhält, ist uns am dienlichsten. Die schon selbst etwas zu wissen glauben, sind zu stolz, und nehmen nicht gern Lehre an. In chemischen Sachen
habe

habe ich noch gar keinen: aber Ajax hat vornehme Bücher davon. Der Gedanke, daß Corcolanus Collegien lesen soll, ist ihm, und uns sehr nützlich: machen Sie nur, daß er ein Auditorium erhalte. Es ist eine gute Gelegenheit, junge Leute an sich zu ziehen. Es wäre auch nicht gefehlt, wenn sie selbst einen Zuhörer abgeben wollten. aber von Cameral-Büchern weiß ich gar nichts, so wie ich auch von der Wissenschaft sehr geringe Kenntniß habe. Genovesi, Smith von National-Reichthümern, Steward, Sonnenfels sind beynahe die einzigen, die ich kenne. Ueberhaupt müßte auch näher bestimmt werden, ob sie die Finanzen, Policey, Handlung, Stadt= oder Land=Oeconomie behandeln sollen. Wenn ich dieses weiß, will ich aus Catalogen die besten, so ich weiß, extrahieren. Schleich kenne ich nur durch Ajax: und bin noch niemalen mit ihm in Correspondenzen gestanden. Ich habe ihnen solchen darum in Vorschlag gebracht, weil ich wußte, daß sie auch während ihres Hierseyns mit ihm bekannt waren. Weiß denn der bekannte Buchdrucker zum Verschleis keine auswärtige Addressen? Wenn alle Stricke brechen, bin ich allzeit bereit, das meinige zu thun. Tragen sie auch 11.8.4.17.5.12.1.8.17., wenn die Sache mit ihm zu Stande kommen sollte, auf, daß er von der ihm mitgetheilten Notiz von Büchern gegen niemand andern Gebrauch machen soll, sondern vielmehr allen mitgetheilten Unterricht als ein Geheimniß anzusehen habe. Werden solche Sachen allgemein, so verlieren sie ihren Werth; und welches Vergnügen für einen Menschen, der bey uns engagiert wird, nichts zu hören, als was er vorhero schon wußte? — Haben sie das Systeme Social schon? Basedows Methodenbuch, wie auch seine practische Philosophie recommandiere ich abermal im hohen Grad. Mit Staats- und Religionsbüchern müßen wir bey Anfängern behutsam seyn. Ich habe solche in meinem Plan für die höheren Grade aufbehalten; dermalen offenbart man keine andere, als Moralisten und raisonierende Geschichtschreiber. Die Moral vor allen muß der Hauptgegenstand seyn. Robinet, Mirabaud, Systeme Social, Politique naturelle, Philosophie de la Nature und dergleichen sind weiter bestimmt, und dermalen sorgfältig zu verbergen. So wie auch besonders Helvetius de l' homme. Hat ihn schon einer, so rühmt man und schilt ihn auch nicht. Reden sie auch nichts von dergleichen Materien zu den Initierten; denn man weiß nicht, wie sie aufgenommen werden, weil die Leute noch nicht gehörig præpariert sind: und dieses soll erst in den untern Klaßen geschehen, die sie zu durchlaufen haben. Auch nicht einmal von Erziehung und Politic höre ich gern, daß man mit diesen Leuten rede. Denn wenn sie die Politic vor der Moral lernen, so werden Schelmen daraus. Ganz allein Moral,

Ge=

Geschicht, Menschenkenntniß und Einsicht in die menschliche Natur. Aendern sie zu diesem Ende auch den betrefenden Passum in Statutis ab, und setzen sie anstatt Politic, Moral. Die Kenntniß der verschiedenen ☉ wird auch ein Hauptgegenstand werden. Ich habe in diesem Fache gute Bücher, und auch ziemliche Einsicht. Nur nichts vor der Zeit. Le tems, & moi, nous valons deux autres. Lesung der alten klassischen Schriftsteller, des Tasso Marini, Dante Ariosto, Petraca, Pope, Corneille und dergleichen ist auch vor diese Klasse, um schöne Sentenzen zu sammeln, und Schriften dadurch angenehm zu machen, und zu illustrieren. Besonders müßen den Leuten erwärmende Schriften in die Hände gegeben werden, die durch Stärcke des Ausdrucks stark auf den Willen wirken. Darunter rechne ich Bassedows practische Philosophie, Abts Schriften, Meiners Schriften, Seneca, Epictet, Antonins Betrachtungen über sich selbst, Montagnes Versuch, Plutarchs Lebensbeschreibungen, und moralische Werke. Tacitus mit Amelots Noten gehört noch in unsern Indicem librorum prohibitorum. — In Eichstädt befindet sich einer von meinen Leuten, der zimlich nachläßig ist, und sehr gerne schläft, auch den Abend meistens in nicht gar lehrreicher Gesellschaft zubringt. Diesen will ich auf folgende Art aufwecken. Sie schreiben ihm folgenden Brief ohne Datum, Ort, Unter- und Aufschrift:

Ita fac, mi Lucili! vindica te tibi, & tempus, quod adhuc aut auferebatur, aut furripiebatur, aut excidebat, collige & ferva. Perfuade tibi, fic effe, ut fcribo: quædam tempora eripiuntur nobis, quædam fubducuntur, quædam efluunt. Turpiffima tamen eft jactura, quæ per negligentiam venit, & fi volueris attendere, magna vitæ pars elabitur male agentibus, maxima nihil agentibus, tota aliud agentibus. Quem mihi dabis, qui aliquod pretium tempori ponat, qui diem æftimet? — Fac ergo, mi Lucili! omnes horas complectere, fic fiet, ut minus ex craftino pendeat, dum hodierno manum injeceris. Dum differtur vita, transcurrit. Omnia, Lucili! aliena funt, tempus tantum noftrum eft.

Seneca Ep. 1.

Nunquam mores, quos effers, referes. Inimica eft multorum converfatio. Nemo non aliquod nobis vitium aut commendat aut inprimit, aut nefcientibus allinit. Utique quo major eft populus, cui commifcemur, hoc periculi plus eft.

Seneca Ep. 7.

Nulla res magis animis honefta induit, dubiosque & in pravum inclinabiles revocat ad rectum, quam bonorum virorum converfatio. Paulatim enim defcendit in pectora,

&

& vim præceptorum obtinet, frequenter au-
diri, aspici frequenter. Occursus me hercule ipse sapientium juvat, & est aliquid, quod ex magno viro vel tacente proficias. Non deprehendes, quemadmodum aut quando tibi profit, profuisse tamen deprehendes.
Seneca Ep, 94.
Nunc. vade & ostende te superiori tuo.

Mit diesem schließen Sie den Brief. In ähnlichen Gelegenheiten machen sie's auch mit ihren Leuten so. Und da können sie den Tiberius dazu brauchen. Ich glaube, diese Art, einem seine Fehler zu sagen, sey die beste; denn sie hat nicht soviel bitters. Expedies diesen Brief sogleich, unter der Addresse:
a Monsieur
Monsieur G = =, Licentie en Droit,
et S = = =.
a
Eychstätt.

Ich weiß nicht gleich, was S = = = im französischen heißt. Sie brauchen ihn auch nicht an mich zu schicken. Mit nächsten werden Sie wieder eine andre Historie erleben. Es wird beständig etwas zu thun geben. Antworten Sie mir bald.
Ihr
Den 5. Martii 1778.
Spartacus.
NB.

NB. Tiberius ist unter allen, die von der Sache wissen, am wenigsten unterrichtet. Die Ursach ist, weil ich seiner nicht so genau versichert bin. Er hat noch nicht Kinder, vielweniger Enkeln. Er weiß bloß, daß es meine Sache ist, sonst kennt er keinen, als mich und sie. Ajax muß ihm noch nicht eröfnet werden, denn er ist noch nicht dazu vorbereitet. Ajax hat ihm voriges Jahr seiner Gewohnheit nach verschiedene boshafte Touren gespielt. Darum ist er ihm gram. Im übrigen hat's nichts zu sagen, wenn sie ihm offenherzig schreiben, und zur Verbreitung des ⊙s adhortieren. Mit dem allen wird er mir gute Dienste thun. v. g. wenn solche Briefe sollen geschrieben werden. O! was ich mich doch abstudieren muß, aus nichts etwas zu machen.

4.

Spartacus Catoni S. d.

Das System, das ich mir bishero von dem ⊙ gemacht, kann wohl seyn, daß ich es morgen, oder irgend zu einer Zeit abändere. Da ich beständig mehr Reiz und Gelegenheit habe, über diese Sache zu denken, da ich täglich an Erfahrungen und Einsicht zunehme, ist es nicht rathsam, die Festsetzung des Systems so lan-

ge

ge hinauszusetzen, als es möglich ist? Und darum suche ich in der ersten Einrichtung beständig Zeit zu gewinnen, und solche zu benutzen. Zu diesem Ende gebe ich lange Termine, die, wenn das System einmal fester ist, und die Anzahl vermehrt, alle abgekürzt werden. In solchen geheimden Verbindungen erwartet man vieles, und wie bin ich im Stande mit 30 Jahren meines Alters diesem allen genug zu thun? Unterdessen will ich ihnen doch en Detail meine dermaligen Gedanken schreiben. Mon but est faire valoir la raison. Als Nebenzweck betrachte ich unsern Schutz, Macht, sichern Rücken von Unglücksfällen, Erleichterung der Mittel zur Erkenntnuß und Wissenschaft zu gelangen.

Am meisten suche ich diejenigen Wissenschaften zu betreiben, die auf unsre allgemeine, oder ☉s Glückseligkeit, oder auch privat Angelegenheiten Einfluß haben, und die entgegengesetzten aus dem (Weg) zu räumen. Sie können also wohl denken, daß wir es mit dem Pedantismo, mit öffentlichen Schulen, Erziehung, Intoleranz, Theologie und Staatsverfassung werden zu thun haben.

Dazu kann ich die Leute nicht brauchen, wie sie sind, sondern ich muß mir sie erst bilden. Und jede vorhergehende Klasse muß die Prüfungsschul für die künftige seyn. Das kann nicht

nicht anderst als langsam gehen. Nur Thaten, nicht Recommendation kann hier gelten.

In der nächsten Klasse, dächte ich also, eine Art von gelehrter Academie zu errichten: in solcher wird gearbeitet, an Karakteren, historischen und lebenden, studium der Alten, Beobachtungsgeist, Abhandlungen, Preißfragen, und in specie mache ich darinnen jeden zum Spion des andern, und aller. Darauf werden die Fähigen zu den Mysterien herausgenommen, die in dieser Klasse etliche Grundsätze und Grunderfodernisse zum menschlichen glückseligen Leben sind. Anbey wird gearbeitet an Erkenntniß und Ausreitung der Vorurtheile. Diese muß jeder Anzeigen v. g. monatlich, welche er bey sich entdeckt? welches das herrschende ist? wie weit er in Bestreitung derselben gekommen ꝛc. dieses ist bey uns eben soviel, was bey den Jesuiten die Beicht war. Aus diesen kann ich ersehen, welche geneigt sind gewisse sonderbare Staatslehren, weiters hinauf Religionsmeynungen anzunehmen.

Und am Ende folgt die totale Einsicht in die Politic und Maximen des Ordens. In diesem obersten Conseil werden die Projekt entworfen, wie den Feinden der Vernunft und Menschlichkeit nach und nach auf den Leib zu gehen sey: wie die Sache unter den ☉s Mitgliedern einzuleiten, wem es anzuvertrauen?
Wie

Wie ein jeder a proportione seiner Einsicht könnne dazu gebraucht werden; eben so werde ich es auch mit der Erziehung und andern machen.

Von Mysterien ein Beyspiel zu geben, so gehörte in den eleusinischen Geheimnissen die Lehre von der Einheit Gottes in die Mysterien. Um dieß kümmern sie sich nicht: Sie werden nach und nach eine eigene Moral, Erziehung, Statistic und Religion entstehen sehen. — Wie viele Klassen daraus werden sollen, weiß ich selbst nicht. Gott und die Zeit werden es lehren. O wenn, welche Freude hat mir ihr Brief gemacht! Nehmen sie dazu, wen sie wollen. Ich schließe keinen guten Kopf, noch weniger ein gutes Herz aus.

Machen sie mir einen Entwurf, mit Künstlern, oder andern unstudierten, welche uns auch nothwendig sind, wie selbigen Statuten mitzutheilen, und setzen sie den Innhalt davon auf. Dazu tauge ich gar nicht. Ich bin auf einmal gehindert worden, weiter zu schreiben. Adieu

S. 10. März 1778.

Spartacus.

5.

Spartacus Catoni S. d.

Mit Baz halten Sie innen. Mit 21.8. 18.19.8.13.17.4.8.9.8.17. fahren sie fort, der gefällt mir. Entwerfen Sie den modum notandi; und Materien, über welche soll notiert werden, und schicken Sie mir solche, und dem Tiberio zu. Ingleichen auch ein Formular von den Tabellen, damit ich sie in Eychstätt einführen kann. (Mit) ihrem Vorschlag wegen der Einsicht, die man diesen Leuten gleich anfänglich geben soll, bin ich nicht verstanden, und beharre auf meinem gestrigen Brief. Lente festinandum: wenn diese Leute einmal alles wissen, so gehen sie. Des qu'on a bu, on tourne le dos a la fontaine. Wir selbst steigen von Klasse zu Klasse, warum sie nicht? Das Anscheinen des Alten geht auch dabey verlohren. Und ihre Einsichten wollen wir aus ihnen bringen, ohne daß sie es wissen. Da lassen sie mich gehen, und die Pensa austheilen. Vom Marius erwarte ich täglich Antwort. Heut habe ich Collegium, und kann nicht mehr schreiben. Ich bin

Ihr

13. Merz 1778.

Spartacus.

Die

Die Einrichtung der zweyten Klasse wird bald fertig seyn. Das allgemeine Systeme richten wir. Das Locale und principale sollen unsre künftige Aſſeſſores berichtigen.

NB. Auch die Inſtruction für die Aufnehmer bitte ich mir aus.

6.

Spartacus Tiberio Cœs. S. d.

Mit außerordentlichem Vergnügen muß ich ihnen den glücklichen Fortgang meines ☉s berichten, da ich weiß, daß ſie ſicher Theil daran nehmen, und mir auch verſprochen haben, mir in dieſer Angelegenheit Hilfe zu leiſten. Hören ſie nur, in München bin ich mit nächſtem im Stande ſchon zwey Conventus und Logen zu veranſtalten. Zu der erſten gehören *Cato*, 5. 8. 17. 19. 8. 2. unter dem Namen *Cajus Marius*, 1. 12. 18. 18. 8. 13. 5. 12. 20. 18. 8. 13. unter dem Namen *Ajax*, hiemit diejenige, die von mir Wiſſenſchaft haben. Von dieſem Conſeil ſind ſie ebenfalls Mitglied, und nehmen auch, wenn ſie nach München kommen ſollten, ihren Sitz darinn. Den Ajax mußte ich beybehalten, obwohlen er mir in dieſer Zeit größern Nutzen hätte ſchaffen können: denn er war der allererſte, der von dieſem meinen Project Wiſſenſchaft hatte, und hat mir auch den

Cato

Cato angeworben. Ich würde ihn nicht mehr nehmen, wenn er nicht schon da wäre: ich habe ihm aber seine Gewalt so beschnitten, daß er mir nicht die geringste Intrique spielen kann. Ich lasse ihm keinen Heller Geld von der Cassa in Handen; dieses hat Marius, und seine Schriften, die an mich kommen, müssen allzeit von Cato und Marius unterschrieben seyn. Cato führt das Hauptruder in München, und wird auch dessentwegen inskünftige allzeit mit ihnen in schriftliche Unterhandlung tretten. In diesem Conventu wird das ⊙s System im Ganzen regulirt, und wird mir die Sache und Conclusa ad ratihabitionem zugeschickt.

Das zweyte Collegium besteht aus obigen. Weiters sind noch dabey 11.8.17.6.8.17. unter dem Namen B. *Cornelius Scipio*. Ein gewisser vortrefflicher schon 47 Jahr alter Mensch Troponegro mit dem Namen *Coriolanus*, der in Cameralibus, Handlung sehr stark ist, und lange Zeit in Hamburg war. Er liest wirklich in München die Cameral-Wissenschaften. Dazu werden mit nächsten tretten. Professor 11.12.9.8.17. in München, und Professor 21.8.18.19.8.13.17.4.8.9.8.17. ebenfalls in München. In dieser Versammlung wird von unten auf gearbeitet, und das Locale und besondere Verfassung und Umstände in München regulirt. Ein Vetter des Cato *Claudius Imp.*,

und

und der jüngere 18.12,20.8.17. der zur Handlung geht, stehen im Novitiat. 11.8.4.8.17. 5.12.1.8.17. heißt *Zoroaster*, ist erst dieser Tage aufgenommen worden, und wird sehen, und ist auch von uns bestimmt, in Landshut seine Paßus zu machen. 1.4.10.5.8.2. Unter dem Namen *Timon* mit 5.14.5.8.13.12.4. 10.5.8.17. werden in Freysingen angreifen.

In Eychstätt werden sie die wenigsten kennen. Genug 2.12.13.6, unter dem Namen *Tamerlan* dirigiert, und seinem Eifer habe ich zu danken *Odin*, *Tasso*, *Osiris*, *Lucullus*, *Sesostris* und *Moyses*. Sind diese nicht gute Progreßen? Auch unsern eigenen Buchdrucker haben wir in München. Sie werden mit nächsten von dort auf unsre Kosten aufgelegt erhalten: Alphonsus de Vargas Relatio de stratagematis & sophismatis Polchis S. I. Wenn sie an Cato einen Beytrag von Geld schicken wollen, wie Sie es mir schon angebothen, so thun sie uns eine Gefälligkeit. Cato wird ihnen auch dafür einen Schuldschein ausstellen. O! wenn doch auch durch ihre Veranstaltung und Eifer in Schwaben etwas zu thun wäre, das sollte uns grossen Vorschub thun. Ich bitte sie darum, legen sie nur Hand an. In 5 Jahren sollen sie erstaunen, was wir gethan haben. Cato ist unverbesserlich. Das schwerste ist nunmehr überstanden, und sie werden uns Riesenschritte thun sehen. O thun
sie

sie es doch. Sie finden keine beßre Gelegenheit, Macht zu erhalten. Sie haben ja alle Fähigkeiten und Einsichten dazu: und wann solche Leute nicht am Elisium bauen wollten, und die Gelegenheit dazu hätten, so wäre es bey ihnen doppelte Schuld. Und waren in Eychstätt so viele anzutreffen, soll dann ihre Vaterstadt nicht einmal Eychstätt seyn? Von Jos. Huter habe ich in Erfahrung gebracht, daß solcher den 7. März dieses Jahr zu Neuburg bey den barmherzigen Brüdern an der Lungensucht verstorben. Mein Dienst, den ich hier thun kann, ist sehr klein. Mich dauert seine Mutter. Antworten Sie mir sobald als möglich. Ich bin

Ihr

Den 13. März 1778.

Nach gemachten Excerpten bitte ich mir diesen Brief wiederum zurückzuschicken.

Spartacus.

Wenn sie mir Crebillons Theater übermachen wollen, so bitte ich darum, und werde mit andern entgegen aufwarten. Eben so auch den l'homme de cour.

Wenn sie in ihrer Vaterstadt oder Gegend einen einsichtsvollen Mann wissen, dem sie sich sicher vertrauen können, und an dem sie zu
der=

dergleichen Sachen Neigung finden, so können sie es ihm auch vortragen, daß in Baiern und den Gegenden eine dergleichen Gesellschaft entstanden sey, aber mich nennen sie nicht, und fragen sie ihn sodann, ob er nicht Mitarbeiter seyn wolle. Wäre es ein Protestant, so wäre es mir um so lieber. Kann ohne dieser Offenbarung etwas zu Stand gebracht werden, so ist es mir lieber.

7.

Spartacus Catoni S. d.

Vom Marius habe ich noch gestern Abends einen Brief durch den Bothen erhalten. Heut habe ich ihm geantwortet, und ihn gänzlich an sie verwiesen. Er ist verschwiegen im hohen Grade, und in seinen meisten Sachen ein Tutiorist. Aber von Religionsabsichten muß er noch verschont werden. Sein Magen ist noch nicht gänzlich eingerichtet, diese starke Speise zu verdauen. Im übrigen vertrauen sie sich ihm gänzlich. Schonen sie ihn auch anfänglich mit Arbeiten, besonders mit schweren, bis er durch die Uebung mehr Leichtigkeit erhält, und an der Sache anfängt Vergnügen zu haben. Wenn er recht eingeleitet wird, so haben wir gute Dienste von ihm zu erwarten.

In was Angelegenheiten ist denn Ajax so lange Zeit abwesend? — Recommendieren sie auch ihren Leuten

Abregé des vies des anciens Philosophes, par Mr. de Fenelon.

Es ist solches auch deutsch zu haben. Meiners philosophische Schriften habe ich wirklich erhalten; sie kosten 4 fl. 12 kr., und ich werde sie am Mondtag mit dem Bothen von hier abdrücken lassen. Das ist ein Buch nach meinem Geschmack, und ich wollte gern, daß wir auch etwas dergleichen zu Stande bringen.

Marius habe ich die Cassa bestimmt; denn er ist ein guter Oeconomus, und die Rechnungen wird er auch zu führen haben. Merken sie sich nur dieses mit ihm: von Anfang bürden sie ihm so wenig Arbeit auf, als möglich, bis er Freude bekömmt. Seine Bücher werden uns gute Dienste thun.

I. 17. März 1778.

Spartacus.

8.

Spartacus Catoni S. d.

Daß sie mit Pythagoras ihre Recrutierung beschließen sollen, bin ich auch der Meynung, um somehr, als es ihnen zu viele Mühe macht,

und

und sie die Zeit zu höhern Arbeiten versparen müßen. Es müßte nur seyn, daß noch eine außerordentliche Prise vorhanden wäre, die durch einen andern nicht eben so füglich könnte gemacht werden.

Damit sie auch mit blossem Briefschreiben nicht so überhäufet werden: so schreiben sie an mich die Woche nur einmal, und dieses aber einen Capital - Brief. Da richten sie sich das Blatt schon den ersten Tag her, und schreiben allzeit hinein, sobald ihnen ein Zweifel und Vorfall aufstosset; und auf diese Art wird ein grosser Brief ohne Mühe geschrieben. Am liebsten wäre es mir, wenn ich diesen Brief allzeit jeden Samstag Morgens erhalten könnte. Denn Samstag und Sonntag habe ich zwey Vacanz-Täge, und kann also am meisten bearbeiten. Wäre der Vorfall schnell und dringend, so versteht es sich ohnehin, daß solcher einen Extra-Brief verdient. Halten sie es auch auf den nämlichen Fuß mit ihren Correspondenten, damit ihnen Zeit zum Lesen, Denken, Notieren, Leut abrichten, und endlich Amtsgeschäften bleibe.

Mit dem System und Ordnung, wie künftige Klassen sollen behandelt werden, haben sie mich noch nicht genug verstanden. Die Statuten, die ich ihnen letzthin geschickt, gehörer zu dem folgenden Grad, sind auch lange nicht

nicht ganz, sondern ich habe ihnen diesen Theil nur indessen zur Revision geschickt: und sodann kommen sie zur Vollendung wieder zu mir. Indessen merken sie wohl, halten sie mit Coriolanus, Claudius, Scipio und Pythagoras noch gar keine Versammlungen, sondern tractieren sie alle auf den Fuß, wie sie bißhero den Claudius behandelt haben. Wenn die Statuten für die zweyte Klasse fertig sind, so werde ich ihnen solche zuschicken: und da wollen wir erst sehen, wen wir am ersten für die zweyte Klasse initieren werden. Sodann welcher der zweyte aus ihren Leuten zum weitern Lauf. Alsdann wenn einer nach dem andern avanciert worden, und daß sie mehrere im gleichen weitern Grad haben, gehen die Versammlungen an. Erstens die Generale, die in der ganzen Welt gleich seyn müßen, und nur das Monat ein oder zweymal gehalten werden. Zweytens die besondern, in welchen das Locale berichtiget wird. Sie werden für beyde die Ordnung, Einrichtung und Materien, so dahin gehören, erhalten. Aber mit Marius können sie von diesen alle Tage, wann und wovon sie wollen, conferieren, und mir ihre Gedanken einschicken. Wegen Tiberius war es sicher nicht Verachtung, daß er ihnen nicht geschrieben: er hat viele Schätzung für sie, wie sie aus beyliegendem Brief sehen können. Die Sache ist nur, daß er ein wenig comod ist: Ich werde ihm aber ein glimpfliches Monitorium schicken. Fugite dis-

discordiam amici! und gebt einer dem andern nach, heut trift es diesen, morgen einen andern. Kleine Verdruß und Verschmach sind Salz von Freundschaften. Mich deucht aber, sie haben für des Tiberii Briefe Auslagen gehabt; wenn dieses ist, so will ich die Briefe wieder an mich addressieren lassen.

Von den Mysterien will ich ihnen indessen soviel sagen, daß ich alle meine Erfindungskraft, Philosophie und Eloquenz darauf verspare; und ich will auch solche so einrichten, daß es ein geübter Kenner seyn muß, der mir die Neuheit daran sieht, und daß jeden die Feyerlichkeit davon freuen und anziehen soll. Aber sie kosten mich noch viel Lesen und Denken. Und wenn einer es einmal bis dahin überstanden, so soll ihn die Sache besser freuen.

Auf die in Dero letztem Briefe mir vorgelegten Zweifel antworte ich also:

Die erst kurzhin geschickten, noch zu vollendenden Statuta gehören für die zweyte Klasse, nach überstandenen zwey Probjahren. Bey den Sessionen ist keine Erwähnung davon zu thuen um so mehr, als dermalen bis auf weiters noch gar keine Sessionen zu halten sind.

Wegen den Druck des Alphonsus de vargas warte ich gar gerne zu. Wegen dem Tagebuch

gebuch machen sie diese Anstalten, daß ein benachbarter Buchhändler in Augsburg, Nürnberg oder Regenspurg eine Anzahl Exemplarien übernehme. Ich will sodann schon machen, daß ein ansehnlicher Numerus von hier und von Eychstätt aus dorther verschrieben werde. Aber ich selbst getraue mir den Verschleiß nicht geradezu zu übernehmen.

Schreiben sie mir auch hin und wieder, wie sich Marius anläßt, wie ihm die Sachen gefallen. Lassen sie ihm auch die weitern Statuten lesen ꝛc. ꝛc. Ich bin

Ihr

den 19. Merz 1778.

Spartacus.

P. S. Den Marius suchen sie recht in Feuer zu setzen, durch Erklärung der Vortheile; und alle üble Vorfälle, die sich ereignen könnten, suchen sie ihm zu verbergen. In specie benehmen sie ihm die Furcht, daß die Sache offenbar werden möchte: denn dieses ist sein Hauptbedenken.

9.

Spartacus Catoni S. d.

Hier übermache ich die Instruction für die Aufnehmer: schicken sie mir solche bald wieder

abgeschriebener zurück, damit ich es nach Eych=
stätt schicken kann. Das Original legen sie ad
Archivium noſtrum, welches ich mit Mario
in Ordnung zu bringen, und einzurichten bitte.
Ich werde auch alles, was ich in Handen habe,
dahin liefern, und auch das, was ich noch be=
kommen werde. Zu diesem Ende schicke ich
ihnen zugleich schon etwelche Documenten von
meinen Leuten in Eychſtätt. Sie werden dar=
aus sehen, daß ins besondere Tamerlan seine
Sache gut macht. Die Inſtruction, denke ich,
soll so abgefaßt seyn, daß jeder, wenn sie ihm
mit Feuer und Eloquenz vorgetragen wird,
nothwendig unser Opfer werden muß. Rathen
sie den Leuten, daß sie sich auf Alterthümer,
Zeichnung und Malerey verlegen sollen.

Wenn sich Marius wieder Bücher anschäfft,
so würde er uns einen Gefallen thun, wenn
er sich die Antiquitäten von Herculanum an=
schaffen wollte: es sind dermalen schon 2 Bän=
de in Augsburg zu haben; jeder Band hat 60
Kupfer, und Text, und koſtet 6 fl. Auch wäre
zu unserm Zweck die Abhandlung der franzöſi=
schen Academie des Inſcriptions, wovon Ma=
rius schon 2 Theile nach der Gottschedischen
Ueberſetzung hat.

Lieb wäre es mir auch, wenn Marius von
seinen Büchern die für unser Syſtem tauglich
sind, eine Auswahl und sogenannte geheime
Biblio-

Bibliothec machen würde, in welcher nur vorzüglich unsre Leute zutritt hätten, und aus diesen wiederum eine dritte und allergeheimste, welche nur sie und Marius benutzen.

Diejenige Mitglieder, die sich auf die Physic verlegen wollen, diesen rathen sie, sich auf die Lehre vom Feuer, Licht zu verlegen; dahin rechne ich auch die Electricität: denn bey den Mysterien wird diese Kenntniß zu weiterer Einrichtung gute Dienste thuen; besonders aber die Experimenten, so durch das Feuer und Electrum können gemacht werden. Sie werden sich sicher verwundern, was ich da ausbrüte. Ich denke das alte System der Guebers und Parsen wieder aufzuwärmen; und sie sollen sehen, daß Größe und Hoheit darin steckt: und es wird jedem neu seyn, und Verwunderung erwecken. Aber bis ich es zu Stand bringe, heißt es wohl: Multum sudavit et alsit, abstinuit Venere et vino. Bauen sie nunmehr sicher darauf, daß die Leute etwas reeles finden, und was ihnen an Ansehen abgeht, durch die Sache hinlänglich soll ersetzt werden. Ich bin

Ihr

den 20. Merz
1778.

Spartacus.

10.

10.

Spartacus Catoni S. d.

In ihren Receptionen habe ich nichts auszusetzen, als daß sie so geschwind und mit einmal ausgehen, besonders bey Leuten, die man erst durch Umwege dorthin bringen muß, wo man sie erwartet. Sie sollten nach und nach durch Umwege, mit Suspensionen, Erwartungen verfahren, unbestimmte, vage Begierden erst entstehen lassen, und dann, wann sich der Candidat damit äußert, ihm das Object vorweisen, nach welchem er sodann mit beyden Händen greifen wird. Pythagoras ist wahrhaftig ein närrischer Mensch. Ich glaube, seine Einsamkeit hat Stolz zum Grund und hohe Einbildung von sich selbst. Auf diese Art taugt er uns ebenfalls so viel als nichts. Warten sie nur bis er vielleicht wieder an sie kömmt, sagen sie ihm dann, daß er sich nicht dadurch sollte abschrecken lassen, daß sie ihn engagiren wollen: solches zeige gar nicht an, daß sie sich größere Einsichten beylegen wollen als andere; es gebe gewisse Gegenstände, wovon nicht alle Wissenschaft haben: in solchen könne auch ein Ungelehrter des gelehrtesten Meister seyn. In verborgnen Gesellschaften gründe sich alle Macht darin, daß derjenige, der sie hat, weiß, wie die Sache einzuleiten, was zweckmäßig oder zweckwidrig sey. Einer, der erst ange-

angenommen wird, habe solches nicht, müße sich zu diesem Ende erst belehren lassen: Und diese Ueberlegenheit an dieser geheimen Einsicht sey hierinnen die Mutter und Ursprung von geheimer Macht und Gehorsam, und auf diese Art könne es gar wohl geschehen, daß sie etwas wissen, was er nicht weiß. Auch sey es ihr Werk und ihre Erfindung nicht. Ihre Vorfahren und Porältern haben schon für ihre Nachkömmlinge gesorgt. Es sey durch Ueberlieferung auf sie und auf andre gekommen. Niemand könne sich eindringen, und selbst dazu anleiten: sondern die Gesellschaft suche sich ihre Leute selbst aus. Man würde nicht an ihn gekommen seyn, wenn man nicht alle dazu erfoderliche Eigenschaften im Vorzüglichen gefunden hätte: man habe ihm darum Gelegenheit verschaffen wollen, nutzbarer zu seyn, als er es allein nicht werden kann. Er könne versichert seyn, daß eben darum, weil uns seine Denkungsart anständig ist, er ebenfalls Leute antreffen werde, die so, wie er denken. Der menschliche Umgang sey oft nur darum unangenehm, und die Einsamkeit vorzuziehen, weil man so wenige ähnliche Gedenkungsart antrift. In einer Gesellschaft, wo die Leute ausgesucht sind, und einer mit dem andern aufs genaueste harmoniert, sey das größte Vergnügen. Legen sie ihm auch folgende Fragen vor: Ob ein Mensch verbunden sey, mit seinen Talenten so viel zu nützen, als möglich ist? Und wenn er solche sodann bejaht,

so

so fragen sie ihn weiters: ob es möglich sey, daß ein Mensch einzeln so viel nutzen kann, als vereinigt mit andern? Viele können es nicht thuen, denn sie haben die Gelegenheit nicht dazu, und neueren und öffentlichen Einrichtungen fehlt es an Reiz und Stärke, die Leute zu halten. Fragen sie ihn weiter, ob nicht jeder Literatus zur Mittheilung und Verbreitung seiner Einsichten verbunden sey, ob es nicht sträflich sey, solches zu unterlassen? Wie es mit den Wissenschaften, mit der menschlichen Gesellschaft stehen würde, wenn alle so dächten, wie er? Misantropie entstehe aus dem Welthasse, und besonders aus dem Gedanken: daß man nicht so gute Leute darin finde, als sich selbst. Aber hier wäre man doch verbunden zu machen, daß nicht alle so bös bleiben, wenigstens etwelche nur gleich kommen. Wäre es Schwermuth, so müßte sie durch Umgang geheilet werden. Weiters sey dieser Umgang, zu welchem er eingeladen wird, sehr selten, voll Ordnung und Feyerlichkeit, und nach den Statuten für einen Anfänger die Bekanntschaft mit andern Mitgliedern auf 2 Jahre hinausgesetzt. Man nehme nicht jeden dazu. Man müße lange Prüfungen von Stillschweigen, Verträglichkeit, Einsicht, Verstand und Güte des Herzens ausstehen, und wer hierin unterliegt, werde gar nicht weiters zugelassen. Daß Sie mit so jungen Jahren schon Leute unterrichten und engagieren können, werde er die

Ursach

Urſach bald und leicht einſehen, und gegründet finden. Nach unſern Statuten könne man unter Leitung ſeiner Obern, auch in den erſten Tagen aufnehmen ꝛc. Man erfodere bey uns die größte Reinigkeit der Sitten, und untadelhaftes Leben. Daher werden viele aufgenommen; aber der größte Theil gelange nicht zur Einſicht der Myſterien. Nur der einzige Fall wäre, daß man mit ſeinen Candidaten in der Zeit dispenſieret, wenn an einem Ort erſt etwas ſoll zu Stande gebracht werden. Und da werde keiner genöthigt, vor der Zeit Einſichten zu erhalten, ſo wie man auch Niemanden zum Eintritt nöthiget oder bittet. Im Gegentheil ſtehe es auch jedem frey, bis auf einen beſtimmten Grad wieder zurückzutretten, wenn es ihm gefällt.

Dieſes geben ſie ihm entweder mündlich, oder, welches beſſer wäre, ſchriftlich zur Ueberlegung und Antwort. Ich glaube, er giebt ſich, und fällt, wenn er ſieht, daß die Sache kein Spiel zum Gegenſtand hat, welches ſie ihm auch verſichern können.

17.20.9.14.17.6.8.17. ſoll Livius heißen. Für das Penſum und Anleiten ſorgen Sie; denn ſie kennen ihn näher.

Hoheneicher könnte wohl aufnehmen: ob er aber auch Leute abrichten, und Ueberlegenheit zeigen und behalten kann, folglich die

Leute

Leute unterrichten, ist eine andere Frage. Ich antworte, Nein.

Mit 15.12.24. habe ich grossen Anstand. Jeder anderer wäre mir leicht lieber. Er schwatzt zu viel, hat Widersprechungsgeist, und bösen Ruf. Letzteres ist ein vorzügliches Stück, und vor allem darauf zu sehen: denn man vermuthet gleich, wie die Glieder sind, ist der Orden auch, und denkt auch so. Puto omittendum. Activ wär er freylich; was hilft es aber, wenn er durch unüberlegte Activität Schaden bringt. Meines Erachtens c'est un étourdi.

Marius, denke ich, soll doch seine Dienste thuen. Hart ist es, daß man bey jeder Sache die Leute leichter haben kann, als zum Guten.

Hier übermache ich ihnen zugleich eine Anzeige von raren und guten Büchern. Was sie bey Auctionen, oder in Tändelläden davon finden, sehen sie, daß sie es bekommen. Die mit † bezeichnet sind, habe ich selbst: die andern fehlen mir auch noch.

Setzen sie auch bey Pythagoras noch bey, solche Gesellschaften seyen auch, um bey einem Menschen Interesse zu erwecken, daß er über einen oder mehrere Gegenstände denke und schreibe, über welche er außerdem gar nicht würde gedacht haben. Man suche auch verlorne, aber höchst nutzbare Künste und Wissenschaften wieder in Gang zu bringen, und dazu seyen Anstalten

stalten und viele Hände nothwendig: für die Lehre und Gegenstände selbst wäre schon von alten Zeiten gesorgt. Wenn man allein sey, so sey die größte Wissenschaft und das beßte Herz nur Gold in Schlacken. Durch Gesellschaften erhalte man aber Uebung, Sphære der Wirksamkeit, und das Gold werde herausgewählet, um in der Welt zu coursieren.

Aus der zweyten Beylage werden sie sehen, was ich an Ajax geschrieben. Darnach verhalten sie sich auch, und halten sie in Mittheilung der nähern Einsichten zurück, bis man von ihm Versicherung durch Geld und Leute hat. Etwas können sie ihm doch schreiben, damit er das Mißtrauen nicht so sehr merke. Siegeln sie diesen Brief mit einem ihm unbekannten Siegel. Ich bin

Ihr

den 21. Merz — 78.

Spartacus.

P.S. Ich bin außer Stand, bey solchen, die ich gar nicht kenne, v. g. Pythagoras, nähere Anleitung zu geben, und ich bitte mir zu diesem Ende von jedem dergleichen Candidaten Namen, Alter, Stand, äußerliches Betragen, und überhaupt herrschende Neigungen, wenigstens beyläufig zu detaillieren. Machen Sie mit Pythagoras

goras den Anfang, und schicken fie mir
feinen Karakter in auszeichnenden Hand=
lungen.

II.

Spartacus C. Mario, et M. Catoni
S. d.

Eloquent Platon, fage Morus, vertueux
faint Pierre, vous voulez ramener ce globe
entier à la paix univerfelle. Si une rêverie
auffi fublime peut jamais fe realifer, c'eft en
ramenant tous les hommes au culte de la
nature.

Voilà le dernier but de mon ouvrage.

In Auswahl der Leute bitte ich auch auf
fchöne Leute, cæteris paribus, zu fehen.
Denn die Griechen haben auf fchöne Knaben
und Männer gar viel gehalten, fo gar der
weife Socrates: fie fagten, in einem fchönen
Körper wohne auch meiftentheils eine fchöne
Seele; und einer, ich weis nicht wer, fagt:

Gratior eft pulchro veniens e corpore
virtus.

Solche Leute haben auch meiftentheils fanf=
tere Sitten; ein zärteres Herz, und find, wenn
fie in andern gut geübt find, bey Unterhand=
lungen vorzüglich zu gebrauchen: denn ihr er=
fter

ſter Anblick nimmt ein: aber der Geiſt n'a pas la profondeur des Phyſiognomies sombres. Sie ſind aber auch weniger zu Meutereyen und Unruhe erregen aufgelegt, als die finſtern Phyſiognomien. Darum muß man ſeine Leute zu brauchen wiſſen. Beſonders gefällt mir das hohe, ſeelenvolle Aug, und die freye, offene Stirn. Augen ſind alles: ſchauen ſie wohl darauf; ſie ſind die Fenſter der Seele und des Herzens. Gang und Stimm ſind auch nicht zu verwerfen. Aber man muß erſt für die erſtaunliche Verſchiedenheit von beyden die bezeichnenden Namen ausfindig machen. Hier iſt die Sprache ſehr arm. Man muß meiſtentheils die Art andeuten, durch die Perſon, ſo ſie hat. V. g. Catos, Scipios, Marius Stimme, Gang. Solches hat aber nur Nutzen, unter denen, die Cato, Marius und Scipio kennen.

Timon iſt allhier; und wohnt und inſtruiert beym Scheiringer. — An Odin (St = = = zu Eychſtätt mit Namen G = =) iſt auch ein Brief, ſo bald als möglich, zu expedieren, in welchem man ihm den Auftrag macht, ſich hinter den daſigen Hofraths = Secretaire zu machen. Man verſichert ihn anbey, daß, wenn er dieß Geſchäfte zu Stande bringen werde, man ihm ſolches als ein groſſes Verdienſt aufrechnen werde. Des nähern Unterrichts wegen wird er an ſeinen daſigen Obern verwieſen.

NB.

NB. Da brauche ich aber, sobald es seyn kann, die Abschrift von der Instruction pro recipientibus. Wissen sie zu solcher noch mehr hinzu zu setzen, so thuen sie es, ohne sich anzufragen.

Coriolans Vorschläge folgen anbey zurück: und ich überlasse es euch, ob die Ausführung davon thunlich sey, so wie ich auch mit Livius auf ihre Veranstaltung alles Vertrauen setze.

Wegen Claudius erkundigen sie sich bey der Hofkammer: diese hat sehr viele Stipendien für hier Studierende zu vergeben. Die Universität selbst hat soviel als nichts: und was konnte vergeben werden, ist schon lang besetzt. Vielleicht ließe sich mit dem Collegio Albertino etwas machen; aber die Universität hat hiebey gar nichts zu sagen.

Haben Sie in Meiners Abhandlung schon die von den eleusinischen Geheimnissen gelesen? Diese ist vortreflich, und klärt viel auf. Machen sie das Buch, besonders diese Abhandlung nicht zu gemein. Ich habe ihr in meinem Plan einen Ort angewiesen, wo sie erst zum Vorschein kommen darf. Sie beyde sollen sie aber fleißig miteinander lesen: denn sie giebt viel Licht.

Ich habe nunmehr wieder gar vieles zu thuen. Lebt miteinander wohl. Hat denn Tiberius

berius noch nicht geschrieben? Er ist mir noch auf zwey Briefe Antwort schuldig. Ich bin

Euer

Was sagt denn Marius? geht ihm die Sache noch ein?

Spartacus.

NB. Alle Puncten, auf welche ich in meinen Briefen zu antworten vergesse, sind soviel, als mit Ja durch das Stillschweigen selbst beantwortet. Denn was mir wider meinen Plan ist, bemerke ich genau, und zeige es an.

Für Livius wären am besten alle bellegardische Werke. Solche sind zu Nürnberg in der felseckerischen Handlung in 16 Theilen à 22 fl. zu haben. Man kann sie auch leicht einzeln finden. Ferners Bassedows practische Philosophie ist gar ein leichtes Buch, so wie auch sein Methodenbuch, und in specie das grosse Elementarwerk à 14 fl. da kann mancher Erwachsene in die Schule gehen.

Mit Marius Vorschlag bin ich verstanden. *Montagne* und *Plutarch* wären auch leicht.

12.

Spartacus M. Catoni & C. Mario S. d.

Wenn 11.12.9.8.17.18. vertrautster Umgang mit 18,12.20.4.14.2.4. ist, so ist es schon hart, noch härter ist es, daß er mir auf meinen Brief gar keine Antwort giebt: und da kann man freylich nicht gar weit kommen. Es mag nun seyn, wie es will, so verlieren wir am Ende nichts.

Mit Timon und 5.14.5.8.13.8.4.10.5. 8.17. wird es nun anderst gehen. Ich selbst habe ihnen beyden die wirkliche Eröfnung gemacht, und zwar dergestalt, daß sie es wissen, daß ich Urheber bin. Ich habe letzteres aus folgenden Ursachen gethan:

1. Weil sie Stammväter in einer eigenen neuen Stadt Freysingen werden sollen, und also nöthig haben, einen ordentlichen systematischen Unterricht zu erhalten, der durch Briefe zu weitläufig wäre. Ich werde sie also die Zeit ihres Hierseyns beyde unterrichten.

2. Weil sie mir den B. E =, und etliche andere Studenten engagieren sollen.

3. Weil H = = = =, mich, meine Reden, Gedenkungsart gar zu gut kennt, und am Ende doch darauf verfallen würde, daß es ein Werk von mir sey.

4. Weil er von meinen vorjährigen Kost=
gängern der einzige war, der gar keine Wissen=
schaften von der Sache hatte.

5. Weil er sich erbothen, zu unsrer Ge=
mein = Bibliothec nach München zu sammeln:
und er wird insbesondere aus der Domkapitli=
schen zu Freysing sehr wichtige Beyträge liefern.

Ueberhaupt wenn ich sie beyde diese drey
Monate genau unterrichtet habe, so werden sie
uns grosse Dienste thun.

Timon bittet auch um seinen dem Ajax aus=
gestellten Brief, welchen man ihm auch zurück=
geben kann, weil er ohnehin nicht mehr von
andern ebenfalls ausgestellt wird: und dieser
Brief, behauptet er, sey die Ursache, warum
er sich bishero in keine weitere Correspondenz
eingelassen. Er werde aber nunmehro solches
durch seinen Eifer ersetzen.

In dem Hauptplan wird alles, soviel mir
beyfällt, hineingesetzt werden.

Der Gedanke wegen dem alten 1.12. ꝛc. ist
vortreflich, und kömmt uns sehr gut zu stat=
ten. Marius erwirbt sich dadurch grosse Ver=
dienste.

Wegen 8.3.8. ꝛc. denke ich, man solle ihn
den ordentlichen Lauf machen lassen, quia est
alterius

alterius nexus: und unter der Hand sich sei=
ner durch Reception und Ausarbeitung von
verschiedenen Pensis versichern; denn von letz=
tern ist er ein Liebhaber.

Geben Sie dem 19.17.8.22.2. den durch
Westenrieder vacant gewordenen Namen Pythagoras. Das Pensum tibi relinquo. Ich
kenne gar nichts von ihm.

Wie geht es mit 18.14.10.5.8.17? und
18.12.20.8.17? Den Censoren können die
Statuta in die Hände gegeben werden, beson=
ders dem öffentlichen; denn er ist ein Magi-
stratus perpetuus: denn Privato auch, er
giebt sie aber mit Endigung seines Amtes wie=
der zurück.

Wegen den allgemeinen Statuten habe ich
den Grundsatz: je weniger die Leute von uns
und unsrer Verfassung schriftlich in Handen ha=
ben, um so besser und sicherer ist es. Also
werden wir es so einrichten, daß sie vorgele=
sen werden. Hat jemand einen Zweifel oder
verlangt sie wieder zu lesen, so geschieht es
bey seinen Obern, und werden auch allzeit in
Versammlungen etliche Capita davon abgelesen.
Die Anrede, die gehalten soll werden, ist wag=
lich, und damit sie mir nicht etwas avancie=
ren, was ich nicht gern hätte, so will ich sie
selbst machen. — Schicken sie mir nur auch
das,

das, was sie selbst werden gemacht haben. — Liebste Leute! wenn ich nur mehr Zeit und eine bequemere und dem Anlauf nicht so sehr exponierte Logis hätte. Nicht einmal Abends und um die Mittagszeit habe ich Ruhe, und ich kann mich noch obendarein auch nicht verläugnen lassen.

Tanta est miseria, esse hominem pulchrum nimis.

Bücher könnte ich viele übermachen, ich warte aber auf eine bessere Gelegenheit. Auch Defect-Bücher sind nicht zu verachten. Denn so wie wir diese erhalten haben, ist es leicht möglich, daß wir die fehlenden Theile auch noch bekommen.

Weiters sehen sie, daß sie durch Livius eine gute Electricität und gute Bücher von electrischen Experimenten erhalten. Denn meiner Meynung nach soll der Feuertempel auf allen Ecken und Stellen electrisch gemacht werden, wo immer die Initiandi hingestellt werden. Es sind von diesem Fach vortrefliche Bücher heraus, und die besten und seltensten Experimenten darinn zu finden. Euclides kann das mechanische, Architectur und Ausmalen des Tempels besorgen. Kraft dessen ist die erste Depens, die künftig muß gemacht werden, ein eigenes Haus, oder ein Mitglied, welches uns zwey oder drey Zimmer dazu abtritt aus

seiner

seiner eigenen Behausung. Und dann wäre nothwendig, daß die ⊙s Mitglieder allzeit zu zwey oder dreyen in ein Haus zusammenziehen, und in dem Haus, wo seiner Zeit der Feuerdienst gehalten wird, darf gar kein profaner Einwohner oder Familie seyn. Dieß, können sie den Leuten anführen, sey die Ursach, warum die Sache in Baiern noch nicht weiter gekommen sey. Valete, sum vester

Spartacus.

13.

Spartacus Catoni S. d.

Durch den Beytritt des Herrn geheimden Secretaire 6.8.4.18.8.17. hat unsre Sache soviel gewonnen, daß sie nunmehro eine ganz andere Gestalt erhalten wird. Besonders verschwindet das gar zu grosse Ansehen der Neuheit. Zu diesem Ende gratuliere ich dessentwegen, ihnen, mir, und dem ganzen Werke, daß nun erst zu einer Größe kommen kann, wenn Männer von Ansehen unsrer Sache erst ein Gewicht beylegen, und dadurch die Jüngern in Zaum halten. Machen sie auch in meinem Namen dem Hrn. geheimden Secretaire meine verbündlichste Empfehlung und Danksagung. Solcher solle sich seinen Namen, Amt und Arbeit nach seinem Belieben selbst bestimmen, und mir solches durch sie zu wissen machen lassen, damit die Anstalten können getroffen,

und

und darnach weiter operiert werden. ‒ B. 8.3. 8.17. ist nun auch richtig. Er erwartet täglich denjenigen mit grosser Sehnsucht, der ihn intimieren soll. Ich werde ihn an Tiberius verweisen, auf den er besonders viel hält. Also nunmehro zwey Edelleute. Diese gehören beyde in ihren Zirkel. Wenn die Sache so frtrtgeht, so haben sie keine Ursach kleinmüthig zu werden. Auch wird der Eifer der übrigen wieder rege werden. Die Oration, denke ich, ist nun auch überflüßig. Denn sie sollen ihre erste Session auf die Art halten, als wenn schon länger solche wären gehalten worden. Die Art im Umgang zweyer unter sich, denke ich, richtet sich nach dem vorigen Umgang: nur könnte man das Wort: Herr ⊙s Bruder, sagen. Im übrigen, wenn man nicht zuvor schon gewöhnt war durch Du zu sprechen, so soll die Sache durch Sie fortgesetzt werden. Morgen werden die Eichstädtischen Documenta nebst Geld von hier abgehen.

Eleusis den 10. Chardad
1148. Jezdedgerd. *).

Spartacus.

14.

---

*) Ingolstadt den 10. Juny 1778. Man sehe die Benennungen der Monate bey No. II.

14.

Spartacus Catoni & Mario S. d.

Bravo! Coriolanus hat seine Sache vortreflich gemacht. Sein Gespräch geht hier reissend ab. Unsre Cassa wird doch auch einen Vortheil davon haben? — Bey einer zweyten Auflag behalte ich mir vor, Zusätze dazu zu liefern, welches auch andere thun werden.

Die 3 Ducaten, so sie erhalten, sind in die Rechnung einzutragen, einer von mir, der zweyte von Alcibiades, der dritte von Tamelan. B. E =, und noch ein anderer von hier werden nächstens uns beytretten. B. Meggenhoff unter dem Namen *Sulla*, und Pfest unter dem Namen *Cicero* sind schon richtig.

Aber warum höre ich denn mit dem allen gar nichts? Steht die Maschine still, oder geht sie? Ich bin
 Euer
Eleusis den 13. Chardad
 1148. Jezdedgerd.
Spartacus.

Machen Sie, daß die Abhandlung des Alphonsus de Vargas aufgelegt werde. Deutsch wäre es noch besser.

15.

15.

Spartacus Catoni S. d.

Ich bin mit Ihnen abermal nicht zufrieden: denn sie halten ihr Wort nicht.

1. Erhalte ich die Briefe nicht sicher, um die Zeit, wo ich sie begehrt.

2. Wenn ich solche erhalte, so sind sie von keinem Innhalt.

3. Weiß ich bis diese Stunde nicht, wie viel Euer in Athen sind, von ihren längst versprochenen Caracteren nichts zu melden.

4. Hat man mir nicht einmal gemeldet, daß Coriolanus eine Piece zum Druck befördert, ich habe sie durch einen Fremden erhalten.

5. Haben sie mir auch nicht geschrieben, auf welche wunderliche Art sie den 6. 8. 4. 18. 8. 17. erhalten.

6. Schreiben Sie mir kein Wort, welche Præparationen gemacht werden? Wie die Sache eingeleitet wird? welche zuerst, und durch wen vorgenommen werden.

Alles dieses sollte ich wissen; vielleicht habe ich Gegenerinnerungen, Zweifel. Vielleicht
ha=

handeln sie gegen meinen Plan. Ich soll euch Leuten alles schicken und schreiben, und habe doch auch zu thun, soll noch überdieß die ganze Sache ordnen und richten: und höre gar nichts. Ich muß und kann mich also für nichts weiter als einen Handlanger ansehen. Wie um des Himmelswillen ist es denn möglich, daß ich der Sache vorstehe? Ich habe nicht nur allein von der ganzen Sache, ihre Briefe ausgenommen, kein Blatt Papier im Haus, sondern ich höre auch gar nichts. Ist denn meine Mühe und Arbeit nicht soviel werth, daß ich auch Früchte genießen dürfe? Ich will also meine Final-Erklärung geben: und bey dieser hat es sein Verbleiben, so heilig und gewiß, als etwas in der Welt. Wenn ich nicht inskünftige richtigere, deutlichere, umständlichere und sichrere Nachrichten von allem Vorgang erhalte, so werde ich, sobald mir solche nur ein einzigesmal ausbleiben, alle meine dermalen von mir unterrichtete und dirigierte Leute sämmtlich an Sie und nach Athen verweisen; ich aber entziehe mich dem ganzen Werke, und setze keine Feder mehr an. Und in diesem Zustande, wenn ich gleich eben so wenig weiß als dermalen. so hab ich doch auch auf der andern Seite keine Mühe, und kann für mich arbeiten; und bey diesem bleibt es. Amen.

Eleusis den 15. Chardad
 1148. Jezededgerd.

Spartacus.

16.

Spartacus Catoni S. d.

Gestern Abend hat mich ganz unvermuthet Lavater besucht: er ist heut am Morgen um 4 Uhr nach Regensburg abgereiset, und wird vermuthlich auch nach München kommen. Er hat mir den ersten Besuch gemacht, und ich habe ihn sodann den übrigen vorgeführt, und die Memorabilia gezeigt.

Machen Sie, daß 6.8.4.18.8.17. auch einen geringen Cassa-Beytrag thue.

Wäre nicht der junge Lory und Effner auch anzuwerben?

Ajax hat, wie ich vernommen, den guten Steger, der in ihren Schriften unter dem Namen Schafftesbury vorkömmt, sitzen lassen, solcher beklagt sich bitter, und wünschte wieder Gelegenheit zu finden, beytretten zu können. Erkundigen sie sich um ihn.

Ich habe ein Project, unsre Cassa auf bessern Fuß zu setzen. Solches wäre: in alle Genueser Lotto die nämliche Numero zu setzen, und dieses zu gleicher Zeit. Der Nutzen ist dieser: gleichwie, wenn ich in einem Lotto setze, nur 5 Numeri gezogen werden, so wenn ich in 10 Lottos setze, werden 50 Numeri gezogen.

zogen. Es ist aber möglicher, daß meine Numeri unter den 50. herauskommen, als unter 5, und da kann man auch zugleich durch den nämlichen Numero öfter gewinnen. Denken sie darüber, und machen sie die Veranstaltung, wenn es ihnen thunlich scheint.

Die Piecen und Poesien sind von Solon: anbey folgt noch eine. Er bittet das Gedicht von Zeisig nicht zum Druck zu befördern; wie auch das vom Gimpel.

Im übrigen arbeiten sie nur fleißig:
     Multum sudavit & alsit,
abstinuit venere & vino.
Und geben sie mir von allen Relation. Denn wird in der Anlage gefehlt, so geht der Fehler das ganze Werk durch. Und wie wären Sie im Stande, ihre Leute zu dirigieren, wenn ihnen nicht die genaueste Relation abgestattet wird? Kleinigkeiten sind nicht allzeit Kleinigkeiten, aus mehreren dünen Fäden werden Ankerseile. Und ihre Briefe sind mein einziges Regulativ, weil ich gar keine Schriften bey Hausen habe. Ich bin in diesem Stück jaloux, denn ich fürchte gleich, es gehe mir wie mit Ajax. Dieser hat mir entweder gar nicht, oder falsch referiert. Ich muß auch noch überdieß alles wissen, wegen der Gleichheit, die durchgehends herrschen muß; ich kann es ja sonst an andern Orten nicht auf die nämliche

Art

Art einführen. Et unitas etiam in minimis muß vorhanden seyn.

Marius wird dieser Tage Bücher vom Montag erhalten. Ich habe sie für mich verschrieben.

Eleusis den 17. Chardad
1148. Jezdedgerd.

Spartacus.

17.

Hochedelgebohrner Herr Secretaire!

Ich erbitte mir von meinen hinauf gesandten Büchern *La chambre* Caracteres des Passions: *Alphonsus de Vargas* de stratagematis, und so eben auch die Piece *de immensa curiæ romanæ potentia moderanda*. Wollen sie auch die Güte haben, mir meine Briefe und andre meine Handschriften zu übermachen, so geschieht mir ein grosser Gefallen, und die Ihrige stehen ebenfalls alle zu Diensten. Wollen sie im übrigen mich ferners mit dero Correspondenz beehren, so ist es mir angenehm: nur von den vorigen Sachen, und Nexu sociali bitte ich mich zu verschonen, dann da würde ich sicher gar nicht darauf antworten. Sie irren sich, wenn sie glauben, daß mich dieß Gebäude so sehr freue, daß ich den Gedanken von weiterer Ausführung desselben gar nicht aufgeben könnte. Ich habe gethan, was ich konnte, und was nothwendig war. In einer weitern Correspondenz werden Sie von mir nicht finden, daß ich Ihnen einige Zumuthungen, Ahndungen, und so weiter machen werde. Ein jeder Baumeister hat das Recht, seinen Bau aufzugeben, wenn ihm seine Gesellen nicht nach seinem Kopf arbeiten. Ich bin übrigens

Euer Hochedelgebohrn
Ingolstadt den 18. Junius
1778.

Ergebenster Dr.
A. Weishaupt.

18.

Spartacus Catoni S. d.

Da ich noch ihr Lehrmeister war, und Sie einer meiner besten und eifrigsten Lehrjünger: da war guter Rath von ihnen willig aufgenommen, und ich durfte ihnen manche Wahrheit sagen, ohne daß Sie gegen mich aufgebracht wurden. Sie haben viel auf mich gehalten, und ich auf Sie. Diese gegenseitige Achtung dauerte fort, bis ich mich ihnen eröfnete, und da gieng es noch immer gut, bis auf eine gewisse Zeit her. Da merkte ich, daß es hin und wieder nicht mehr gieng, wie es gegangen war, oder gehen sollte. — Ich weiß nunmehr

mehr die Ursachen alle, warum Sie so gegen mich sind. — Kurz, Sie scheuen mich. — O bester Cato! scheuen sie sich nicht vor mir: wenn sie dieses thun, so kennen sie mich zu wenig. Ich bin kein Freund bloß für die guten und lachenden Tage. Dort, wo man die Freundschaft am meisten braucht, und selten findet, dort bin ich am meisten Freund: ich verlasse sie sicher nicht, und bin mit dem allen der alte, und will es auch zeigen, daß ich es bin. Ich gehe gerne über menschliche Schwachheiten hinüber, wenn sie von keiner Bosheit des Herzens zeugen, und diese haben Sie nicht. Warum wollten Sie mir also weitere Feindschaft zudenken, der ich ihnen nichts übels gethan, und Sie aus meinem mündlichen und schriftlichen Umgang, wie ich denke, keinen Schaden werden gehabt haben? Ich wollte gerne noch mehr schreiben; ich weiß aber nicht, ob Sie dazu aufgelegt sind, solches von mir anzunehmen. Theuerster Cato! wenn einmal die kühlen Stunden wieder kommen, dann werden Sie sich gewiß meiner erinnern, und finden, daß ich gut für Sie gedacht habe.

J. den 27. Junius 1778.

19.

Spartacus Catoni S. d.

J'aime votre retour. Ich hätte sonst einen wackern Mann verloren. Nur wünsche
ich

ich, daß die Wiederkehr vollständig werde, so
inniglich und vollständig, als wir noch vor
kurzer Zeit durch gemeinschaftliches Interesse
und gemeinschaftliche Arbeit vereiniget waren.
Lassen sie doch mir und meinem aus gutem
Herzen angefangenen Systeme schon zweymal
fatal gewordene Familie und Weibergeschlecht
nicht weiters tödtlich seyn. Gegenwätig fra=
ge ich mich an, ob sie noch an dem Werk mit=
machen, und sodann welche Arbeit sie über=
nehmen wollen. Denn von Ihnen hängt das
Ganze ab, ich habe aus gutem Glauben all
mein Vertrauen und Hoffnung auf sie gesetzt:
und an andern Orten meine weitere Einrichtun=
gen darnach gemacht. Da ich ihren Bruch
mit mir vernommen, so habe ich zwar keine
Seele abgesetzt; aber doch zur Sicherheit an
allen Orten, besonders mit weitern Receptionen Halt machen lassen. Dadurch habe ich für
beyde Fälle gesorgt. Ich bitte sie auch wei=
ters mir offenherzig zu schreiben, wie die Sa=
chen stehen: denn ich hab Ursache zu vermu=
then, daß die Sache in Athen nicht so zahl=
reich und weit gekommen sey, als sie mir
schrieben: und das verarge ich ihnen wieder
nicht; denn der erste Fehler zieht nothwendig
den zweyten nach sich, wenn man solchen ver=
bergen oder rechtfertigen will. Ich habe auch
diese Erfahrung schon an Ajax gemacht. Als
dieser von seiner Lieb so betrunken war, daß
er mich und unser Werk und die Welt nicht

mehr

mehr kannte: da schrieb er mir zwar noch, schrieb auch, die Sachen giengen gut, er mache grosse Progreſſen; ich konnte aber von ihm nicht herausbringen, in wem ſie beſtunden. Iſt es mir nun zu verdenken, daß ich mißtrauiſch bin? Wäre ich es ehender geweſen, das Geſchäft wäre vielleicht nicht auf der Neige, und, wenn Ajax und Cato gewollt hätten, ſchon ein anſehnliches Werk. — Und was iſt denn ihre Meynung? Ich frage ſie darum, weil ich ſie ſchätze, weil ich weiß, daß Sie in der Sache Einſicht haben, wenn Sie es gleich zuweilen nicht thun. Glauben Sie denn, es ſey noch zu helfen, die Wunde ſey nicht gar zu tief? Und glauben Sie auch, daß dieſe Wunde in der Folge nicht wieder erneuert werde. Meine Gedanken ſind, daß ein kleiner Fehler in der Grundlag eines Syſtems erſt in den ſpätern Zeiten ſichtbar, wirkſam und gefährlich werde. Ajax hat meine ganze Sache verdorben. Nehmen Sie nichts von dieſem auf die üble Seite: es iſt natürlich, wenn es ſollte unmöglich werden, ein angefangenes Werk fortzuſetzen, daß man Bedacht nehme, es auf eine allen und jedem einzelnen unſchädliche Art zu endigen. Von Ihnen hängt es nun ab, ob es weiter dauern ſoll. Ich bin mit dieſen

Ihr
Eleuſis den 30. Chardad
1148. Jezdedgerd.   Spartacus.

20.

Spartacus Catoni S. d.

Nach langen ungeduldigen Warten habe ich endlich dero Zuschrift in Erzerum erhalten. Ich wünsche, daß in Athen mit so vielem Eifer und Fortgang gearbeitet werde, als es in hiesiger Gegend geschieht. Dieser Tagen wird von Tamerlan ein allhiesiger Domherr B. v. 17. = = engagiert werden. Und ich habe auch vor kurzem wiederum einen angetroffen, der an Eifer und Arbeitsamkeit Tamerlan übertrift. Solcher hat sich nebst der Uebersetzung des Cardinalismo noch obendrein von selbst die Uebersetzung der Moral universelle ausgebethen. Hier ist es den Leuten wirklich Ernst: sie denken sich ganz in die Sache, und werden auch von dem dazu gehörigen Geist beseelt. Ihre Genauigkeit in Befolgung ihrer neuen Pflichten ist äußerst, und sie lassen sich, so zu sagen, maschinenmäßig dirigieren. — Mit den Freyfingern bin ich nicht zufrieden: Alcibiades und Solon haben mir noch keine Silbe geschrieben; darum wäre meine Meynung - man soll nicht eheuder mit ihnen correspondieren, als bis sie entweder an mich, oder an sie geschrieben. — Tiberius macht mit Pericles seine Sache recht vortrefflich. Agrippa ist aus unserer Liste gänzlich auszustreichen: denn es geht das Gericht, und er hat alle Præsumption wider sich, daß er einem unserer besten Mitarbeiter Sulla eine goldene und silberne Uhr nebst einem Ring gestohlen. Alcibiades hat mich auch versichert, daß er schon öfters mit dergleichen Inzichten sey graviert worden. Es mag nun wahr, oder falsch seyn, er ist malæ famæ. — Machen Sie doch, daß Tiberius eine Abschrift von allen zu dem zweyten Grad gehörigen Stücken erhalte: er ersucht mich beständig darum; er hat mir auch im Monath Septemb. einen Congressum Consciorum vorgeschlagen, wo er auf 2 oder 3 Tage nach Athen kommen will. Correspondieren Sie mit ihm über diesen Gegenstand. Ich habe ihm geschrieben, daß ich zwar alle Veranstaltung machen wolle; ich selbst aber könnte nicht dazu kommen. — Nunmehr hat es mir gelungen, in das Geheimniß der 7.17. 8.4.1.8.20.17.8.17. einen tiefen Blick zu thuen. Ich kenne ihren ganzen Endzweck, und werde ihn auch seiner Zeit in einem höheren Grade allen mittheilen. — Mit Confucius wird es richtig werden. Ich habe ihn nunmehr in eine Stelle placiert, die uns und ihm vortheilhaft seyn kann. Machen sie, daß alles, was von Athen hinunter kömmt, ad Repetendum an ihn verwiesen werde. Ich gedenke auch nächstes Jahr wieder Kost zu geben, alles wegen unserm Geschäft. Doch schreiben sie dem Confucius, daß er sein Pensum bald zu Stand bringe, und zu Anfang des Monats Novembr. über Athen nach Ephesus gehe (NB. bey ihm

heißt

heißt Eleuſis Epheſus) um allbort den zweyten Grad vorhero zu erhalten. — Wie geht es mit den Farben = Experimenten? Haben ſie noch keinen Verſuch gemacht? — Sobald Scipio um mich weis, ſo werde ich ſelbſt mit ihm in Correspondenz tretten, um ſeinen Eifer anzuſachen. Machen ſie auch, daß ſie bald mit Marius conferieren, und ſorgen ſie durch alles für Coriolanus, ſo wie ich für Confucius geſorgt habe: auch unterlaſſen ſie nicht, richtig an mich zu ſchreiben.

Erzerum den 15. Merdedmeh
1148.
Spartacus.

21.

Spartacus Athenienſibus S. d.

Da die Mitglieder in Athen theils noch im ☉ zu neu und jung, auch zu wenig ſind, als daß man ihnen die höheren Geſchäfte anvertrauen könnte, theils aber diejenige, ſo zu arbeiten die Fähigkeit hätten, durch Amtsarbeiten zuviel diſtrahiert werden, als daß ſie die höchſt nöthigen Arbeiten nach dem Maaß, wie es geſchehen ſollte, verſehen könnten, ſo ſind zur Erleichterung von mir folgende Maaßregeln getroffen worden.

R 2   1. Habe

1. Haben sich die 4 Orte: Athen, Sparta, Theben und Erzerum bloß um ihr Local zu sorgen, sind unter sich von einander unabhängig, und stehen sammentlich sub communi Capite zu Eleusis: werden auch alle unmittelbar von Spartacus commandiert.

2. Da in Athen bis dato noch kein versicherter Ort zu einem Archiv ist, es auch anbey lächerlich wäre, wenn alle Schriften dort vorfindlich seyn sollten; Spartacus aber und die übrige Vorsteher nicht ein einziges Blatt von Documenten in Handen haben sollten, so erhalten die Athenienser keine andere Schriften, als welche sie bloß allein angehen, und wird an den übrigen Orten ebenfalls ein Archiv angerichtet. Zu Eleusis aber ist das Hauptarchiv. Zu diesem Ende sollen alle nach Erzerum gehörigen Producten dahin abgesandt werden.

3. Eben auf diese Art wird es auch mit der Cassa gehen. – Jedes der 4 Orte errichtet seine eigene Cassa, bestreitet seine eigene, und keine weitere Ausgaben. Wegen einer allgemeinen Cassa läßt man es noch dahin gestellt seyn; ist zu diesem Ende der Cassæ Zustand von Athen nach Eleusis einzuberichten, und das weitere zu gewärtigen.

4. Die Correspondenzen von jedem Ort in ☉s Sachen gehen nicht weiter, als an die
dem

dem Loco subordinierte Mitglieder, wie auch nach Eleusis. An diesen letztern Ort schreiben die Athenienser jede Woche, und berichten jeden Vorfall: damit es aber keinen in seiner Amtsarbeit störe: so berichtet jede Woche ein anderer ex consciis, worüber sich solche der Ordnung halber zu theilen haben.

5. Nach Eleusis werden die Statuta der kleinern und grössern Versammlung geschickt. Spartacus wird sie in Erzerum durch Tamerlan abschreiben lassen, und sodann weiter nach Sparta und Theben versenden.

6. Haben Cato, Marius und Scipio ebenfalls, wie alle Illuminaten die Satzungen zu beobachten, zu den bestimmten Zeiten ihre Gravamina verschlossener an Spartacus einzusenden, und die Fehler anzugeben, die sie an ihren beyden Mitarbeitern bemerken.

7. Spartacus wird mit Confucius, welcher nun wirklich als Repetitor decretiert worden ist, folgendes Jahr die Hauptrecrutierung in Eleusis vornehmen, und sodann die Initiatos an die Obere ihrer Provinzen verweisen. Dem Confucius bleibt aber die Neuheit ein Geheimniß.

8. Die Athenienser sollen sich einander nichts schenken, fraterne ermahnen, keinen Fehler unter sich und ihren Untergebenen übersehen.

sehen, sich in die Sache hineindenken, alle mögliche Behutsamkeit und Ernst anwenden, besonders auf die Recrutierung junger Knaben von 15 bis 20 Jahren bedacht seyn; denn diese werden wirklich die besten, wie ich es mit Verwunderung in Erzerum einsehe. Wenn auch die Sache langsamer geht, so ist es um so sicherer.

9. Wegen Ajax folgt hier anbey der Brief. Die Sache soll in ihren Confeßu überlegt werden, des Coriolanus Gutachten abgefodert, und sodann mit Ajax darüber correspondiert werden. Auch könnte es nicht schaden, wenn mir das Resultat notoficiert würde. Am besten wäre es, wenn diese Sache verschoben würde, bis Ajax zurückkömmt, und mündlich darüber proponiert. Die Recrutierung in Niederlanden ist aus guten Gründen abgeschlagen worden.

10. Unter dem Commando von *Athen* stehen Ajax, Cato, Marius, Scipio, Claudius, Confucius, Livius, Euclides, Pythagoras.

Unter dem Commando von *Eleusis* Spartacus, Democritus und Confucius, sobald er seine Stelle betretten wird, L. Cornelius Sulla.

Unter *Sparta* Tiberius, Pericles.

Unter *Theben* Solon, Alcibiades, Cicero.

Unter

Unter *Erzerum*, Tamerlan, Taſſo, Odin, Oſiris. Lucullus, Timoleon, Ben, Minos, und nächſtens noch zwey.

11. Wem bishero noch ſein Reich zu klein iſt, in deſſen Gewalt ſteht es, ſolches zu vergrößern, nur gehören Arbeitſamkeit, und Eifer dazu. Denn waren in dem elenden Erzerum 8 bis 10 tüchtige Perſonen aufzutreiben, warum ſollte es in dem weitläufigen Athen ebenfalls nicht geſchehen können?

Erzerum den 2. Sept.
1148. Jezdedgerd.

In wiefern kann die Poſtfreyheit
des Cato noch benutzt werden?

Spartacus.

22.

Spartacus Catoni, C. Mario
et P. Corn. Scipioni.

Confucius hat mir Catos Brief richtig überliefert; da ich aber noch nicht weiß, wie viel ihm von dieſem Grab anvertrauet worden, ſo habe ich noch gar nichts gegen ihn dergleichen gethan. Ich bitte mir alſo darüber ſchleunigſte Information aus, und dem Confucius den Auftrag zu machen, daß er ſich fernerhin in

⊙s Sachen gänzlich an mich halte, wo ich ihm sodann die statutenmäßige Anleitung geben werde.

Ich bitte Sie nunmehr nochmalen, gehen sie recht ernsthaft zu Werke, und mit der allergrößten Behutsamkeit. Coriolanus kann der ganze Grad der Illuminaten mitgetheilt werden; mit den übrigen aber warten sie noch etwas zu: denn ich werde vielleicht noch einen Mittelgrad componieren, damit wir Zeit gewinnen, Leute anzuwerben, zu prüfen und auszusuchen. Ante omnia difciplinam commendo. Nichts geschenkt, alles geahndet: es macht höhere Begriffe von der Sache, als wenn man zu gut und zu nachsichtig ist. Schicken Sie mir fleißig alle Protocollen und Conclufa zu, damit ich admarginieren kann: machen sie die Sache nicht größer und kleiner, damit ich mich sicher darauf verlassen kann, und halten sie die Zeit zur Correfpondenz auf ein Moment: denn ein Tag früher oder später macht oft grosse Veränderung und Zerrüttung. Hat auch wohl Confucius sein Penfum überreicht? Sudate, et laborate; sonst werden wir nicht weit kommen. Auch machen sie, daß es mit dem Archiv zu Stande komme. Da Marius unverheurathet ist, so, dächte ich, soll der Kasten in sein Haus kommen, und Marius nebst Cato und Scipio jeder eine Gegensperr haben, so sind wir vom Mißbrauch der Documenten um so versicherter:

denn

denn Mißtrauen schadet nicht Sobald dieses geschehen, werde ich nicht säumen, die Schriften von Erzerum zu extradieren. Ich habe auch alldort diese ganze Zeit inne halten lassen, biß ich weiß, wie es in Athen geht, und ob es ihnen Ernst ist, so und dergestalten, daß ich noch alle Tage diese Leute kann auseinander tretten lassen. — Wie geht es denn mit Claudius? Dieser könnte wohl auch bald befördert werden. Auch wäre meine Meynung, daß hinführo Coriolanus allzeit das Officium des Initianten haben soll. L 14.17.4. soll den Namen *Ludovicus bavarus* haben, und 18.14.10.5. 8.17. *Hermes Trismegistus*. Ich bin in Erwartung einer baldigen Antwort

Euer

Eleusis den 2. Abenmeh
1148.

Spartacus.

Eleusis heißt gegen non
conscios Ephesus.

18.12.20.8.17. wäre auch nicht außer Acht zu lassen. Ich denke, man soll auch seiner Zeit Coriolano das Directorium in diesen Versammlungen überlassen, ut si forte virum gravem, quem &c.

23.

Spartacus Catoni, Mario et Scipioni S. d.

Die Statuta Illuminatorum hat mir Alcibiades abgeschrieben. Aber die von den kleinern und grossen Versammlungen habe ich nicht. Ich brauche sie aber nothwendig, um einen Mittelgrad zu componieren. Ich arbeite auch wirklich an einer Instructione speciali pro consciis, pro Atheniensibus, und in specie pro Coriolano. Ich werde darin den Consciis die Sache merklich erleichtern: und Coriolanus muß ihnen nunmehro in die Hand arbeiten, und erhaltet das Directorium über alle Athenienser, die nicht Conscii sind; von den Consciis aber erhaltet er alle Gewalt und Befehle, und führt sie auch aus. Ich thue dieses, um die Confusion zu hindern, und die Gränzen von eines jeden Gewalt auf das genaueste zu bestimmen. Es kostet mich viele Mühe; denn ich muß erst alle Statuten durchgehen, und extrahieren. Sobald ich fertig, so werde ich sie ihnen zuschicken, und ihre Monita dagegen vernehmen. Ich bitte mir ja bald möglichst die kleinen und grossen Versammlungen aus; denn ich werde sonst in der Arbeit aufgehalten. Confucium nehme ich völlig über mich.

Eleusis den 7. Abenmeh
1148.

Sprtus.

Spartacus Catoni, Mario et Scipioni S. d.

Hier folgt einsweilen die Instruction für die Areopagiten, solche muß auch bey Tiberius, Alcibiades, und Solon circulieren. Ajax ist zu weit entfernt, und es hielte zuviel auf, wenn man es auch diesem schicken wollte. Eilen sie damit, soviel möglich, damit die Sache bald zu Stand komme. Ein jeder setzt seine Meynung bey: was per vota majora concludiert wird, soll lex perpetuo valitura seyn. In wenigen Tagen wird auch eine Special-Instruction für Cato, Marius und Scipio erfolgen, und gleich dabey eine dritte für Coriolanus. Beantworten und expedieren sie alles gleich. Ich werde allzeit hinführo den nämlichen Tag noch antworten, es wäre denn die Sache gar zu weitläufig.

Hermes Trismegistus ist, wie ich höre, Schulenrector zu Landsperg. Wie ich von Confucius höre, soll er hohe Begriffe von sich haben, und schwer zu leiten seyn. Er könnte uns grosse Dienste thuen. Lieb wäre es mir, wenn mir Scipio wollte referieren, wie er sich bey seiner Reception angelassen, und ob er glaube, daß er ihm folgen werde. Sonst wär mein Gedanke, ihn an Tiberius anzuweisen; denn diesen kennt er nicht, oder ich selbst wollte ihn

ihn durch Confucius dirigieren. Ich erwarte darüber ihr Gutachten. Auch wäre ihm der Auftrag zu machen, daß er im Gymnaſio zu Landsperg junge Leute für uns abrichte. Dieſer Menſch beſonders muß durch Receptionen vinculiert werden. Auch hat er ſehr geſchickte Bekannte, die er ebenfalls liefern könnte. Curate, ut faciat. Schicken ſie ihm zu dieſem Ende die Inſtruction pro recipientibus im Ganzen, wie ich ſie verfaßt habe, und nicht den Auszug davon.

Confucius rühmt mir auch ſehr den jungen 9.8.2.2.4.13.6., welchen 3.12.15.7.4.13. 6.8.17. zu inſtruieren hat, welcher Inſtructor ſeinem Reden nach mit Pythagoras in beſter Freundſchaft ſteht. Auch recommandiere ich zu ſehen, daß vom 18.12.20.8.17.13. einer engagiert werde. Scipio könnte ſich hier groſſe Verdienſte ſammeln. Ich und Confucius werden uns gewiß vornehm halten. Ich bin recht wohl mit ihm zufrieden. Ich halte ihn ſo kurz, als möglich, gebe ihm viele Arbeit: er iſt ſo folgſam, wie der beſte Noviz eines jeden Kloſters. Ich führe ihn unmerklich. Machen ſie, daß ich die kleinen und groſſen Verſammlungen bald erhalte; ſonſt kann ich mit den beyden andern Inſtructionen nicht fertig werden. Saluto vos oſculo ſancto.

Eleuſis den 8. Abenmeh 1148.

Spartacus.

25.

Spartacus Catoni S. d.

*Quidſi priſca redit Venus,
deductosque jugo cogit aheneo?*

Ihr letzter Brief iſt nach langer Zeit der erſte, der wieder in der Sprache und Ausdrücken unſers erſten Offenbarens geſchrieben iſt, und noch etliche ſolche Briefe ſind im Stand, das alte Vertrauen herzuſtellen. Sie werden ſich erinnern, daß ich im Monat Februarius, Merz, April und auch noch May dieſes Jahrs alles Vertrauen in Sie geſetzt, und ſie als meinen Grundſtein betrachtet. Ich habe ſie nach dem Fall des Ajax vor allen andern aus dem Dunkel und Räthſelhaften herausgenommen, und zum Conſcius gemacht. Dieſe Zeit her kann ich aber nicht bergen, daß ſie mir durch die ewigen Zänkereyen, durch das dadurch verurſachte Aufhalten der ganzen Sache, durch die ſehr kurze, ſeltene, biſſige, ſogar durch fremde Hand geſchriebene Briefe, durch das Zurückhalten der meinigen ꝛc. ziemliches Mißtrauen verurſacht. Und ich habe in vielen Stücken meine gegen ſie gränzenloſe Offenherzigkeit bereuet. Wenn ich alſo dieſe Zeit hindurch an mich gehalten, durch einen andern ihnen meine Gedanken habe eröfnen laſſen, in den Briefen an ſie ſelbſt alle Worte abgewogen, ſo war das ihre Schuld, auch iſt es nothwendig geweſen, hin und

und wieder Præcautionen zu brauchen, die nicht auf ihre Person und Integrität fallen, sondern auf die Veränderung ihres Stands,, da noch dazu, wie ich höre, ihr dermaliges Logis zu dergleichen Sachen sehr unbequem ist. Dahin gehört die Veränderung des Orts für das Archiv. Einige Maasregeln erfodert die Sache selbst, und die Gefahr, so wir laufen, im Fall wir verrathen würden. Sie waren mir in vielen Dingen zu leicht, griffen die Sach nicht im Grunde an, verachteten vieles als Kleinigkeiten, und handelten meistens mehr nach eigenem Gutgedünken. Dadurch entstund Difformität in der Disciplin, Statuten, Confusion, für mich entsetzliche Arbeit. Daß meine von von ihnen selbst gebilligte Vorschriften gut seyn müßen, können sie daraus sehen, weil der Ort, wo am strengsten darnach gearbeitet wird, Erzerum von einem Kind kann regiert werden, alle Leute alldort folgsam und versichert sind, und sich ein Zweig davon schon nach Bamberg verbreitet hat. Weiters bedrohten sie mich beständig, die Sache aufzugeben, und würden allem Ansehen nach keine Schriften extradiert haben. War das nicht stillschweigend gesagt: Laßt mich thuen, was ich will, ihr müßt mir alle zu Gnaden leben; denn ich habe die Mittel in Handen, euch zu schrecken? Wie konnt' ich da noch ferners fortfahren, Documenten nach Erzerum zu schicken, und unsre Fesseln zu verstärken? Theuerster Cato! es ist wahr, ich herrſche, aber weil es ſo ſeyn muß, weil das Gebäude ſonſt nicht zu Stand kömmt, ſo lang meine Herrſchſucht bloß fodert, was unſer Gebäude und Zweck mit ſich bringt, ſo kann ſich niemand darüber beklagen; denn wenn ich es nicht thäte, ſo müßte es doch ein anderer thuen. Mein Herrſchen alſo, ſo lang es unſchädlich iſt, die Maſchin im Gang erhaltet, und blos allein darauf gerichtet iſt, kann niemand mißbilligen. Wenn ich aber das Gebäud mißbrauchen wollte, blos vor mich ſorgen, um reich, angeſehen und mächtig zu werden, dann wär es übel. Wie können ſie aber dieß von mir vermuthen? Ich lebe zufrieden mit meinem Amt, verlange nicht weiter, und habe mein hinlängliches Auskommen, und begehre im bürgerlichen Leben nichts weiter zu ſeyn, als was ich bin. Ferners nöthigen mich meine ihnen bekannte Umſtände, den meiſten Mitgliedern, ſo lang ich lebe, verborgen zu ſeyn. Ich bin genöthigt, alles durch 5 oder 6 Perſonen zu thuen. Dieſe ſind alſo die Herrſchende, ich der Arbeiter, und ich verlange nur Verſicherung, daß nach der Vorſchrift gearbeitet werde. Dahin zielen alle Cautellen. Jeder iſt frey in allen Handlungen, unabhängig von mir und von andern, nur in dem nicht, was ein Mittel zum Zweck des ⊙s iſt. Iſt das nicht natürlich? folgt das nicht aus der Natur einer Geſellſchaft? Wenn ich es auch nicht foderte, müßte es nicht ein änderer fodern? Soll ich nicht berechtigt ſeyn, das

von

von meinem Nächsten zu fodern, was jeder von ihnen bey geschehener Verbreitung über 1000 und mehrere fodern kann? Gefiel es ihnen, wenn ihre Untergebene, und diese wieder von den ihrigen eine gleiche Freyheit foderten? Könnte da etwas geschehen? Theuerster Cato! Merken sie sichs, der Endzweck des Ordens ist, frey zu seyn, unabhängig von Auswärtigen. In Rücksicht des Ordens ist solcher allein Herr, wir alle sind die Diener unsers Zwecks, ich bin der erste Diener; denn ich arbeite für euch alle. Ich entwerfe, ihr bestätigt es, und führt es aus. Sie haben hier falsche Begriffe von Freyheit. Um auf einer Seite unabhängig zu seyn, bin ich auf der andern Knecht. Denken sie darüber, Cato! und sie werden finden, daß ich recht habe. Sie werden von mir niemalen gesehen haben, daß ich jemanden über etwas berede. Ich habe es nicht gegen sie gethan, da sie noch hier studierten, und ich habe es diese ganze Zeit nicht gethan; aber in Angelegenheiten des Ganzen muß ich es ja thuen, und da hab ich weniger beredet, als ich hätte können und sollen; besonders hätte ich melden können, daß sie zu wenig auf ihre Selbstkenntniß dringen, und sich zuviel der Gnad grosser Herrn rühmen, quod tibi invidiam creat, und noch weit mehr werth und dauerhaft ist, wenn wenige davon wissen. Dieses mein Geständniß soll sie nicht beleidigen, sondern bezeugen, daß ich auf

dem

dem Weg zu meinem erſten Vertrauen bin. Schreiben Sie mir übrigens, durch was Sie denn ihre Macht vergröſſert wiſſen wollen: wenn es der Zweck des ☉s leidet, ſo thue ich es von Herzen. — Hermes wünſchte ich, daß er an Confucius angewieſen würde; denn er braucht ſeinen Mann, der ihn bändigt, und ich will ſelbſt der Concipient der Briefe ſeyn, und dagegen alle Briefe ſowohl von Confucius als Hermes nach Athen ins Archiv ſchicken, damit ſie dort vollſtändig leſen können, wie ich die Leute abrichten laſſe. In Athen, muß ich ſagen, gefällt mir nicht viel. Auch das hat mein Vertrauen auf die Athenienſer vermindert, und meine Neigung nach Erzerum gewendet, und dieſe ſind wirklich meine liebſten Kinder. Saluto te oſculo ſancto. Salutat te Eccleſia, quæ eſt in Eleuſi.

Ich ſage es noch einmal: ihr Brief hat mir recht wohl gefallen.

Den 13. Abenmeh
1148.

Spartacus.

Die Form vom Diario gefällt mir auch. Ich denke, man ſoll das nämliche Exemplar an alle pro notitia allzeit circulieren laſſen. Am Ende kömmt es nach Athen.

26.

Spartacus M. Catoni, C. Mario, & P. Corn. Scipioni S. d.

Dem Scipio habe ich im Namen aller grossen Dank für seine Verwendung, daß er uns einen dem Vernehmen nach so tauglichen Mann zugebracht. Nur ist itzt Bedacht zu nehmen, daß er auch erhalten werde, und hohe Begriffe von der Sache habe. Fodern Sie zu diesem Ende das vom Solon ihm aufgegebene Pensum ab, und schicken sie es dem Hermes, auch machen sie, daß er sich bald hinter das Aufnehmen mache; dadurch wird er uns versicherter. In L. hat er sich vor den 14. 11. 8. 17. 13. 9. 14. 17. 7. 7. 8. 17. zu hüten, und keinen zu engagieren, der mit ihm umgeht. Caussa clara est. Die Brief muß er alle zurückschicken, und so werden sie mit ihren Antworten in das Archiv hinterlegt. So will ich es auch mit den Briefen des Cato machen, wenn sich solcher einverstehen will, zu jeden der seinigen meine Antwort zulegen: sie sind gewiß unterrichtend, und enthalten beyderseits gute Regeln, und geben hinlängliche Einsicht in das System. Ich verlange keinen einzigen in Handen zu haben, wenn sie ad usus bonos destiniert sind. Sobald es ihm recht ist, so schicke ich sie alle nach chronologischer Ordnung an Marius, und dieser empfängt von Cato den gegenseitigen. — Wenn das Amt für Coriolanus zu schwer ist, so soll er sich nur ein oder zwey Jahre dabey gedulden, bis er durch einen andern kann abgelöset werden, sodann werden wir ihm weiter helfen. Er kann sich auch gleich unter seinen Leuten einen Amanuensem aussuchen. Saluto vos osculo sancto. Wenn sie so fortfahren, wie seit einiger Zeit, so gehört in kurzer Zeit unser Vaterland uns.

Euer

Eleusis den 14. Abenmeh
1148.   Spartacus

Noch eins. In Beschließung einer Sache lassen sie niemalen Privat-Vortheile herrschen. Respicite finem, und sobald etwas ein unfehlbares Mittel dazu ist, so ist es auch gut, wenn es gleich oft unsrer Eigenliebe nicht schmeichelt.

27.

Spartacus Catoni S. d.

Dermalen stehen sie im ☉ auf einem Posten, wo ich nur der einzige bin, der ihrem Ehrgeiz im Wege steht. Ueber alle übrige sind sie erhoben, und haben ein weites Feld von Macht und Einfluß, wenn sich das System verbreitet. Sagen Sie doch, warum bin denn ich ihnen mit meiner Oberdirection so unerträglich? Glauben Sie nicht, daß mir das allen Muth zum Arbeiten nimmt, wenn ich sehe, daß man in den ersten Tagen des Ordens mir die Oberaufsicht misgönnt. Ich habe mir sie nicht selbst gegeben, sie ist die natürliche Folge der mehreren Einsicht in dieses Werk. Glauben sie denn, daß ihr Begehren ein wahres Mittel sey, eine dauerhafte Herrschaft für sie zu erhalten? Wie wäre es, wenn sie mich überdrüßig machten? wenn ich die Hand vom Werk thue? Alle an sie anweise? und dann vor mich allein lebe? Glauben sie auch auf diesen Fall das Werk fortsetzen zu können? Werden ihnen auch die übrigen Folge leisten? Wird nicht unter ihnen Neid und Mißgunst entstehen? — Theuerster Cato! ich sehe traurige Folgen für die Zukunft vor. Ich wollte lieber, daß wir dem Werke ein Ende machten, da es noch gut geschehen kann. Ist es denn nicht ihre Lieblingsneigung gewesen, über viele zu herrschen als über gar keinen? und das geschieht, wenn ich weiche. Was sie im ☉ sind, sind Sie durch mich, durch meine Einrichtungen. Ist es nicht Undankbarkeit, daß sie mir ein beschwerliches Amt misgönnen, das ich so sehr mit ihnen theile? Daß ich von ihnen Bericht fodere, ist natürlich, weil ich wissen muß, ob es recht gehe. Das sie es von mir fodern, ist widernatürlich: ich habe ja das Gebäude entworfen, ich habe sie gewählt, nicht aber sie mich; ich habe alle Vermuthung, daß ich

das

das Beste thun werde, aber nicht sie; eben darum, weil sie so viele Herrschsucht verrathen, muß ich besorgt seyn, daß sie mehr für sich, als für das Ganze denken: darum fodere ich Bericht. Haben die ersten Gesellen eines Ignatius, Dominicus, Franciscus ihrem Stifter wohl auch dergleichen Zumuthungen gemacht? Mein Eifer zu arbeiten ist wirklich wieder vorbey. Ich sehe, ich gebe mir umsonst Mühe: und die unbegränzte Ehrsucht eines einzigen zerstöhrt mein ganzes Werk. Ich sehe vor, sie ändern sich in diesem Stücke nicht, sie werden mit der Zeit ärger: und wenn ich nachgebe, und ihnen alles überlasse, so endigt sich die Sache mit Gefahr, für meine besten Arbeiter. Die Herrschsucht, mit der sie sogar den Urheber vertreiben, wird sich noch stärker gegen die übrigen äußern. Warum soll ich ihnen alles von Erzerum schreiben, und so auch von andern Orten? Genug, daß ich sie versichere, daß es gut geht, besser als in Athen. Daß dort jeder mit seinem Stand zufrieden, und auf nichts weiter denke, als das Gute zu befolgen, was ich ihm aufgetragen. Diese Zurückhaltung ist noch das einzige, was mich erhaltet, und was mich auch ihnen versichert. Denn hundertmal haben sie mir schon die Lust erweckt, das Werk aufzugeben; aber Erzerum hat mich noch zurückgehalten. Habe ich diese einmal vom Hals, so bin ich durch keine Ketten gebunden, und kann

ge=

gehen, wann ich will, wenn ich sehe, daß man undankbar gegen mich verfahrt. Merken sie sich das, Cato! wenn ich einmal die von Erzerum an sie anweise, dann ist es ein sicheres Zeichen, daß ich mich der Sache entziehen will. Und sind sie darum weniger im Stand Athen zu regieren, wenn ich nicht ihr treuer Zeitungsschreiber aus Erzerum bin? Dermalen wäre die Zeit, daß keiner an nichts weiter dächte, als seinem Ort und Amt genau vorzustehen. Die Regierung selbst zu regulieren, ist noch nicht Zeit, wir brauchen erst Untergebene. Sagen sie mir, was sie wollen, Cato! ihre Absichten sind nicht rein, das zeigt ihre Liebe zum Herrschen. Ich suche durch dieß Gebäude nichts weiter, als gute Menschen zu bilden, und im Unglück Sicherheit zu finden. Das suchen sie gewiß nicht, sonst wüßten sie zum Besten des Ganzen eine gefährliche Leidenschaft zu schwächen. — Ich will aber alles thun, was möglich ist. Auch über mich sollen Schriften eingegeben werden. Wer erbricht sie? Wenn sie es thun, so entsteht der Neid unter den übrigen: denn diese übrige haben ein gleiches Recht mit ihnen. — O Cato! begehren sie doch auch von mir, daß ich alles an sie extradieren soll, alle meine Leute an sie anweisen, und nicht weiter mitarbeiten soll. Sie werden sich erstaunen, mit welcher Behändigkeit ich solches thun werde. Gott behüte mich, noch einen einzigen zu engagagieren, oder einem Geld abzufodern. Denn ich bin keine Stunde sicher, ob es auf die nächste noch dauern wird. Und das wegen einem einzigen. Et cuncta terrarum subacta præter atrocem animum Catonis.

Nun steckt wieder alles. Ich bin
        Ihr
Den 19. Abenmeh
  1148.
        Spartacus.

Liebster Cato! es ist nun einmal Zeit, daß sie sich entschließen, was sie thun wollen. Wir werden beständig aufgehalten, und es geht nichts weiter. Entweder müßen wir die Sache gleich aufgeben, oder ernsthaft einmal, ohne so oft wiederhollte Unterbrechungen, arbeiten. In Sachen, wo ich weichen kann, weiche ich gern; aber in ihrem Begehren kann es nicht seyn. Jam stans delibera.

28.

Spartacus Catoni suo S. d.

Nun wäre also Friede. Das gebe der Himmel; daß er auch so fortdaure! Sie werden sehen, daß wir in einem Viertel Jahre weiter kommen, als bishero in dritthalben. Denn wegen den beständigen Uneinigkeiten,
         und

und stündlich bevorstehender Trennung, wurde ich in meinem besten Eifer gestört und aufgehalten. Niemand getraut sich mehr zu engagieren, auch wollte niemand einen Cassa-Beytrag leisten. Nun, denke ich, soll es überall mit Ernst angegriffen werden. Von mir werden sie erfahren, daß ich sie gewiß nicht incommodiere, und daß ich um die Ehren, die mit dieser Sache verbunden sind, mich nicht viel bekümmere. Ich schwöre zu Gott, daß ich nichts weiter suche, als meinen Zweck. Dieser ist für mich Hinterhalt und Zuflucht im Unglück, für die Welt aber Bildung guter Menschen, Verbreitung der Wissenschaften, und Schwächung boshafter Absichten. Wenn ich dieses erhalte, so ist es mir gleich viel, ob ich im System der erste, oder der letzte bin. Sie sollen es nicht merken, daß ich dirigiere, außer dadurch, daß ich ihnen meine Aufsätze schicke. Werden solche befolgt, so denke ich, soll die Maschine im Gang erhalten werden. Werden sie nicht befolgt, so ist keine andre Strafe darauf gesetzt, als daß wir vielleicht das nicht erlangen, was wir suchen. Soyons amis, Cato! Sie werden sehen, daß ich Leute schätzen, und unterscheiden kann, die es gut und ehrlich mit mir meynen, und die auf mich vertrauen. Ich werde durch nichts mehr in meinen Arbeiten ermuntert, als wenn ich sehe, daß ich nicht umsonst arbeite. Und diese Freude ist ja unschuldig, nützt ihnen selbst.

Mit

Mit Anfang künftigen Monats werde ich mein Diarium für Erzerum und alle mir unmittelbar untergebene anfangen, und mit Ende des Decembris übersenden.

Am Mondtag folgt ein Theil ihrer Briefe, die communicabl sind: auch werde ich des Tasso Pensum pro censura übermachen.

Machen sie, daß ich von den reformierten Statuten bald eine Copie erhalte. An dem zweyten Grad arbeite ich wirklich, er kostet mich Mühe. Ich wünschte auch ihre Gedanken über die Sta‒bene zu lesen; ich kann sie vielleicht auch in diesem Grad nützen, und sie geben mir Gelegenheit, weiter zu denken. — Versichern sie sich ihrer Leute, soviel möglich, lassen sie ihnen nichts von ihrer Handschrift in Handen, sehen sie im Gegentheil, daß sie viel von ihnen erhalten. Vor allem machen sie, daß Hermes bald aufnehme, dann muß er halten. Lassen sie ihm auch den Auftrag machen, die 4.8.18.20.4.19.8.13. in seinem Ort auf das genaueste zu beobachten, und solche einzusenden. Auch einen Mann in Loco abzurichten, den man alldort gebrauchen könnte, wenn er vielleicht abgehen wollte. Saluto te & omnes, qui tecum sunt, osculo sancto. Confucius hat noch keine Beute machen können;

nen; ist aber sehr arbeitsam, und hat zimlich zu thun, auch grossen Beyfall. Ich bin
Ihr
Eleusis den 24. Abenmeh.

Ich will sehen, ob ich in Wien die Sache nicht in Gang bringen kann.

Spartacus.

29.

Spartacus Catoni S. d.

Ich weiß nicht, wenn ich denke, ich sey mit einem fertig; so fangen die andern an. Von Solon, Alcibiades und Tiberius höre und sehe ich nichts. Wenn ich doch wüßte, ob sie noch Lust haben, das Werk fortzusetzen. So kommen wir in unserm Leben nicht zu Stand, und am Ende wird Prostitution der Lohn unsrer Arbeit seyn. — Wenn es mir gelingen sollte, den D. Baader zu engagieren, so schreiben sie mir vorher, was sie ihm unter den Areopagiten für Rechte eingestehen wollten; denn anderst wird es nicht wohl thunlich seyn. An Ausarbeitung des Mittelgrades werde ich theils durch die Schwere der Arbeit selbst, theils durch andere Arbeiten, theils durch die beständige Verdruß, und schlechten Fortgang des Werks gehindert. Ich gestehe es, ich verliere

re wirklich alle Luſt. Mit dem allen habe ich angefangen; aber ſo reich von Einfällen bin ich nicht, als beym glücklichen Fortgang der Sache. — Wie geht es mit Hermes? Da bitte ich mir öftere und vollſtändige Nachrichten aus. Ich höre durch Confucius, daß er zu Lands= berg gar bey 14.11.8.17.13.9.14.17.7.8.17. in Koſt und Haus ſey. Da braucht es Be= hutſamkeit. Auch um eine Abſchrift von den reformierten Statuten muß ich bitten, denn ich ſtehe ſonſt in Erzerum zu Schanden, und die Sache wird wieder ohne Noth erſtaunlich aufgehalten. Ich dächte, ſie könnten nun ſchon abgeſchrieben ſeyn. Confucius giebt ſich alle Mühe, hat aber nicht einmal ein fähiges Sub= ject begutachten können; ein ſolcher Mangel iſt an tüchtigen Leuten. Ich grüße alle übri= ge, und bin in Erwartung einer baldigen Ant= wort

Ihr
Eleuſis den 30. Abenmeh
1148.

Spartacus.

30.

Spartacus Catoni.

Die Progreſſen in Athen machen mir neuen Muth zur Arbeit. Ich werde alſo wieder an mein Werk mit Luſt gehen. Die Uneinigkeit
zwi=

zwischen der Reforme und Union zu unterhalten ist gut und nothwendig. Daß Sie zur Union tretten wollen, ist nicht nur gut, sondern auch höchst nothwendig, damit wir wissen, was in beyden vorgeht, obwohlen ich erstaunliche Versuchung habe, mit nächsten ganz auszutretten. Die Documenten von Erzerum bleiben bis auf weiters in Athen. In unsern geführten Correspondenzen ist es natürlich, alle Anzüglichkeiten wider Ajax und andere vor der Extradition auszustreichen. Ich bitte um die Copie von der Reform, sobald als möglich. Ich bin in größter Eile

Ihr

Eleusis den 31. Abenmeh
1148.

Spartacus.

31.

Spartacus Catoni.

So vortreflich ihr Vorschlag ist, so schwer ist er auch. Ich will alles, auch das kleinste darinn überdenken, und meine Meynung weitläufig schreiben. Zu diesem Ende muß ich den Aufsatz wenigstens 3 Tage bey mir behalten, denn das ist eine Sache, die voll Gefahr, und darum alle Behutsamkeit erfodert. Und ich wollte wünschen, daß ich mit ihnen sprechen könnte. Es wird wohl nothwendig seyn, daß ich
ihnen

ihnen vorhero gewiſſe Fragen vorlege, um zu erfahren, in wem die Union und Reforme voneinander abgehen? Auch dieſes bin ich noch nicht im Stand, denn ich muß erſt ihren Vorſchlag genauer überdenken. Ob ſie aber den Zweck der Maçonerie wiſſen, daran zweifle ich. Ich ſelbſt habe die Einſicht in dieſes Gebäude in meinen Plan aufgenommen, aber erſt für ſpätere Grade beſtimmt. Es wird nöthig ſeyn, daß bevor die Sache circuliere, wir beyde gegeneinander Schriften wechſeln, die ſodann den übrigen auch mitgetheilt werden, um von der Sache vollſtändig unterrichtet zu ſeyn. Wenn es gut thut, und keine Gefahr dabey vorherzuſehen iſt, ſo iſt der Vorſchlag ſo gut, daß er nicht beſſer ſeyn könnte. Sed hoc antea conſideremus. Noch beſſer wäre es, wenn ſie mir eine nähere Auskunft von der Einrichtung der Union geben wollten. Ich will die Differenzen von der Reforme beyſetzen.

Den 2. Adarmeh
1148.   Spartacus.

Sie heißen nunmehr Cato.
und nicht Xaverius: alſo keine Gratulation.

32.

Spartacus Catoni S. d.

Hat ſich bisher ſo vieles gefügt, und zum Ziel gelegt, ſo hoffe ich mit Solon und Alci-
bia-

biades auch noch zu Stande zu kommen. Mit Bader denke ich, wird es so geschwind nicht gehen: er ist gar zu faul in seinen Antworten, und durch diesen Weg müßte es doch geschehen. Er hat mir geschrieben, und seine Rede übermacht. Ich habe ihm sogleich geantwortet, und viele bedeutende Reden fallen lassen. Nun sind es schon wieder über acht Tage, daß er mir keine Antwort giebt, und Gott weiß, wie lang es noch dauern wird. Dieser soll uns also nicht aufhalten. Auch mit meiner italienischen Correspondenz geht es so langsam, daß ich nun über ein Monat kein Wort mehr höre. Ich denke, ohne diesen allen kann es gehen. Erhalten wir diese beyde noch, so ist es um so besser. Das härteste ist nunmehro doch überstanden. Die Erweiterung, die uns sie selbst und Pythagoras verschaffet, freut mich ungemein. Ich habe aber durch Scipio noch keine Nachricht erhalten. S. 12.20.8.17. soll Attila heißen. Die beyden andern, deren Namen mir unbekannt sind, erhalten den Namen Saladin und Thales von Mileto. Wegen ihren Vorschlag werden sie meine Meynung und Zweifel erhalten. Soviel bin ich diese Stunde gleich mit ihnen einig, daß alle Areopagiten von ihnen die Grade v. g. die drey ersten der Maçonerie erhalten sollen. desgleichen auch Coriolanus und Tamerlan. Letztern will ich bis Anfang des Februarius nach Athen schicken, und da wäre mein Gedanke, daß sie bis dorthin

eine

eine ordentliche Loge formieren sollen, und dem Tamerlan die Grade der Maçonerie nach aller Form ertheilet, er auch zugleich als ordentlicher Oberer von Erzerum solle investiert werden. Dieser Tamerlan soll nachmalen successive allen künftigen in Erzerum nach einer ihm zu ertheilenden Vorschrift diese Grade ebenfalls ertheilen, doch allzeit mit dem Beysatz, daß dieses eine Nebensache sey, wie wir es weiter deducieren werden. In Erzerum thut es gut, daß sie eine ordentliche Loge formieren könnten, und auf Anfrag, zu welcher Loge man sich bekenne, könnte man antworten nach Erzerum. Auch werde ich successu temporis den Sulla, Democritus und Confucius nach Erzerum schicken, um dort den zweyten Grad zu erhalten, und dann weiteren Receptionen beyzusitzen, bis die Sache besser formiert ist. Alcibiades will ich sehen, daß er nach Athen ad Praxi^m Statuumme. Antworten sie mir, ob sie glauben, daß sie in Athen Tamerlan ordentlich recipieren können, und was sie dazu vonnöthen haben. Ueberhaupt sagen sie mir ihre Meynung über diese meine Gedanken. Ludov. Bav. soll pro Penso eine gründliche und vollständige Biographie dieses berühmten Kaisers liefern. Pericles ist durch mich gegen die Union sowohl als Reform vor seiner Abreise mißtrauisch gemacht worden. Er weiß es auch, daß sein Bruder sich dazu bekenne. Tiberius und Alcibiades haben ihn

all=

allzeit in dieser Abneigung erhalten; um aber aus der Sache ein Ganzes zu machen, so will ich heut noch an Tiberius schreiben, daß er ihn alsogleich an Scipio anweise. Dieser kann ihm sodann die neuen Statuten promulgieren. Mein Diarium wird dieser Tage folgen, sobald der Bogen voll ist: ich hab nur mehr ein einziges Blatt. Saluto vos osculo sancto. Den 6. Adarmeh.

1148.

Machen sie, daß die Cassa bald zu Stand komme. Künftigen Donnerstag werde ich vermuthlich wieder einen Archiv-Beytrag schicken.

Spartacus.

XXXII.

Ein Brief

vom

Cato an Spartacus.

Cato Spartaco S. p. d.

Ich habe nun folgende Erweiterungen in ⊙s Sachen getroffen. Heute habe ich nach langen seit einigen Wochen gemachten Præparatorien den jungen S = = engagiret, dieser wird uns auch seinen Bruder liefern, und der kann die Sache in Augsburg in Gang bringen,

gen, beyde sind reich, den ersteren habe ich
als Sta-bene genommen, damit er uns sowohl
seine Logie, die sehr vortheilhaft ist, zu Zeiten
leihet, vorzüglich aber, damit er an Geld bey=
traget. Den letztern will ich über einige Zeit,
wenn er hieher kommet, denn er ist seinem Va=
ter auf dem Hochzoll adjungiert, weil er arbeit=
sam, zu dem Ganzen herrichten. Livius kömmt
inskünftige auch nur als ein Sta-bene zu betrach=
ten, er bekannte es mir freywillig, daß er an
Geld, was man verlangte, so wie an Büchern
und Experimenten beytragen wollte, aber zu
den vorgeschriebenen Arbeiten habe er weder An=
leitung, noch Zeit. Ich habe ihm die Resolution einsweilen suspendiert; ihm aber zu ver=
stehen gegeben, daß er ohne Zweifel im ☉
bleiben könne, aber in jene Klasse eintretten
müße, welche an Geldbeytrag dem ☉ nutzen.
Ad interim hat er seinen Ducaten erlegt, so
auch Schmöger. Meine Statuten für die Sta-
bene sind fertig, und liegen beym Copieren.
Aber das ist nicht die einzige Prise, ich habe
auch mit meinen Absichten in Betreff des Savioli reussiert. Ich habe ihm, da er nun
Maçon, alles klar von diesem ☉ vorgestellt,
die Sache vernünftig untersuchet, ihm das Un=
bedeutende erwiesen, und bey dieser Gelegen=
heit im Allgemeinen den Plan von unserm ☉
aufgenommen, und als ihm dieser gefiel, sagte
ich, es existire wirklich ein solcher, wo er so=
gleich sein Wort gab, darein zu tretten. Nun
fragt

sich, wie man ihn behandeln sollte? Da er tief einsehend, so denken wir hier, man sollte ihm alles, die gar zu grosse Neuheit, und den Urheber des Werkes ausgenommen, entdecken.

Saladin ist ein gewisser 8.3.8.2. Philos. Studiosus, und Thales heißt. 3.12.15.7.4. 13.6.8.17. — in eben der Classe. Confucius kennet beyde. Scipio versprach mir bis morgen alles zu liefern. Ihren Brief vom 6ten werden wir in künftiger Session umständlicher beantworten, so wie auch ihren Vorschlag in Betreff des Diarii. Zur Reception des Tamerlans, denk ich, soll alles bis dorthin in Ordnung seyn. Und da ich Hoffnung habe, daß auch das Gepräge der ☉s Insignien künftige Woche fertig seyn wird; so kann man ihm sodann solches auch umhängen. Nur wäre zu wünschen, daß bis dorthin auch der Mittelgrad zu Stande käme, und ihre Versammlungen. In Betreff ihres Gutachtens über meinen Plan, folget hier das Weitere. Wenn sie den Unterschied der Reforme wollten beysetzen, wär es mir sehr lieb; aber diese Aufsätze müßen heilig, und im strengsten Stillschweigen gehalten werden. Ratio Clara — — Auch kann keinem ein Grad ertheilet werden, der nicht in loco hier ist, weil sich ohnmöglich alles so schreiben läßt; wohl aber kann einer, wenn er von hieraus seine Grade erhalten hat, diese in seinem

nem Ort mündlich den andern mittheilen. Ich bin

Ihr

Athen den 6ten Adarmeh
1148.

Cato.

Den 7ten

Eben erhalte ich ihr Paquet mit den gehörigen Einschlüßen. Heute will ich alles durchgehen, und dann morgen es an Scipio übergeben; wenn dieser es sodann Mario communiciret hat, wollen wir bis Donnerstag Session halten, und unsere Meynungen beysetzen. Die Statuta für die Sta-bene schließe ich hier auch bey. Daß wir in dem Minervalen-Grade mit den Ceremonien der Maçonerie arbeiten, bin ich verstanden, nur wollte ich auch denen Stabenen erlauben, in andere Logen gehen zu dürfen. Wenn einmal die Maçonerie in Erzerum besser eingeführt ist, so will ich effectuiren, daß dorthin in Betreff der Maçonerie eine Constitution von Berlin folget; dann können wir unsere hiesige Loge separiert halten, und diese als die Mutterloge angeben. — Communicieren Sie mir doch eine vidimierte Abschrift von dem schon so oft erbettenen Privilegio.

XXXIV.
Fortsetzung
der
Briefe des Spartacus.

33.
Spartacus Atheniensibus.

Um meinen Plan in Athen ausführen zu können, brauche ich unter den Areopagiten noch zwey Stände, einen Edelmann, und einen Arzt. Der Eifer des Cato verhilft uns nunmehro zu beyden, und vollendet auf diese Art das Mangelhafte unsers Systems. Graf S ⹀ ⹀ ⹀ ⹀, so Brutus heißen soll, ist eine der wichtigsten Prisen, die in Athen zu machen war. Die Art mit ihm zu verfahren, soll meines Erachtens folgende seyn. Cato fährt weiter mit ihm fort, und suchet sich, seines Stillschweigens zu versichern. Wenn er solches erhalten, so liest er ihm die Reforme vor. Fragt ihn darauf, ob er die Sache als nützlich und gut finde. Bejaht solches Brutus, so fragt ihn Cato, ob er gedenke mitzuarbeiten, und sagt ihm dabey wegen dem wichtigen Dienste, so er der Gesellschaft nur durch Herleihung seiner Person leisten könnte, so werde man es mit ihm nicht so genau nehmen, sondern in der möglichsten Bälde die vollständige Einsicht mittheilen. Nur er=

suche man ihn noch vorhero, den D. Baader
oder irgend einen andern zu liefern. Man wiſſe
wohl, daß er mit häufigen Arbeiten überladen;
darum diſpenſiere man ihn auch von allen in
den Statuten vorgeſchriebenen Uebungen, und
Arbeiten, welche er nicht ſelbſt freywillig über=
nehmen will; denn man habe ihn hauptſächlich
zum Dirigieren auserſehen. Auch Baadern
werde man eine gleiche Freyheit ertheilen: kei=
nem andern aber werde fernerhin in Athen ein
ſolches Vorrecht eingeſtanden werden. Hat er
nun den Dr. Baader geliefert; ſo lieſt man ihm
den zweyten Grad der Minervalen mit aller Zu=
gehör vor, und wenn er ſich da thätig verwen=
det, und Freude darüber bezeigt, auch die Sta=
tuten der Illuminaten, bis ſie endlich durch
ſeinen Eifer geſichert, und durch mehrere Auf=
nahmen gebunden, ihm und Baadern die ganze
Sache eröfnen mögen. Ich wünſchte, daß er
bey der Ordination des Coriolanus gegenwär=
tig ſeyn wolle: noch vielmehr aber bey Tamer=
lans Aufnahme. Erwählen ſie hier das beſte,
und ſicherſte; denn ich kenne ihn zu wenig.
Die communicierten Producten muß ist erſt
genauer überlegen, dann werde ich antworten.

Eleuſis den 11. Adarmeh
1148.

Wegen der Copie des Privilegiums
habe ich es dem Notarius ſchon

etliche=

etlichemal gesagt, und heut erst wieder mahnen lassen. Zu was brauchen sie solches?

Spartacus.

34.

Spartacus Catoni S. d.

Aus dem Bericht des Quæstor Marius habe ich ersehen, daß sie bey der Versammlung ad Cassam 17 fl. 12 kr. erlegt haben; gleich darauf aber für den Schreiber 6 fl., für das Porto 3 fl. 10 kr., und für eine neue Bücherstelle 1 fl. 54 kr. abgezogen haben. Da die Cassa hauptsächlich bestimmt war, einen Grund zu unsern nothwendigen Ausgaben zu legen, so hätte ich nicht geglaubt, daß sie gleich im Anfang mit solchen noch nicht liquidierten Prætensionen eigenmächtig den Anfang machen würden. Wenn dieß den andern Areopagiten (mit welchen ich so viele Mühe habe, sie wieder zurecht zu bringen) zu Ohren kommt, so gerathet wieder alles in das Stecken, und ich stelle mir eine neue Trennung vor. Niemand wird ferner etwas zahlen wollen. Ich bitte sie durch alles, Cato! geben sie keine neue Gelegenheit, und machen sie den Vernünftigen: lassen sie ihre Prætensionen ausgestellt seyn, bis die Cassa besser zu Kräften kömmt. Lassen sie sich doch durch folgende Gründe bewegen.

1. Wenn

1. Wenn ihnen der Abzug für Correspondenzen erlaubt ist, so gilt dem Scipio, Marius, Tiberius, Alcibiades, Solon, und mir ein gleiches. Mich kostet die ☉s correspondenz jährlich über 30 fl. Wenn also jeder abziehen will, so ist keine Einnahm.

2. Verrathet dieß wieder neuerdings ihre Absicht, den Orden bloß zu ihrem Privat-Vortheil zu gebrauchen. Ich bin bereit, mein Haab und Gut für das Beste der Gesellschaft abzuziehen. Und sie nehmen bey dem ersten Erlag von 17 fl. über 11 fl. hinweg, ist das socialisch? Was läßt sich da hoffen? Mir möchte das Herz bluten, wenn ich an einem Theil gar so viel Eigennutz und so wenig Liebe fürs Ganze sehe.

3. Sind die Gelder, wovon sie den Abzug gemacht, eine Erlage von Leuten, die alle Tage wieder vi statutorum austretten können, und wenn sie dann ihr Geld zurückfodern, sollen wir übrige es von unserm Beutel zahlen? ꝛc. also ist unsere Einlag blos, um ihren Schreiber und Correspondenz zu bezahlen.

4. Um sie in künftigen Auslagen zu soulagieren, werde ich alles mögliche thuen; ich will an einen andern schreiben, und die grossen Paqueter will ich dem Bothen aufgeben, und so sollen sie es auch machen.

5. Der

5. Der übernatürlich theure, und dabey elende Copiſt ſoll abgedankt ſeyn: jeder ſoll ſeine Sache ſelbſt ſchreiben, bis wir einen Schönſchreiber finden. Es iſt ohnehin wider alle Ordnung, daß ein Extraneus in die tiefſten Geheimniſſe des ⊙s Einſicht habe. Oder befördern ſie den Euclides. Ich bin gewiß, Cato! daß ſie ihrem Schreiber für einen Bogen nicht 12 kr. zahlen, wie ſie uns aufrechnen. Warum wollen denn ſie für die Geſellſchaft ſo wenig ſparen?

6. Von was werden wir nunmehro die Inſignien, Wappen ꝛc. ꝛc. bezahlen? Weil ich ſehe, daß man mit unſerm Geld ſo umgeht, ſo kann man ja mir nicht verdenken, wenn ich von Erzerum keinen Beytrag nach Athen machen laſſe. Dieſe Oeconomie gefällt mir nicht, und ich habe Sorge, wir gerathen auch noch durch Adminiſtration unſerer Caſſa in Schand und Spott.

7. Haben ſie gleich den Abzug gemacht, ohne uns zu fragen.

Ich will von dieſem Vorfall in meinem Diarium keine Meldung thuen, ſonſt iſt es wieder gar: aber mit dem allen ſchwindelt mir, und ich kann ihnen offenherzig ſagen, daß ich mich erbiethe, 50 fl. ad Caſſam zu erlegen, wenn ſie mich ganz von dem Geſchäfte laſſen wollen. Ich

Ich berichte ihnen dieses aus bestem, und in das Innerste gekränkten Herzen. Und machen sie doch um Gotteswillen dem ewigen Klagen ein Ende. Unter unsern 40 Personen machen sie mir mehr Mühe, als alle übrige, und als das ganze System. Ich bitte sie, ändern sie sich doch, oder wir wollen die Sache aufgeben: es ist noch in der Zeit; denn das sind wahrhaft betrübte Aussichten.

Eleusis den 15. Adarmeh
1148.

Spartacus.

XXXV.

DIARIUM
des Cato
pro Mense Abenmeh 1148.

27ten. Unterredung mit dem Abbate Marotti in Betreff der M x x, wo mir dieser das ganze Geheimniß, welches sich auf die alte Religion und Kirchengeschichte gründet, erklärt, auch alle hohe Grade bis auf jene der Schotten mir mitgetheilet hat.

30. Dieses dem Spartacus berichtet. —

— Von Ludovico Bavaro einen Brief, wo dieser sich anfraget, in wie weit er dem Celso

Celfo, der ihn den Michel Ordinis Præmonſtratenſis zu engagieren anbefohlen, trauen dürfe.

— Darüber dem Scipio geſchrieben, er hätte mit Celfo vor zu ſprechen, und dann meinen Brief, wo dem Ludovico Willfährigkeit gegen Celſus anbefohlen worden, zu überliefern.

Pro Menſe Dimeh.

7ten. Von Nicomedia zurück, und eine Unterredung mit Scipio und Celfo, wo mir letzterer ſagte, Ludovicus Bavarus hätte ſehr anſtößige Noten zu ſeinen ☉S Statuten gemacht.

9. Seſſion, wo man reſolvierte, Ludov. zu ſuſpendieren, ohne es ihm zu ſagen, ſondern eine Inquiſition vorzugeben.

— Einen Brief von Spartaco in Betreff der einzurichtenden Maçonerie-Graden.

10. Spartaco geantwortet, und bis auf den 1ten Pharavardin alles in Ordnung zu bringen verſprochen.

— Foderte Attilla ſeine Copie von der Reforme, die ich ihm aber unter Vorwand, ich bedürfe ihrer, weigerte.

— Unterredung mit Coriolano, der mir geheimnißvoll ſagte, er wolle es errathen,

meine

meine Reise seye in ☉s Angelegenheiten geschehen.

— Seſſion. Im Protocoll ist enthalten: 1. Ein Ausschreiben an alle ☉sglieder in Betreff der anzuschaffen wollenden Bücher, Prænumerationen ꝛc. solche bey dem ☉ bestellen zu lassen. 2. Des Attila Pensum. 3. Spartacus soll mit Publicierung der Reforme Instand halten.

11. Dieses an Spartacus gesandet, ihm auch die von Eyclidi abgezeichnete Zeichen von den höhern M. Graden, nebst der Explication übermachet.

12. Dem Ludovico das Resolvierte vom 9ten eröfnet. Dieser ohne viel Umstände bekannte, daß im Ganzen eine Confusion herrschen müßte; denn Celsus hätte ihm ganz andere Statuten herabgelesen, als er habe: ihm auch vermeldet, daß er von der Reforme nichts wisse. — Dieses habe seinen Argwohn, in Betreff, daß in den Statuten Contradictoria seyen, bekräftiget; und weil Celsus solche ohnehin nicht hatte, und er Ludovicus von deßwegen sie für falsch erkannte, so habe er darauf dreiste seine Meynung niedergeschrieben, und schätze sich glücklich, das Eis gebrochen zu haben. — Ich habe ihm die Verstellung des Celsus als eine Prüfung erkläret,

kläret, aber er schien wenig daran zu glauben.

12. Dem Attila das Pensum gegeben.

— Erhielt Celsus einen Brief von Spartaco; das Wesentlichste davon ist: 1. Daß man die Reforme nicht mehr sollte abändern. 2. Daß wir eine eigene M × ☐ sollten halten. 3. Daß wir diese als unsere Pflanzschule sollten betrachten. 4. Einigen von diesen M. nicht einmal offenbaren, daß wir was mehrers, als die M. haben. 5. Uns bey jeder Gelegenheit mit selbiger decken. 6. Sollen wir in unsere M. Statuten noch beysetzen die Verordnungen der Soli, und die Reversierung in Betreff der Verleihung geistlicher Pfründen ꝛc. ꝛc. eben so die totale Unterwürfigkeit gegen Obere. 7. Alles, was nicht zum Arbeiten tauget, bleibet in der M. ☐, und avancieret dort, ohne von dem weitern Systeme was zu wissen. 8. Wird unseren M. folgende Geschichte erzählet: „Die M. seyen zu betrachten, wie der Franziskaner Orden: in solchem befinden sich Franziskaner, Minoriten, Capuciner, im Grunde seyen aber alle Franziskaner; so seye es auch hier, obwohlen im Grunde nur ein M. ☉ in der Welt seye, so seyen doch drey grosse Branchen, in welche dieser Körper vertheilet ist: Die eine seyen die Unionisten, die

die zweyte die Reformirten, und die dritte, wovon wir sind, von der strengen Observanz. Ehren und lieben auch durchgehends einander, der Unterschied sey bloß in der innern Einrichtung ihrer ☐, und der Confœderation der ☐ untereinander. Diese halte jeder vor dem andern verborgen. Die Union stehe allen offen. Wenn ein Unionist in einer ☐ der strengen Observanz als Besuchbruder erscheinet, so werde dort nach Art der Unionisten gearbeitet; die eigene Verfassung aber der strengen Observanz dürfe keinem auswärtigen Unionisten oder Reformirten hinterbracht werden. Außer diesem Fall könne jeder Observant alle und jede Unionisten ☐ frequentieren; die Differenz aber zwischen Unionisten, Reforme und Observanz bestehe darin, daß bey der Observanz die Subordination, der gesellschaftliche Beystand, die Vorsicht, von Fremden nicht hintergangen zu werden, weit strenger seye. Dann werden ihm die Statuten von den Soli, von den Vortheilen, und so weiter mündlich eröfnet. Damit aber die Observanten sich kennen, so sey unter ihnen eine Parole eingeführt, und gegen einen solchen, der solche nicht abzugeben im Stande ist, werde nur von der allgemeinen M. Einrichtung gesprochen. Gegen Reformirte erkläre man sich niemals:

mals; und so, wie sie andere aus ihren ☐ ausschließen, seyen auch sie ausgeschlossen. Indeß begegnet man ihnen brüderlich. 9. Empfiehlt Spartacus die Recrutierung der Geistlichen, der Professoren, und den Bedacht auf *Dicasterien.*

13. Session in Athen.

14. Erhielt Cato einen Brief von Spartaco, in welchem er in der Hauptsache des Cato Meynung in Erklärung der M. beytritt, die Ceremonien derselbigen noch deutlicher ausleget, den Ursprung aber, wie ihn Cato vorgegeben, gänzlich in Zweifel ziehet. —

— War des Livius Einweihung in den Minervalen - Grad.

23. Sessionen in meiner, und Celsus Behausung, wegen Regulierung der ☉s Graben, und des Verhalten mit Ludovico Bavaro.

— Besuchte mich Coriolanus, der an diesen Punkten vor allen andern Candidaten am genauesten haltet.

28. Spartaco et Agrippæ geschrieben. Dem ersteren wegen der Aufhetzung des 11.17. 12.20.13., gegen die 11.12.17.19.14.2. 14.1.8.5.8.17. — und dem letzteren wegen dem Soli.

28.

28. Besuch von Attila, der sich unsern ☉ als die Reform einbildet.
— Initiation des Attila.
— Brief von Ajax, der schon in Landshut, und nächster Tagen hier' seyn wird.
30. Ueberlieferung der Soli von meinen Candidaten.

XXXVI.
Fortsetzung
der
Briefe des Spartacus.

35.

Spartacus M. C. Porcio S. d.

Merken sie wohl auf diesen meinen Brief, und ich bitte sie, zu machen, daß er in Vollzug komme.

1. Erfreut mich ungemein die wichtige Entdeckung, so sie an dem Abbate Marotti in Nicomedia gemacht. Nutzen sie diesen Umstand, soviel möglich.

2. Suchen sie durch solchen die wahre Geschichte, Ursprung und die ersten Urheber der M x x x zu erfahren; denn mit dieser allein kann ich noch nicht ganz einig werden, obwohlen ich auch etwas errathen wollte.

3. Suchen sie durch eben diesen zu erfahren, in welchem Ort, entweder in Meyland selbst, oder in der Gegend herum die nächste ☐ sey. Ersuchen sie ihn um Addresse an einen derselben in dortigen Gegenden. Ich brauche es wegen Hannibal, wenn solcher darauf bestehen sollte, sich in Italien zur M x x x engagieren zu lassen.

4. Erkundigen sie sich bey ihm, was er von der Reform halte? Und welche Einsicht er davon habe. —

5. Wäre es gut, wenn sie von ihm die Anleitung erhalten könnten, wie es anzugehen sey, daß durch sie eine neue ☐ in Athen errichtet werde.

6. Wünschte ich, daß in diesem Stück einmal etwas gethan würde, damit Tamerlan bald in Athen erscheinen kann.

7. Wenn die Errichtung einer eigenen ☐ bis auf den 1. Pharavardin nicht zu Stand kommen kann, so wäre mir lieb, wenn sie allein ihm die 3 ersten Grad ertheilen wollten, und ihn sodann in einer Unionistenloge anführten, theils, damit er die Ceremonien selbst sehe, theils damit er sich einen hohen Begriff von unserer Sache mache. Eben so auch mit Coriolanus.

8,

8. Dem Tamerlan müßte dieses alles schriftlich mitgegeben werden, um ein gleiches in Erzerum einzuführen, wo ich ihnen sodann die weitere Anleitung und Einrichtung für das Locale geben wollte.

9. Einen gleichen Unterricht müßten auch Marius, Scipio und Celsus haben, um keinen Bock zu machen, wenn Tamerlan mit ihnen conversieren sollte.

10. Ein gleiches müßte nachher mit dem Euclides, Livius, Pericles, und noch andern geschehen, damit einmal eine ordentliche ☐ constituiert würde.

Je ehender dieses alles zu Stande kommen kann, je lieber ist es mir; denn sie werden sich wundern, was alsdenn in Erzerum für Progressen sollen gemacht werden.

Antworten sie mir bald, ob, und wann dieses alles geschehen kann.

Eleusis den 6. Dimeh
1148.
                               Spartacus.

36.

Spartacus M. P. C. S. d.

Der Streich, den sie den bewußten Männern gespielt, ist allerdings merkwürdig, und kann von guter Folge seyn. Wäre es denn nicht möglich, unsern ärgsten Feinden, den 4.8.18.20.4.19. 8.13. einen ähnlichen zu spielen. Liebe Leute! erbarmet euch doch der hiesigen Universität, sie ist an ihrem äußersten. Niemalen waren noch die Jesuiten so mächtig, als dermalen, alles ist hier in ihren Händen. Die Verfolgungen und Intriquen gegen diejenige, die nicht wie sie, denken, werden von Tag zu Tag stärker. Gabler, Leveling und der heidelbergische Spengel sind die gefährlichsten Leute, die man sich vorstellen kann. Durch letztern ist den Jesuiten mit Beyhilf des Lipperts ein neuer Weg geöfnet, ihre Bosheit auf das äußerste zu treiben. So viel ich weitläufig murmeln gehört, so gehen sie es darauf an, mich von hier fort, und nach Heidelberg zu bringen, und den alten Prof. Stebler pro emerito zu declarieren; dann wäre also die Universität bis auf den Wimmer und Löw ganz in ihren Händen, und von letzterm, weil er beständig krank, hoffen sie, daß er bald sterben werde. 4 Professoren, Scholliner, Steigenberger, Wurzer und Schlegel sind auf die schändlichste Art in ihre Klöster zurückgewiesen worden. Schmid ist todt. Also sind noch gähling unsrer vier übrig, welche sich dem auf allen Seiten gewaltsam einbrechenden Jesuitismus widersetzen. Ist denn kein Minister, der diesen Leuten abgeneigt ist? den man nach und nach disponieren könnte, die entsetzliche Verfolgungen

ohne

ohne Prævention anzuhören? Bey uns heißt es wirklich, was Tacitus von seinen Zeiten sagt:

Dedimus profecto grande patientiæ argumentum, et ficut vetus ætas vidit, quid ultimum in libertate effet, ita nos quid in fervitute: ademto per inquifitiones loquendi, audiendique commercio. Memoriam quoque ipfam cum voce perdidiffemus, fi tam in noftra poteftate effet oblivifci, quam tacere.

Der Minifter v. ——— soll sich nur bey Herrn Obrift St. und Statthalter erkundigen, welch ein unruhiger Mann dieser Gabler ist. Præparate vias.

Mit meiner Reise kann ich noch nichts sicher schreiben. Vielleicht nöthigen mich noch die Jesuiten dazu. Und dann erscheine ich publice.

Meine Frau danket für den übermachten Calender, und empfiehlt sich ihnen und der gnädigen Frau bestens. Ich bin übrigens

Ihr

Eleufis den 30. Dimeh
1148.

Spartacus.

37.

Spartacus Catoni S. d.

Es giebt gewisse Handlungen, welche in den Augen dummer, leichtgläubiger, boshafter und interessierter Leute grosse Verbrechen, in den Augen der vernünftigen und edeln grosse Tugenden sind. Da der Boshaften ungleich mehr sind, auch solche die Gewalt in Handen haben, so genießen diese vollkommene Impunität, und der ehrliche Mann zu seiner Belohnung nur gar zu oft Schand, Verachtung, Verfolgung, ja den Tod selbst. So empfindlich auch diese Begegnungen bey dem ersten Eindruck einem Manne seyn müßen, der die besten Absichten hat, und nur nutzen wollte: so viel angenehmes enthalten doch solche zugleich, wenn man in sein Inneres zurückgeht. Ego mea me virtute involvo. Denn keine andere Belohnung darf ein ehrlicher Mann in einer Welt erwarten, die durch den blossen Schein und ersten Eindruck regiert wird, und die besten Handlungen verkannt werden.

Un' alma grande é Theatro á se stessa
e placida e sicura
del volgo spettata l'aura non cura.

Wenn sie, theuerster Cato! keine Begierde nach Lob und Belohnung verführt hat, sich ohne Noth offenbar zu machen, so gehören sie in
diese

diese Klasse, und ihr Arrest bringt ihnen wahre Ehre, mit der Zeit wohl gar Nutzen. Wegen solchen Handlungen bestraft werden, ist im Grund Belohnung, abgenöthigte Erklärung und Zeugniß von unserm moralischen Werth. Lesen sie das Buch des Seneca de constantia sapientis, und denken sie dabey, daß sie Cato sind, von dem Lucan sagt:

Victrix caussa Diis placuit, se victa Catoni.

Sie werden doch bey der Ankunft Tamerlans nunmehro frey seyn, und seiner Aufnahme beywohnen können? Machen sie, daß alles mit Ordnung und Feyerlichkeit vor sich gehe. — Die □ sollte doch auch einen Namen haben: ich denke die Plejaden.

Sagen sie dem Tamerlan, er möchte dem Odin schreiben, daß solcher erst am Sonntag nach Ephesus komme, ihn abzuholen.

Marius soll mir durch Tamerlan Rousseaus Abhandlung von der Ungleichheit der Menschen überschicken: denn ich brauche solche.

Schicken sie mir auch die Protocolla, so bey der Versammlung gehalten worden, damit ich weiß, wie ich mit Tamerlan zu verfahren habe.

Alcibiades wurde vor einiger Zeit hier todt gesagt: nun wiederruft man solches; man ver=
sichert

sichert mich aber, daß er am Blutsturz, Hectic und Lungensucht tödtlich krank liege.

Eleusis den letzten Tag
des Jahrs 1148.
Spartacus.

38.

Spartacus Areopagitis Athenienſibus S. d.

Da ich in dieſen Ferien 14 Tag frey habe, ſo will ich darin die Statuten der Illuminaten, ihre Verſammlungen, und dazu gehörige Sätze in Ordnung bringen. Zu dieſem Ende ſchicken ſie mir ſolche nebſt den Statuten der Minervalen mit erſtem Bothen, und ſchreiben ſie mir dabey, wie weit von den Illuminaten Tamerlan und Brutus Nachricht haben.

Die Rede des Raymundus Lullus und des Scipio habe ich dem Confucius zum Abſchreiben, und durch dieſen dem Agrippa zum Leſen geſchickt. Sie verdienen allgemeinen Beyfall, und ich kann nicht beſchreiben, wie ſtark der Eifer unſerer Leute dadurch angefacht werde. Lullus hat die gänzliche myſtiſche Sprache, trotz einem Hierophanten.

Auf die Verſammlung am 1. Adarpahaſcht könnten Alcibiades und Solon citiert werden, wenn anderſt des erſtern Geſundheit ſolches leidet.

bet. Bis dahin könnte vielleicht auch Pericles aufgenommen werden, und diesen beyden den Alcibiades und Solon völliger Unterricht ertheilt werden. Wenn Alcibiades thätiger wäre, so könnte wenigstens in Rücksicht der fr x M x in Theben etwas zu Stande kommen. Solcher könnte v. g. bis dahin den B. Strommer disponieren, ein M x zu werden. Mit diesem könnte er herauf kommen nach Athen.

Kurz, ich bin so zufrieden, daß ich es nicht beschreiben kann.

Eleusis den 7. Pharavardin

Beyliegendes ist das Tableau der Reforme. Nur mit den Thoren kann ich mich nicht recht besinnen, welche offen, und welche verschlossen sind.

Spartacus.

39.

Spartacus Atheniensibus S. d.

Da seit einiger Zeit ihre Correspondenz an mich ziemlich ins Stecken gerathen, und oft die Antworten darum so lang unterblieben, weil derjenige, an welchen die Briefe addreßiert sind, nicht allzeit gleich Gelegenheit hat,
die

die übrigen Areopagiten anzutreffen: so will ich zu mehrerer Beschleunigung unserer Sache folgenden Vorschlag machen.

1. Alle Montag und Freytag trift von mir ein Brief in Athen ein.

2. An diesen Tag versammeln sich die Areopagiten allzeit um die Stunde, wo die Post anlangt.

3. Der Brief wird allzeit an denjenigen addressiert seyn, bey welchem sie zusamm kommen.

4. Damit aber nicht einer alle Unkösten zu tragen habe; so alternieren sie in dem Briefgeld zahlen, v. g. diesesmal Celsus, ein andermal Scipio, das drittemal Cato, dann Marius, und das fünftemal die Cassa.

5. Paqueter werden allzeit dem Bothen aufgegeben. Wenn die Briefe an mich können durch die Lotto - Paqueter bestellt werden, so habe ich auch einige Erleichterung.

6. In außerordentlichen, keinen Verzug leidenden Fällen ist man an keinen Tag gebunden. Ueberhaupt wäre es gut, wenn sich die Areopagiten alle Tag um Poszeit versammeln wollten. Dadurch würde unser Geschäft ungemein beschleunigt; und das ist die Seele eines solchen Unternehmens.

Das

Das erste, was nunmehr geschehen muß, ist die Recrutierung. Tragen sie allen ihren Leuten auf, Candidaten zu liefern, damit wir von Zeit zu Zeit können neue erscheinen lassen, damit die älteren nach und nach verschwinden, und damit es überhaupt das Ansehen einer zahlreichen Gesellschaft habe. Lassen sie sich diese Mühe nicht verdrüßen; wenn wir noch 3 oder 4 Lullus bekommen könnten, so sollte es gewiß eine vortrefliche Sache seyn. In hiesigen Gegenden wird man das äußerste thun. — Giebt es denn keine Fremde in Athen, die, nachdem man sie zum Beytritt in die Gesellschaft bewogen, man alsogleich ohne weiters in die Minervalen Versammlung einführen könnte, und den vollständigen für ihren Grad nöthigen Unterricht ertheilen, damit sie das System in ihren Orten einführen könnten, v. g, Augsburg, Regenspurg, Salzburg, Landshut ꝛc. ꝛc. Gut wäre es zu diesem Ende, wenn sie Bekanntschaften suchten, und öffentliche Versammlungsorte frequentieren wollten. Da sie schon so vieles gethan haben, so thuen sie doch dieses auch noch. In Erzerum und ganz Franken wollte ich außerordentliche Progressen machen, wenn ich zweyen mir sehr wohl bekannten, einsichtsvollen, von dem dortigen Adel sehr hoch geschätzten Cavalieren, G = = = und N = = die ganze Beschaffenheit der Sache eröfnen würde. Ich will aber noch zuvor ihre Meynung

ein=

einhollen, ob sie nichts dagegen einzuwenden haben. Wir gewinnen dabey so viel.

1. Bekommen wir Edelleute, und einsichtsvolle Edelleute.

2. Diese recrutieren in ihrem Stand durch ganz Franken.

3. Wenn in Athen wieder ein neuer Grad mitgetheilt wird, so müßen diese beyde nach Athen: folglich erscheinen in einer höhern Klasse neue Personen.

4. Dienen solche, um Brutus und andere Edelleute in Zaum zu halten

5. Würde Tamerlan erstaunen, wenn er auf einmal, da er keinen andern in Erzerum vermuthet, als die er aufgenommen, neue, ihm vorher unbekannte und von ihm sehr æstimierte Edelleute in höhern Klassen antreffen würde.

Deliberieren sie darüber. Es braucht mit dem allen noch Kunst, bis ich sie auf meine Seite bringe. Tamerlan ist der Minerval-Statuten höchstens benöthigt, und ich auch: ich brauche aber noch mehr ihren Aufsatz und Einrichtung von den Illuminaten.

Eleusis den 10. Pharavardin
1149.
Spartacus.

40.

Spartacus C. Mario, et M. Porcio Catoni
S. d.

Machen sie, daß Zoroaster gehörig beschäftiget, und im Eifer unterhalten werde. Mit 17.4.8.9.2. bin ich verstanden; er soll einsweilen Euclides heißen. Sed caute. Marius wird wissen warum. Er hat einen Bruder, der in einem andern Nexu steht. Zum Zeichnen wird er uns gute Dienste thuen, in specie, wenn er auch mit Zimmerausmalen umgehen könnte. Doch ist nur von dieser seiner Kunst erst Gebrauch zu machen, wenn wir einmal, oder einer von unsern Leuten, ein eigenes Haus besitzt. Denn dieses muß extra und ganz besonders dazu eingerichtet werden. Lieben Leute! die ihr ledig seyd, und aus dem Nichts etwas zu machen gedenket, macht, daß ihr euch heurathet. Rathen sie auch dieses allen ihren unter Handen habenden Leuten.

Wäre es dann nicht möglich, daß entweder Claudius, oder 18.14.10.5.8.17., oder irgend ein anderer tauglicher Abgerichteter entweder hieher, oder auf eine andere Universität ad Studia gienge, v. g. Salzburg, Inspruck, Freyburg (denn die Dummen sind dazu am besten) um Proselyten zu machen. Man müßte sich aber auf einen solchen verlassen können, und
er

er eigends dazu abgerichtet werden. Wenn mich meine Lage und Umstände nicht so sehr hinderten, so könnte ich freylich vieles thuen.

3.12.17.2. kenne ich wohl: hic ruber est, hunc tu Romane caveto. Wenn Pythagoras sich auf die von ihnen noch einmal zu machende Versuche nicht ergeben will, so lassen sie ihn in Gottes Namen gehn; wir sind auch ohne ihm im Stand, etwas zu thuen. Giebt man in solchen Fällen den Leuten einmal nach, so steigen sie beständig in ihren Foderungen, und werden am Ende unsre Meister.

Mit 11.12.24. bin ichs nunmehro auch zufrieden. Hic studium, hic labor: er braucht freylich auf eine eigene Art behandelt zu werden.

Welche hat denn Marius von den Büchern, die das andere entbehrlich machen könnten?

21.12.6.8.13.8.3.8.17. kenne ich nicht genug, ich weiß es auch nicht gewiß, ob er einer vom M. ☉ ist, ich zweifle daran. Aber Leute mit 40 Jahren wollen von jüngern nicht belehrt werden: nehmet lieber jüngere; über diese könnt ihr sicher Herr und Meister werden.

Die Unternehmungen des Savioli kann ich wohl leiden, sie sind für uns gut, decken uns, und wir können manchen Vortheil davon

von haben. Gut wär es, wenn irgend einer der unsrigen auch darein gienge. Im Plan selbst wird er es uns schwerlich zuvorthun: da stehe ich dafür. Scipios Eifer gefällt mir. Es ist auch gut, daß er durch Aufnehmen recht an uns angeschlossen werde.

Die Continuation der Statuten für den zweyten Grad wird ehestens erfolgen. Mundieren sie nur indessen das Zurückgehende; und überschicken sie mir auch eine Copie davon.

Ich kann heut wegen dem Congregationsfest nicht mehr schreiben. Seyd fleißig und arbeitsam. Ich bin
Euer
J. den 25. Merz
1779. Spartacus.

41.

Spartacus C. Mario et Catoni S. d.

Schreiben sie mir ins künftige alle ihre Briefe, die von mir müssen beantwortet werden, auf die Art, wie Protocolla gehalten werden, halbbrüchig, und alle Zweifel und Fragen per numeros: und dann schreibe ich auf die gegenüberstehende Seite die zu dem Numerus gehörige Antwort. Andere Relationen, die keiner Beantwortung benöthigt sind, Caracters ꝛc. ꝛc. werden auf besondere Blätter geschrieben.

Machen sie auch, daß unsre Leute in Sprachen sich erfahren machen. Schreiben sie mir also, wer von ihren Untergebenen kann französisch, englisch, welsch, spanisch, griechisch. Spanisch wird wohl keiner können? Machen sie, daß sich einer darauf verlege; denn ich habe in dieser Sprache gute Bücher, und es taugt seiner Zeit zum Uebersetzen.

Machen sie ferner, daß Ajax den Michl an sie verweise, oder schreiben sie selbst an ihn, daß sie wegen Entfernung des Ajax nunmehro beordert worden, die Sache mit ihm ferners zu betreiben. Ajax war mit diesem uns sehr brauchbaren Menschen ungemein nachläßig. Auch werden die Statuten, so er in Handen hat, die nämlichen Mängel, wie die ihrigen, haben. Ich kann mich ihm nicht offenbaren: und doch während seines Hierseyns könnte er uns ein Paar sehr taugliche Leute liefern.

Den hiebeygeschlossenen Brief machen sie, daß er abgeschrieben, und nach Eichstädt expediert werde, aber sine die et consule, so wie ich ihn aufgesetzt, das übrige will ich schon veranstalten. Er wird Moyses heißen, und ist wegen seiner grossen und in Eichstädt vielvermögenden Anverwandten eine gute Prise.

Wie geht es mit der Buchhandlung von Strobel? Ist nichts zu machen?

Ich

Ich bitte mir auch zur Einsicht aus, was Coriolanus übergeben. Mit diesem denke ich, wollen wir bald weiter machen.

Muntern sie auch ihre Leute auf, kleine periodische, satyrische und auf die Zeit sich schickende Aufsätze in Versen oder Prosa zu machen, besonders solche, die nicht im Stand sind, eine Geldeinlage zu thuen. Diese kann man nachmalen zum Druck befördern, wenn es der Mühe werth ist, und daß sie die Aufmerksamkeit des Publicums rege machen, um etwas Geld daraus zu lösen. Denn nur für die Cassa gesorgt, das ist das erste: sobald ich weiß, daß schon eine Einlage und wie viel geschehen, so folgt meine Carolin auch.

Im übrigen nutzt alle Gelegenheiten, denkt über alles, macht Application davon. Ich habe z. B. dieser Tage meine Betrachtungen über die Liturgie der römischen Kirche angestellt, und mir daraus die Regeln für die Nothwendigkeit der Ceremonien abstrahiert. Der Urheber davon war sicher kein schlechter Seelenkenner. Nehmen sie der katholischen Religion den Pracht ihrer Kirchen, die Musik, die besondern Kleidungen, die häufigen, und im kleinsten gut ausgedachten Ritus v. g. bey der Priesterweihe, bey dem öffentlichen Gottesdienst und Aemtern: so werden sie sehen, daß alles das, was soviel Aufsehens und Eindruck macht,

im

im Grunde gar nichts ist: ins besondere bitte ich bey einem Amt vom Credo an bis zur Aufwandlung auf alles einmal acht zu geben. Sie werden sehen, daß die Leute nicht unklug sind. Nur dieses stelle ich aus, daß diese Ceremonien keine Neuheit mehr haben, und zu alltäglich sind. Lassen sie zu diesem Ende ein Pensum über die Nothwendigkeit und Macht der *Ceremonien* und *Liturgie* verfertigen. Im übrigen arbeitet fleißig: denn ihr habt wirklich schon vieles gethan: und wenn es so fortgeht, so wird es in kurzem etwas, und etwas Grosses. Ich bin

Euer

den 27. Merz 1779.

Spartacus.

42.

Spartacus C. Mario et M. Catoni S. d.

Wenn es ihnen beliebig, und nicht zuviel Mühe macht, so geben sie dem ☉ statt Illuminaten den Namen Bienenorden, oder Bienengesellschaft. Kleiden sie die ganze Statuten in diese Allegorie ein, v. g. daß dieser Grad die Vorbereitungsschule sey, das Honigsammeln, um auf künftige Zeiten seine Auskunft, Nahrung, erfoderlichen Unterricht und Wissenschaft zu haben. Daher und darunter gehören

gehören die Regeln von Mäßigung, Hauswirthschaft. Unsere Regierung ist gelind und sanft, wie bey Bienen, bey welchen die Königinn die Oberhand hat. Darunter gehören die Artikel der Statuten, von dem Verfahren, Nachsicht und Gelindigkeit der Obern. Die Bienen haben auch zugleich ihre Stachel ꝛc. und da muß wieder etwas anders, darunter verstanden werden.

Ueberhaupt untersuchen sie die Eigenschaften der Bienen v. g. arbeitsam, vorsichtig, mäßig ꝛc. Diese müßen unsre Leute auch haben, und unter diese Eigenschaften theilen sie die Passus concernentes Statutorum ein. Daher wird auch die Terminologie entstehen v. g. der Bien hat geschwärmt, das heißt, er hat aufgenommen, oder es ist eine neue Versammlung durch uns an diesem Ort entstanden. Buffon und Bonnets Betrachtung der Natur sollen ihnen dabey gute Dienste thun. Sapienti pauca. Schicken sie mir ihren Aufsatz zur Revision. Ich bin in Eil.

Ihr

Spartacus.

*

Gutachten des Cato an Marius.

Ueberdenken Sie diese oben enthaltene Puncten. Mir will die Sache gar nicht gefallen, und da ich heute durch die Ziehung verhindert bin, so werde morgen bis 2 Uhr zu ihnen kommen.

X

men. Der Name ist zu klein, und giebt nicht Stof genug zum Erhabenen

Cato. mppr.

43.

Spartacus C. Mario, & M. Catoni S. d.

Wegen meinem gestrigen Vorschlag wegen der Bienen-Republic habe ich weiter nachgedacht und gefunden, daß es aus vielen Ursachen besser sey, wenn es bey dem alten verbleibt. Unter andern haltet es uns von weitern Arbeiten auf, und hindert mich für mein künftiges System. Ich kann auch in dieser Allegorie keine Namen für die Vorsteher finden, und überhaupt ist sie mir zu klein und nicht erhaben genug. Lassen sie also das übrige abschreiben, so wie es ist. Es soll dabey bleiben. Soviel zur Nachricht. Ich bin indessen

Euer

Den 1. April 1779.

Spartacus.

44.

Spartacus C. Mario, & M. Catoni S. d.

Die übermachte Piece findet ungemeinen Beyfall. Attenkover hat von den 25 ihm überschickten

ſchickten Exemplarien kein einziges mehr. Machen ſie, daß er neue erhalte, und die Continuation auch bald folge. Der Nutzen muß vor den Verleger ſehr groß ſeyn. Was giebt er ihnen wohl für ihre Mühe. Man ſollte mehr dergleichen Piecen ſchreiben, und auf unſre Köſten zum Druck befördern, und von der Gelegenheit profitieren, um einen Caſſafond zu erhalten. Denken ſie über etwas, und theilen ſie Themata aus; und wenn ſie auch nur einen Bogen groß wären. v. g. eine *Parodie* von den *Lamentationen Jeremiæ*. Ein Klagelied in poetiſcher Proſa über den Zuſtand von Baiern in dem Geſchmack von Thomſons Britania, oder Joungs Nachtgedanken. v. g. Bavaria. Hier müßte Baiern redend eingeführt werden. Oder auch Prophezeihungen im orientaliſchen Styl. *Satyriſche Schriften*, die nicht zu ſehr in das *pasquillenmäßige* verfallen.

Ich für meinen Theil will die Parodie von den Lamentationen Jeremiæ übernehmen. Schickt ſich gut auf die Zeit. Aber gewiß kann ich es nicht verſprechen; denn ſie glauben nicht, was mir Arbeit über den Hals liegt.

Ins künftige werde ich ihnen von Zeit zu Zeit meine und Tamerlans Correſpondenz zuſchicken. Sie kann theils zur Hiſtorie des ☉s, theils auch zur Abſtrahierung nützlicher Maxi-

X 2   men

men schicklich seyn. Legen sie solche als einen Theil des Archivs in chronologische Ordnung.

Von Ajax Statuten ist soviel richtig: sie sind mein erster Aufsatz. Das rechte Exemplar aber haben sie dermalen schon in Handen. Die letztern Stücke können allerdings mitgetheilt werden, doch nicht als Statuten, sondern behutsam, gegen solche, die meine Zuhörer waren, weil ich und mein Author Feder zu kenntlich daraus erscheinen. Geben sie mir bald Nachricht, welche Aufnahmen bishero zu Stande gekommen, und wie sich die Leute anlassen. Hat Zoroaster noch nicht geschrieben? Ich bin

Euer

Den 4. April. 1779.   Spartacus.

45.

P. P.

Hier folgt indessen ein sehr gutes Buch, bis ich die übrigen suchen kann. Il Cardinalismo habe ich gar nicht. Beyliegendes System Social schicken sie an Tiberius, sobald möglich. Die Lamentatio, welche von Timon verfertiget wird, soll bald und dieser Tage folgen. Ich werde eine andere Piece liefern; denn diese Ferien hindurch habe ich Zeit.

In Eil   Spartacus.

46.

46.

Spartacus C. Mario, & M. Catoni S. d.

Basfedow habe ich noch nicht bestellt. Fergusons Moral Philosophie schätze ich auch hoch.

Dem Pythagoras lassen sie die Wahl unter folgenden drey Abhandlungen.

1. Ueber die Indolenz des Epicurus.

2. Ob es besser sey elend, oder gar nicht zu seyn? NB. alles aus philosophischen Gründen.

3. In wie fern der Ausspruch des Sokrates wahr sey: die höchste menschliche Weisheit bestehe darinn, daß man wisse, daß man nichts weiß.

Dem Scipio sagen sie, daß, gleichwie ihm der Orden sein Wort gegeben, ihn zu entlassen, wenn es ihm gefällig seyn werde, man ihm hierinn gar nicht entgegen seyn könne, wenn er in einen andern Orden tretten wolle, solches stehe ihm allzeit ohne allen Vorwurf frey. Doch bedinge man sich zwey Stücke aus: erstens, daß er alles, was er von uns gesehen, mit heiligem Stillschweigen bewahre, welches er anzugeloben hat. Zweytens, mache er sich eben dadurch unfähig in den Unsrigen eine weitere

tere Einsicht und Erkenntniß zu erhalten. Soviel im Namen des Ordens und authoritate pu-
blica. Für sich als guter Freund, und in das
Ohr sagen sie ihm:

1stens, daß es für einen, der in Loco ist,
eine sehr theure Sache, daß man ihm viel
versprechen werde, und wenig halten:
daß man ihm, wenn er nur einmal Hoffnung von einem Jawort gegeben, auf das
äußerste zusetzen werde, daß es im Anfang, womit man die meiste Zeit zubringen muß, bloße Lappalien seyn, wobey
einem denkenden, arbeitsamen Mann Zeit
und Weil lange wird, daß er alles könne gedruckt und geschrieben von diesem und noch
mehr andern durch uns erhalten (so, setzen sie
hinzu, hätten sie einmal etwas dergleichen aus
einem unsrer Leuten expiſciert) wie auch, daß
unser Orden von allen in Baiern verhandenen
Gesellschaften und Personale Einsicht habe. Darum glaubten sie, daß die andere allzeit ihre
aufzunehmende müßten namhaft machen, und
ratificieren lassen, ja, sagen sie ihm, ich habe Ursach zu vermuthen, daß unsere Leute selbst
Mitglieder in allen diesen Gesellschaften haben,
und darum gehe man auch bey uns mit solcher Behutsamkeit, Stillschweigen, und lang-
wierigen Prüfung zu Werke, um nicht ein
gleiches auch von andern zu erfahren, und
bekannt zu werden. Sagen sie ihm weiter,

er

er werde auſſer Worten, nichts weiter finden, als daß er bey einem oder dem andern Edelmann Zutritt erhalte, und über Mittag ſpeiſe; ſolches komme ihm aber theuer zu ſtehen. Denn zu geſchweigen, daß er ſein Eſſen zweyfach bezahlen müſſe, ſo werde er von ſolchen als ein Untergebener nicht einmal mit den gewöhnlichen officiis humanitatis beehrt werden: er betrüge ſich, wenn er glaube, nachmal mit dieſen Leuten auf freundſchäftlichen und brüderlichen Fuß handeln zu können. Er ſolle bedenken, ob dieſe ſo vornehme und wichtige Leute nicht im Stande geweſen wären, der Sache bey uns eine beſſere Wendung zu geben, und ſoll dabey ſehen, was ſie gethan, was ſie wirklich thun. Ihr Syſtem ſelbſt ſey höchſt fehlerhaft, ſie nehmen die Leute an auf bloſſe Empfehlung ohne ſie zu beobachten, zu præparieren, zu unterrichten. Bey uns gehe es ungemein langſamer, aber um ſo ſicherer, bey uns gelte keine Empfehlung: man ſchaue ſelbſt nach, und inner dieſer Zeit werde er ſo ſtreng beobachtet, daß unſrer Aufmerkſamkeit nicht leicht etwas entgehe. Bey uns ſey eine Schul vom Unterricht, die erſten Grade ſeyen Vorbereitungen und häufige Uebungen, bis der Candidat, ohne es zu merken, nach und nach hinkommt, wo man ihn erwartet. Er werde ſich wundern, wie freundſchaftlich auch ſogar Fehlende von uns behandelt werden, wie eng ſich einer an den andern ſchließe, wie ſehr man

thue

thue und helfe, was man in einem Orte zu thun im Stande ist. Das Unangenehme der Unterwürfigkeit werde bey uns gemäßigt dadurch, daß dem Candidaten gleich erlaubt wird, aufzunehmen, daß er auf solche Art gleich in den ersten Augenblicken selbst eine Herrschaft über seine Receptos erhalte. Er solle sagen, in welchem andern Orden er dieses finde, hier könne jeder durch häufige Aufnahmen sich sein Königreich selbst bauen ꝛc. Ich glaube, es soll gute Wirkung machen.

Dem Tiberius schicken sie die Instruction pro recipientibus, sie werden von ihm Duppletten und Geld erhalten. Er hat auch schon einen Candidaten ausfindig gemacht, und NB. einen Protestanten.

Eure Bibliothek werde ich selbsten auch mit vielen kostbaren und seltenen Duppleten verstärken. Ich erwarte nur gute Gelegenheit, solche überschicken zu können. Es werden auch alle gute Bücher in triplo, quadruplo und centuplo genommen. Man kann solche verkaufen, und damit die Cassa verstärken, oder an andern Orten Bibliotheken errichten. Nehmen sie also von guten Büchern, was und wieviel sie bekommen; Duppleten aber werden in einen eigenen Catalogus gebracht, damit wir die weitere Disposition machen können. Machen sie, daß es mit Timon richtig wird, und begehren sie von ihm Vorschläge, welche er

uns

uns hier liefern könnte; und diese schreiben sie mir nachmalen.

In die Bibliothek rathe ich vorzüglich Historiker zu liefern, und von jedem Land die Berühmtesten. *Marianna* von Spanien, *Thuanus* von Frankreich, *Hume* und *Robertson* von England und Schottland, auch des letztern Geschichte von America, und Geschichte Carls des V., die allgemeine Weltgeschichte, von Deutschland *le Bret* und Schmid, der erst von Wirzburg herauskommt, von Italien, *le Bret* Geschichte von Venedig, *Gianoni* von Neapel, *Machiavel* von Florenz, *Quicciardini* istoria d'Italia, und s. w., auch Reisebeschreibungen, besonders die Histoire generale des Voyages, von den Päbsten *Reginald Bower*, und vorzüglich auch eine unpartheyische Kirchengeschichte. Denn in diesem Fache müssen wir seiner Zeit etwas leisten: es ist auch für einen Staatsmann und Philosophen keine wichtiger und angenehmer. Hier wäre mir die deutsche Uebersetzung von Fleury die liebste. Livius könnte in Anschaffung dieser Bücher uns grosse Dienste thun. Auch von Mönchsorden nichts aus Handen gelassen, von ihren Statuten, Ordensgeschichten, Legenden ꝛc. vorzüglich alles, was wider sie ist geschrieben worden, alle Werke des *Sarpi*, *le Brets* Magazin. pragmatische Geschichte der Mönchsorden: das soll seiner Zeit was herrliches werden. Auf Inedita zu sammeln, Archival - Urkunden abzuschreiben, ist eines der allerersten, aber das schwerste: so auch auf Manuscripten. Marius hat noch etwas davon aus der 5.14.7. bibliothek, er soll es uns mittheilen, und soll sich daraus keinen casum conscientiæ machen; denn nur was Schaden bringt, ist Sünde, und wenn der Nutzen grösser wird, als der Schaden, so wird es gar zur Tugend. Bey uns nützen sie gewiß mehr, als wenn sie hundert Jahre in ihrem Orte eingespert stehen.

Tiberius hat die im beyliegenden Catalogo, aufgeschriebene Bücher alle in der Carmeliten-Bibliothek zu Ravensburg erobert. Was thun die Kerls mit diesen Büchern? Unter Ajax Büchern, muß auch eines seyn, Statuta fraternitatis roseæ crucis, lassen sie sich solches extradieren: er hat auch alle Werke des Porta.

Den überschickten Bücher = Catalogus senden sie auch dem Tiberius; denn er ist vielleicht im Stande, auf seinen Feldzügen in den schwäbischen Bibliotheken manchen zu erhaschen.

Die Allegorie, in welche die Mysterien und höhere Grade einkleiden werde, ist der Feuerdienst, und die ganze Philosophie Zoroasters, oder der alten Parsen, die heut zu Tag nur noch in Indien übrig sind: daher heißt auch der

der Orden in weiteren Graden, der Feuer=
dienst, Feuerorden, Parsenorden: das ist
etwas über alle Erwartung prächtiges. Sie
werden es sehen, finden sie mir nur einen Na=
men, für die Klasse, der ich den Namen der
Republic der Bienen geben wollte, ich habe
sie indessen Illuminaten geheißen. Zum
Feuerdienst kömmt kein Sta-bene, sondern
nur solche, die viele Vorurtheile gebeichtet
haben, und sich dadurch zimlich gereinigt. Aber
das kostet mich lesen, studieren, denken, schrei=
ben, ausstreichen und widerschreiben. Ich
muß mich ganz in die Alten hineindenken, zum
Glück habe ich ein gutes Buch dazu.

Schreiben sie mir ihre, und des Marius
Gedanken darüber alsogleich; denn ich kann
sie vielleicht nutzen. Indessen bin ich

Ihr

Den 6. April 1779.

Spartacus.

NB. Der Endzweck des Ordens
ist also, daß es Licht werde, und
wir sind Streiter gegen Fin=
sterniß; dieses ist der Feuer=
dienst.

NB. Wäre es nicht möglich, daß sie einen ih=
nen bekannten, und nicht mit Vorurthei=
len

len angesteckten, gelehrigen Edelmann finden könnten, wo sie es wagen dürften, ihm unsern Verfahren im Ganzen beyzutretten, daß er mit ihnen beyden Sciens de toto negotio arbeite, und seine Authorität herleihe, auch andere Edelleute engagiere? Schreiben sie mir, ob sie einen solchen wüßten. Alsdann das weitere v. g. Graf = = .

47.

Spartacus C. Mario, & M. Catoni S. d.

Da ich diese Zeit hindurch den meisten Theil krank und schwächlicher Gesundheit war; so mußten aus diesem Gesichtspunkt meine Briefe etwas seltner seyn. Indessen war mir diese Zeit auch wieder auf einer andern Seite durch Erhaltung sehr seltener Bücher ungemein angenehm; was aber das famose Buch: Il Cardinalismo, betrift, so habe ich dessen mit aller Mühe noch nicht habhaft werden können. Kircheri mundum subterraneum kann ich nun auch liefern.

Wegen der Piece des 8.3.8.17.19 ꝛc. wundert es mit nicht, daß sie nicht viel abgeht. Ueberhaupt hat er einen gar zu tändelnden Geschmack, lauter Worte, und sehr wenig Sachen. Man sieht, daß er mit soliden Wissenschaften

wenig

wenig bekannt. Diesen Geschmack muß er bey uns ablegen.

Bey der zu errichtenden Litterargesellschaft empfehle ich

1. **Stillschweigen.** Keiner von den Mitgliedern soll es offenbaren, daß eine vorhanden, welche dabey sind, sondern alles mjt der größten Stille. Das ist das angenehme, und wir können unsre Leute besser herauszählen.

2. **Vergleichung und Verträglichkeit wegen dem** *Directorio.*

3. **Daß darinn zu unserm Zweck gearbeitet werde.** Hiemit keine Tändeleyen, sondern Uebersetzungen der Bücher, die von uns vorgeschlagen werden, *Biographien*, **Menschenkenntniß, Auflösung moralischer** *Probleme*, wie sie in unsern letzten Statuten angezeigt sind. In diese Fächer einschlagende *Litteratur,* und so weiter.

Die andern Materien, Erziehung, Politic, Staats = Religionssachen wären auf eine andere Einrichtung vorzubehalten. In allen respice finem. Diese Academie muß so beschaffen seyn, das sie unsre Arbeiten erleichtere.

tere. Auch alte Lehrgebäude der Philosophen könnten Statt finden.

Daß die Recrutierung so gut vor sich gehe, freut mich. Nur wünschte ich auch von dem Tag der Reception dieser Leute, von ihren Karakteren, und so weiter unterrichtet zu seyn. Sie sehen, wie ich alles von Eichstädt erhalte. Da kenne ich Leute, die mir nicht einmal von Person bekannt sind, so genau, als wenn ich täglich mit ihnen umgienge. Ueberhaupt haben sie den Fehler, daß sie nicht so sehr vor das Gegenwärtige, als das Zukünftige sorgen. Und eben dadurch mich in meinem ganzen System in Unordnung bringen. Ein Grundsatz muß seyn. Lente festinandum. „Nicht an das weitere gedacht, bis nicht das gegenwärtige gänzlich, sicher hergestellt. Die Leute so bearbeitet, daß man sich auf sie verlassen kann, ihnen diese Klasse ganz übergeben, und wir uns sodann sicher mit einem höhern Grad beschäftigen können.

Ich bitte also, sie werden sehen, daß ich recht habe, sorgen sie auf nichts, als Leute anzuwerben, solche mittel- oder unmittelbar von Grund herzustellen, wie es die Statuten fodern; fleißige und genaue Relationen von den Aufnehmern abzufodern, mir entweder solche in Originali oder Extractweise, oder in einer General-Tabelle alle Monat zu überschicken,

cken, meine Meynung und Erinnerung hören ꝛc. daß dieses nothwendig sey, und gute Wirkung mache, sehe ich an den Eichstädtern. Sie werden aus den Relationen des Tamerlans sehen, wie alles in Ordnung geht, wie ruhig alle sind, auch er selbst: ich glaube bloß darum, weil er nicht mehr Einsicht hat, als er haben soll, auch nicht mehr thut, als er thun soll. Hier weiß ich meinen Ort, finde meinen Faden, wo ich angefangen, wo ich aufhören soll. Aber in München, cum bona venia, geht es nicht so. Nec nimium propera; sed enim tua meſſis in herba eſt.

Quod cito fit, cito perit. Denken sie also nicht weiter. Ueberreden sie sich, stellen sie sich in die Lage eines, der nichts weiter weiß, als was sie in den Statuten geschrieben haben, und nach diesen arbeiten sie. Præſens gravidum eſt futuro. Ist der Grund gut gelegt, so können wir weiter darauf bauen. Aus dem Gegenwärtigen müßen wir oft das Zukünftige finden. Unser Perſonale, die Fähigkeit, Standhaftigkeit, Begnügsamkeit unsrer Leute muß uns das weitere zeigen. Aber da werden viele verdrüßig werden, und davon gehen. Baſta! man laſſe sie gehen: einer, der seine Prob hält, ist mir lieber, als zehn solche, die deſſentwegen gegangen sind, weil sie gleich am ersten Tag oben an stehen wollten; und das ist auch die Arbeit der Obern, in dieser Zeit ihre Untergebene NB. ihrer Klaſſe gemäß zu amufieren, zu divertieren, fie gegen die Länge der Zeit aushalten zu machen. (Lesen sie darüber Abt vom Verdienst gleich im Anfang, von der Stärke des Geistes) Diese Stärke des Geistes soll den Leuten eigen werden, die Seele vorbereitet, grosse Entschlüsse zu fassen; und um grosse Vorhaben auszuführen, sollen sie belehrt werden, daß Zeit, Mühe, Arbeit, und viel unangenehmes zu überstehen sey. Führen sie Beyspiele vom Jesuiten-Orden an, wie lang einer warten mußte, um Einsicht zu erhalten. Sagen sie, alle Mitglieder müßten nach und nach auf einerley Gedenkungsart geführt werden; das sey ein Werk der Zeit ꝛc. ꝛc. O! wer aus Begierde, Früchten zu haben und zu genießen, schon die Blüthen pflickt, und nicht warten kann, bis es reift, für den ist der Genuß aller von ihm so sehr erwarteten Früchte vorbey.

Prefent to grafp, The fytur ftill to find
the whole employ, of Body, und of Mind.
Pope Efsay on Man.

Auch würde ich nicht gerathen haben, an Scipio einen Brief schreiben zu lassen: solche Dinge sind Abweichungen von der Regel, und nur ein Nothfall macht sie nothwendig. Diese Leute fodern beständig dergleichen Briefe, und weitere Begünstigungen in künftigen Zeiten, und machen uns unnütze Arbeit, die wir entbehren könnten. Je mehr man sich an Gesätze, an Regel hält, je größers Ansehen erhält die Sache durch die Strenge selb..., auch bey denen, die sie erfahren. Willfährigkeit gebührt Verachtung, vernünftige Standhaftigkeit und Allgemeinheit in Beobachtung der Gesetze gebührt Hochachtung gegen solche, und gegen den Urheber. Ich ermahne sie beyde also, folgende Stücke zu besorgen:

1. Vermehrung.

2. Abrichtung, und Leitung und Unterricht der Angeworbenen.

3. Nicht zu nachsichtig und willfährig, sondern streng, ernsthaft, wenn vom Orden die Rede ist, glühend, warm, die Rede sinnlich erwärmend, mit Beyspielen.

4. Vorsichtig gegen das, was geschehen könnte, genau, punctuel.

5. Fidele und umständliche Relationen eingeholt, mir zugeschlossen, und wieder beantwortet.

6. Nur wenn die gegenwärtigen Leute jedesmal disponiert sind, für das, was sie seyn sollen, auf das künftige gedacht, welches ich ihnen so quoad minima in die Hände liefern werde, daß sie es bloß auszuführen brauchen.

Y   Ich

Ich bin übrigens

Euer

den 17. April 1779.

Spartacus.

48.

Spartacus C. Mario et M. Catoni S. d.

In dem ☉s. Syſtem, ſo wie ſie es dermalen bearbeiten, finde ich mich weiter nichts als zum Rathgeben nöthig, und da kömmt es erſt darauf an, ob es von dem ſo ſehr anverlangten Conſeil permanent placidiert wird, oder nicht. Ich kann ſolches durch mehr, als eine Gelegenheit erweiſen, die meine Gedanken darauf führt. V. g. aus allem merke ich offenbar, daß ſie auf die Ariſtocratie bringen, und ich bin der Meynung, ſo lang die Sache nicht im Gang iſt, ſo ſollen ihre Vota nur conſultiva, nicht aber deciſiva, hiemit Monarchie ſeyn. Iſt das ganze Syſtem einmal beſſer reguliert, ſo kann erſt mit Ernſt auf die Regierungsforme gedacht werden, die ins künftige ſeyn ſoll. Damit ſie aber nicht auf den Gedanken verfallen mögen, als wollte ich nur für mich, meine Gröſſe ſorgen, und andere deſpotiſieren, ſo mache ich ihnen das Offertum, daß hinführo in München in ihrem Conſeil der Hauptplan entworfen werde; ich aber will blos mein Votum conſultivum dazu ſetzen, und was nach-

malen

malen die majora præsentium beschließen, ist mir recht. Ob die Sache eine grosse Dauer haben wird, weiß ich nicht, wenigstens glaube ich es nicht. Ajax hat meinem Gedanke den ersten Stoß gegeben, und so geht es nun weiter. Ich bin auch erbietig alle Eichstädter unmittelbar ihrem Directorio anzuvertrauen. Denn so wie es dermalen geht, wird in einem andern System entworfen, und in einem andern ausgeführt. Die Anmerkung, daß sich Leute besser bilden, und fügen, wenn sie unter fremder Aufsicht zu stehen glauben, habe ich auch schon lang gemacht, und erfahre sie wirklich. O Ajax! Ich bin übrigens

Ihr

Wegen dem Plan von den Versammlungen, so erwarte ich solchen Aufsatz von ihrer Seite. Ich will meine Gedanken gerne beysetzen.

Spartacus.

49.

Spartacus fratribus Græcis
In synodo Athenienſi congregatis ſalutem.

Da ich anfieng an das Werk zu denken, wegen welchem sie gegenwärtig versammelt sind; so war meine Absicht, gute Menschen zu sammeln,

meln, ſie des Guten wegen enger, und auf das genaueſte zu verbinden, manchen Guten, aber Unglücklichen gegen Verfolgung und Mißgunſt zu helfen, uns allen gegen künftige Unglücksfälle ſichern Rücken zu verſchaffen, gewiſſe, zum Wohl des Ganzen nöthige Lehren allgemeiner, intereſſanter zu machen, und in Ausübung zu bringen, und endlich allen und jeden gewiſſe, unfehlbare Wege zu verſchaffen, mehr Gutes durch vereinigte Kräfte zu wirken, als keiner einzeln würde gethan haben. Dazu war nöthig, engſte Vereinigung, Achtung und Handhabung der Statuten, Geduld, Thätigkeit, Unverdroſſenheit, Gehorſam und Liebe gegen den, der dieſe gute Abſichten hatte, und ſich deſſentwillen alle mögliche Mühe gegeben. Ich habe mir zu dieſem Ende meine alten vertraute, bekannteſte Freunde erwählet, in deren Geſchicklichkeit ich Urſach hatte, alles Vertrauen zu ſetzen. Nun aber ſchlägt mir dieſe meine Arbeit und Bemühung ſo übel an, daß ich mir aus meinen Freunden Feinde mache, daß wir am Ende in Zwietracht und Haß verfallen, und daß man mich ſogar einer der häßlichſten Dinge, des Despotismus, beſchuldige. Mir liegt daran, die Sache gut auseinander zu ſetzen, mich von dieſem Vorwurf zu befreyen: und dann, ſo wie wir zuſammgetretten ſind, wieder gütlich und mit Beybehaltung unſrer vorigen Freundſchaft auseinander zu tretten.

Ich

Ich frage also, meine theuerste Freunde! wen von ihnen habe ich despotisch behandelt, ehe noch dieses Werk angefangen? Marius ist von Kindheit mit mir aufgewachsen. Er soll aufstehen und sagen, ob ich ihm in den etlich und zwanzig Jahren unsers vertrautesten Umganges eine ungleiche oder unanständige Zumuthung gemacht? Cato und Scipio kennen mich von der Zeit ihrer Studien her: haben sie inner dieser Zeit einen Professor gehabt, der ihnen mehr gefällig und freundschäftlich begegnet? wenigstens schliesse ich es daraus, weil sie selbsten mich am häufigsten besucht, und Cato nach vollendeten Studien noch lange Zeit recht dankbar geehrt hat. Tiberius und Alcibiades waren ebenfalls meine vertrauteste Universitäts=Freunde, und sogar Commensalen. Welche Klagen haben sie gegen mich? Habe ich jemalen zuviel, zu hart gesprochen, Herrschaft und Obergewalt über sie affectiert? ihnen ungleich begegnet? Ihre continuierte Freundschaft gegen mich, heißt mich hoffen, daß ich in ihren Augen kein Despot bin. Vielmehr ist zu grosse Güte, Offenherzigkeit und Vertrauen gegen meine Freunde, mein größtes Verbrechen. Unterdessen steht doch Cato gegen mich auf, der einzige unter allen Ordens=Verwandten, wie ich es mit Attestaten belegen will, der mich einer Herrschsucht, eines Despotismus beschuldigt. Ich müßte also solches gegen ihn schriftlich oder mündlich geäußert haben? Mündlich

lich habe ich ihn nur dieses Jahr, sonst niemalen besprochen. Da waren Solon und Alcibiades gegenwärtig: sie sollen reden und Zeugniß geben, wie mein Betragen war. Habe ich aber schriftlich despotisiert, so werden alle meine Briefe vorhanden seyn: man lese solche durch, ob man irgendwo Kennzeichen des Despotismus findet. Sie werden in solchen finden, daß ich mit der Sache nicht spiele, daß ich sie ernsthaft ansehe, und behandelt wissen will, daß ich Ordnung, Zucht, Subjection, und Thätigkeit angepriesen, daß ich die Wege angezeigt, die meinen Plan zur Erfüllung bringen. War es in einer angehenden Sache nicht nothwendig, daß ich meinen ersten und wichtigsten Personen, auf welche alles ankömmt, die in das ganze System hinunter Einfluß haben, mit Bitten, Ermahnungen und Rathschlägen zu Leib gienge? daß ich die Fehler anzeigte, wo ich es geändert haben wollte? daß ich die Verfügungen traf, wie jeder den andern tractieren, behandeln sollte? Vor allem verlange ich, daß mein letzter Brief an die Athenienser vorgelegt, und abgelesen werde. Cato schrieb mir, daß er mit zu vielen Amtsarbeiten überhäuft seye. Daß Scipio sich das Schreiben verbitte, daß Marius nicht thätig genug seye. War es hier nicht nothwendig, ein Mittel zu treffen? Was war anders zu thun, als die Arbeit zu lindern, und auf die Hälfte herabzusetzen? Ich habe zu diesem Ende alle Cor-

respon-

respondenz von den 4 Hauptorten auf mich
genommen; ich habe die in jedes Ort einschla=
gende Documenta abgefodert; ich habe vor
jedes Ort eine eigene Cassa festgesetzt. Was
hab ich nun für Vortheile davon, als mehrere
Mühe? Die Conscii gehören vor Hauptein=
richtungen, und nicht vor individuelle Bericht
und Vorfallenheiten in jedem'Ort. Im Anfang,
bis wir uns auf andere verlassen können, ist es
nothwendig, daß die Leute abgerichtet, und nicht
grosse, bis hieher unmögliche, und dabey über=
eilte Entwürfe gemacht werden. Was soll man
denn in Athen mit allen Schriften und Relationen machen? Stehen sie nicht besser zum
Unterricht der Obern in den Local- Archi-
ven? Müßen sich nicht Obere daraus ersehen?
Wird nicht dabey viel Geld erspart, mit Porto
und unnöthigen Uebersendungen der Paqueter?
Ich wußte nicht, zu was dieses Universal-
Archiv in Athen dienen sollte, als zum Zeit=
vertreib, seine Neugier zu stillen, oder welches
noch ärger wäre, allen übrigen Mitgliedern
wegen der in Handen habenden eigenhändigen
Schriften zu trotzen, und dieses wäre wirkli=
cher Despotismus. Noch ärger ist es, wenn
man auf solche Art mir als Urheber der gan=
zen Sache selbst damit trotzen und schrecken
will. Was man von mir in Handen hat, zeige
man der ganzen Welt. Sie wird nichts als
gute, aber mißbrauchte, und durch Uneinigkeit
und Stolz vereitelte Absichten sehen. Ich habe

gefehlt,

gefehlt, und hoch gefehlt, daß ich zu gut und zu verträulich war. Daß ich aber begehrt, das Haupt=Directorium mir zu überlassen, waren folgende, gewiß gründliche Ursachen:

1. Muß ich meiner Leute versichert seyn: ich muß nicht durch blosse, durch die sechste Hand herrührende Relation wissen, ob auch mein von allen Consciis approbierter Plan befolgt werde. Das kann auf diese Art am besten geschehen, wenn die 4 Ort unmittelbar unter mir stehen.

2. Bin ich Urheber, und verdiene darum auch diese Mühe, weil man von mir, wegen der Liebe, die ich zu meinem Werk habe, nicht vermuthen kann, daß ich meyneidig werde. Zu diesem, wenn das System ordentlich seyn soll, und genau schliessen, so muß ich alle leiten und halten können. Es ist ein grosser Fehler, wenn in einer Gesellschaft der Obere dem Niedern zu Gnaden leben soll, wie man von mir gefodert.

Damit sie aber sehen, daß es mir mehr daran gelegen sey, meine alten guten Bekannte zu erhalten, als eine Herrschaft über andere auszuüben, so begebe ich mich aller Gewalt und Rechten, bedanke mich für alle bishero gehabte Geduld und Mühe. Ich denke, es soll
Nie=

Niemand davon Schaden gehabt haben, und ich glaube manchem ein Licht in geheimen Verbindungen aufgesteckt zu haben, das er so bald nicht würde gefunden haben. Ich bin belohnt genug durch meine gute Absicht, und verlange keine weitere Belohnung. Ich werde dieser Tagen in Erzerum den Anfang machen, und alles auseinander schicken. Ich trette von nun an wieder in meine Stille und Ruhe, und will auch vor die Welt arbeiten, wenigstens allein, weil ich mit andern nicht kann. Hier giebt es keine Mißgunst, keinen Buhler um die Oberherrschaft. Ich bin selbst mein Herr, und mein Unterthan. Wahr ist es, durch und mit andern hätte ich mehr thun können; aber meine Schuld ist es nicht, daß es nicht geschieht. In dieser Gesellschaft, wo sich Stolz und Herrschsucht schon im Anfang eingeschlichen, wo man blos allein um die lange Weile zu vertreiben, aus Mangel anderer Gegenstände an dieses grosse Geschäft denkt: wo man jeden Rath, Fingerzeig einen Despotismus nennt, an die Statuten nicht hält, eilet, und im Eilen Kartenhäuser baut, und nicht einmal dieses, wo man an seine Obere durch eine fremde Hand NB. keines Ordensbruders Hand schreibt, da ist nichts zu hoffen. Am Ende liefe Ich mit dem besten Willen in Gefahr, der Regierung in die Hände zu fallen.

50.

Spartacus C. Mario et M. Catoni S. d.

Mein Eifer für unsre Sache ist nicht geringer, als er vor dem war; aber theils häufigere Arbeiten, theils auch, daß ich sehe, daß zu Zeiten die Sache nicht gehe, wie ich es hoffe, und der Zweck erfodert, machen, daß ich zuweilen verdrüßlich werde. Wenn ich zu Zeiten eifrig werde, meine Gedanken gerad heraussage, so müßen sie sich solches nicht verdrüßlich fallen lassen. Ich für meinen Theil, wünschte in Rücksicht auf euch den Karakter eines Tiberius, Mazarin, und anderer dergleichen Staatsmänner spielen zu können; denn jeder Fehler des anderen ist eine Schule und Lehre für den, so ihn nicht hat. Und was könnte man an Klugheit gewinnen, wenn man mit Leuten umgehen muß, wo jedes Wort und Blick einer anderen Bedeutung unterworfen sind?

Ich sage es ihnen allen, zum vorhinein, damit es sie nicht verdrüße, ich werde bey denen, die mich kennen, alle Fehler ahnden, die mir vorkommen, keinen nachsehen, alles bereden, und mit grösserem Eifer, als bey irgend einem andern. Mein Zweck erfodert es so. Sollte ich über die Ersten nichts zu sagen haben, mit wem kann ich dann nachmalen reden? denn alle übrige stehen nicht unter mir.

Die

Die Gesellschaft, wenn es recht gehen soll, muß einerley Sprache, Meynungen, Gedanken, und so weiter haben. Und wie kann das geschehen, wenn ich meine Meynung meinen Leuten nicht sagen darf? Ich bedinge mir also aus:

1. Daß dasjenige, was ich ihnen schreiben werde, nicht mehr oder weniger in Vollzug komme: denn ich baue im künftigen darauf; oder daß es mir wenigst zuvor angezeigt werde, ehe man wirklich davon abgeht.

2. Bitte ich mir aus, daß ich alle Samstag einen vollständigen mit den einschlagenden Documenten belegten Bericht erhalte, von allem, was vorgegangen, und zwar solchen halbbrüchig, wie Protocolla, und von allen anwesenden Consciis unterschrieben, welches bishero, obwohlen ich es schon verlangt, doch nicht geschehen ist. Ergo erratum fuit.

3. Daß ich alle angeworbene und noch anzuwerbende Mitglieder nach ihren beschriebenen Karakteren kenne, und mir vor der Aufnahm eines jeden seine ganze Beschreibung geschickt werde.

4. Daß dermalen nicht weiter, als in dieser Klasse gearbeitet werde, die dahin einschlagende Statuten cum omni cura beobachtet, ohne Aufrag nicht dispensiert werde. Denn wenn

es die in Eichstädt, Ravensburg, Freysingen jeder eigenmächtig abändern wollten, quod communiter placuit, wo würde am Ende Einheit seyn? Was ich von euch fodere, das fodert auch ihr von den eurigen. Ist oben hinauf keine Ordnung, so geht es auch auf diese Art hinunter.

5. Endlich verlange ich, daß bishero noch an keine Hierarchie und Regierungsform gedacht werde. Bishero behalte ich mir solches vor; ich werde niemand despotisch behandeln, ich suche und verlange nur, was zum Zweck führt. Wenn die Sache einmal im Gange ist, so hoffe ich ihnen offenbare Beweise zu geben, wie wenig ich in dieser Sache mein eigenes Interesse und Macht suche; und für die Mühe, die ich indessen dabey habe, hoffe ich diese zweckmäßige Belohnung, daß ich von allem Vorgang Nachricht erhalte, um so mehr, als keine Aristocratie denkbar ist, und mehr schaben würde, wenn die Optimates zerstreut sind, und die Aristocratie durch die Correspondenz soll erhalten werden.

Im übrigen hätte ich gerne folgende Puncten berichtiget.

1. Alle Confcii erlegen bis den 16. Junius in ihre Cassa einen Ducaten. Wir Ingolstädter werden damit nächstens den Anfang machen.

2.

2. München heißt künftig *Athen*, Ingolstadt *Eleusis*. Die übrigen Ort werden sie noch hören.

3. Zoroaster ist sein Name abzuändern in Cong-fu-the oder Confucius. Es hat seine Ursache.

4. Möchte ich wissen, welche von den Atheniensern Kenntniß der Sprachen, und in welchen sie solche haben. Wie auch welche zu Uebersetzungen aufgelegt wären.

Wegen den Statuten der Versammlungen, so sind solche bis auf ein kleines fertig; daß sie noch nicht vollständig sind, ist ihr Stillschweigen daran Schuld; denn ich glaubte, mein letzter Brief habe sie so sehr allarmiert, daß sie nicht mehr mitzumachen gedenken. Und da war ich fest entschlossen, die Sache liegen zu lassen, und an keine dritte Herstellung mehr zu denken. Sie werden aber nunmehro bald folgen. Wenn ich sehe, daß meine Arbeit gut angelegt ist, so thue ich das äußerste. Noch mehr thue ich, wenn ich Früchten sehe. Ich bin auch mit den kleinen zufrieden; denn die grossen Früchten reifen nicht für mein Leben, sind bloß für die Nachkommen bestimmt. Liebste Commilitonen! ich bitte und ermahne sie zum Eifer und Treu, und Einigkeit und Arbeit: ohne diesen kömmt kein grosses Werk zu Stande. Ich für meinen Theil werde durch nichts mehr in meinem Eifer gehindert, als durch träge Mitglieder.

Ferners

Ferners muß auch die neu zu errichtende Verſammlung ihr Sigill haben. Meine Meynung iſt: ein Sternhimmel, darin eine fliegende Nachteule mit der Ueberſchrift: Quantum eſt, quod neſcimus. Doch wäre gut, nur überall von jedem Wort die Anfangsbuchſtaben zu ſetzen. Laſſen ſie es auf Koſten der Caſſa ſtechen, und bringen es in Verrechnung. Es hat alles ſeinen Grund.

Auf dem Land ſowohl, als in den Städten fallen unter Perſonen, die verſchiedenen Leidenſchaften und Karakteren unterworfen ſind, verſchiedene Diſcours, die nichts anders, als das wahre Reſultat und Ausdruck ihrer Leidenſchaften ſind. Dieſe wünſchte ich, daß ein getreuer Copiſt mit ihren eigenen Worten und Ausdrücken aufzeichne, und einſende. V. g. Dialog eines Franciſcaners mit einer Bettſchweſter. Hier müßte aber nichts Eigenes hinzugedacht werden: ſondern der Verfaſſer müßte blos hören und ſchreiben. Confucius, glaube ich, wäre dazu aufgelegt. Machen ſie ihm und anderen dieſen Auftrag, beſonders aber intereſſante Situationen und Scenen im menſchlichen und bürgerlichen Leben. Sie werden uns ſeiner Zeit nutzen.

Eleuſis den 25. May 1779.

Spartacus.

51.

C. Mario et M. Catoni Spartacus S. d.

Hier folgen die Statuten für die Versammlungen. Schicken sie mir beyderseits ihre Erinnerungen und Gutachten. Ich will sodann sehen, wie solche können genutzt werden. Finden sie nichts dagegen einzuwenden, so schreiben sie solche ab. Ich weiß nicht, ob ich es billigen soll, daß ein dritter sie abschreibe; denn das muß ein dummer Kerl seyn, der den Endzweck von dem Innhalt im Abschreiben nicht errathen soll. Wegen der zu haltenden Rede muß ich mich erst recht bedenken: es ist keine leichte Sache, man soll nicht zuviel, und auch nicht zu wenig sagen. Bis sie mit gegenwärtigen fertig werden, so will ich ihnen die Contenta orationis schicken. Indessen arbeiten sie fleißig, ich unterlasse es auch nicht. Ich bin übrigens

Ihr

Eleusis den 27. May
1779.

Spartacus.

52.

Sp. C. S. d.

Wenn sie so auf dem Weg fortfahren, wie sie diese Zeit her anfangen, so werden sie bald
der

der ordentlichſte unter allen Areopagiten ſeyn. Es ſoll ſie aber nicht gereuen, und ſie ſollen finden, daß ich allzeit dort bin, wo Ordnung und Zucht iſt, und daß ich auch von dort weiche, ſo bald dieſe weichen. Darin beſteht meine ſcheinbare Unbeſtändigkeit.

Conſtanza é ſpeſſo, il variar Penſiero.

Glauben ſie ſicher, daß dermalen groſſe Dinge vorgehen; aber je weniger darum wiſſen, je ſicherer iſt es. Das Ganze verliert nichts, wenn nur die darum wiſſen, ſo die Triebfedern davon ſind. Die Folgen werden allen kundbar werden. Da Celſus ſeine Frau von allem wiſſen läßt, ſo muß ich in vielen zurückhalten, und dieß Zurückhalten allein macht mich zum General, weil die Leute in der Einſicht nicht gleich ſind, und bey mir zu ſuchen haben. Theile ich alles mit, wie vorhero, ſo iſts die alte Metten. Ich werde auch darum kein Geld für meine Correſpondenz-Auslagen fodern, weil ich ſie ſonſt nicht wohl zurückbehalten kann; aber ſo habe ich ſie erkauft, ſie gehören mir, und ich kann die Nachrichten mittheilen, wie ich will. Daß der General (wenn ich es doch ſeyn ſoll) um alles wiſſen müße, iſt natürlich, weil er ſonſt das Ganze nicht beſorgen kann. Daß aber auch die Provincialen und übrigen Areopagiten von allem wiſſen, ſehe ich nicht, zu was es dient, als den Vorwitz zu befriedigen,

gen, und wichtige Operations=Plane vor der Zeit durch Unvorsichtigkeit kund zu machen. Ich bin sogar der Meynung, daß kein Provincial von dem Zustand einer Provinz soll ex necessitate informiert werden. Denn da redet jeder dem andern in seine Sachen ein, es giebt Jalousien, und tausend üble Folgen; jeder sorge für das seinige: für das allgemeine will ich sorgen. Und auf diese Art ist niemand im Stand, meine Verfügungen zu beurtheilen, weil er die Ursachen nicht weiß, aus denen ich etwas befohlen. Will ein Provincial in seiner Provinz nicht folgen, so werde ich gar nicht mehr darüber zanken, er soll thun, was er will. Aber dann ist es auch seine Schuld, wenn seine Provinz schlechter bestellt ist, als eine andere. Brauche ich jemand zum Rath, so werde ich den fragen, dem ich das Einsehen zutraue. Und nun unter diesen Bedingungen bleib ich general. Ihre Sache habe ich den nämlichen Tag an Philo fortgesandt. NB. Die Exclusi erhalten die neue Parole nicht.

Ephesus den 28. Febr.
1150.

Spartacus.

XXXVII.

XXXVII.

Ein Brief

vom

Mahomet an Cato.

M. C. f. p. d.

Gestern habe ich die Suplique an das geheime Kapitel der ☐ St. Theodor dem A = = übergeben, und ich hoffe, daß er ihnen selbe übersendet haben wird.

Also nächstens werden wir eine ☐ hier haben, und ich hoffe, daß es gut gehen soll.

Künftigen Dienstag 8 Tage gehe ich nach Ulm: wenn sich also oder in der Gegend ihnen bekannte ☉s Glieder oder M x befinden, so bitte ich mich davon zu berichten.

Spartacus wird sie von unsern Gesinnungen belehrt haben, und ich schmeichle mir wenigstens soviel, daß er sie überzeugen solle, daß wir nichts, gar nichts, als die Aufnahme und die Ausbreitung unsers Systems suchen. Nur dieß bitte ich sie, da sie dermalen beysammen sind, daß sie die Hauptpunkten festsetzen mögen, und uns darüber Communication ertheilen.

Die

Die Hauptsachen, so ich hergestellt wünschte, sind folgende:

a) Der Zweck des ☉s.
b) Das Directions = System.
c) Wie wir die M x behandeln wollen.

Denn wenn unsre ☐ nicht eine wie die andere ist, und so genau als unser ☉ zusammenhangen, so ist unsre M x so wenig werth als alle andere.

Alle Areopagiten küße ich mit dem heiligen Kuß, und bin

Ihr

Erzerum den 30. Scharimeh
1150.

Mahomet Mppr.

XXXVIII.

Fortsetzung der Briefe des Spartacus.

53.

Sp. A. A. S. d.

Philo hat an mich geschrieben, sehr obligeant, er verspricht alles zu thun. Hat nebst dem von ihm in seinem Primo überreich=
ten

ten Billet 5 neue Candidaten vorgeschlagen, worunter der M. v. St. der stricten Observanz in Edeſſa iſt. Dieſes Primo muß in Athen ſeyn. Ich habe es aber noch nicht erhalten, eben ſo wenig, als ich noch Nachricht habe, ob der Illuminaten=Grad, den ich an Marius geſandt, eingetroffen ſey: und doch iſt es ſchon über 8 Tag, und im Areopagus ausgemacht worden, daß derjenige, ſo nicht gleich von dem Empfang einer wichtigen Schrift Nachricht giebt, in eine Strafe verfallen ſoll. Ich habe mit dem Bibliothecarius angebunden: ich habe ſchon zweymal mich angefragt, ob ich ihm die Grade geben ſoll; aber wieder keine Antwort. Ich nehme mich alſo um letztern gar nicht mehr an, wegen den zweyten erinnere ich, daß die Concordaten nicht gehalten werden. Und wegen den Primo des Philo bitte ich zu bedenken, daß, wenn ich mit Philo correſpondieren ſoll, und ſie nicht fleißig mit mir conferieren, es leicht geſchehen könne, daß der eine ſchwarz, und der andere weiß ſchreibt. Ueberhaupt bin ich dieſe 3 Wochen, die ich hier bin, ohne Nachricht. Ich hab alles fleißig geſchickt, was mir eingeloffen iſt, bis auf den Brief des Philo. Und dieſen habe ich zurückbehalten, weil man wieder anfängt, auf die vorige Manier zu handeln. Von meiner Seite können ſie nicht ſagen, daß ein Fehler untergeloffen ſey. Ich bin auch noch dieſe Stunde bereit alles zu thun, und zu halten, wenn

ich

ich von ihrer Seite ein gleiches sehe. Unter=
suchen sie nun selbst, ob ich nicht Ursach zu
klagen habe.

Ephesus den 11. Abenmeh
1150.

Spartacus.

XXXIX.
Ein Brief
von
Philo an Cato.

Philo Catoni S. p. d.

Ich schätze mich gewiß sehr glücklich, mit
so würdigen und einsichtsvollen Män=
nern in engere Verbindung gekommen zu seyn,
und werde es mir, von nun an, das süßeste
Geschäft seyn lassen, mich dieser Ehre werther
zu machen. Wenigstens sollen sie finden, daß
es mir nicht an gutem Willen, Eifer und Thä=
tigkeit fehlt, und daß, um für die gute Sa=
che alles zu wagen, ich weder Gefahr noch
Schwierigkeit scheue.

Nun zu Beantwortung ihres Auftrags!
Ich muß bekennen, daß, wenn ich in ihrer
Stelle wäre, ich mich um keine □ in der
Welt bekümmern, niemand nichts bezahlen,
nie=

niemand fragen, von niemand abhängig werden, sondern die jetzige Crisin nützen würde, um gänzlich frey zu arbeiten, und andre ☐ zu conſtituieren. Wer würde es ihnen verbiethen können, da jetzt ohnehin niemand weiß, wer recht hat? Die groſſe engliſche National ☐ erkennt nicht einmal die Gerechtſame von Royal York, aber wer will ſie abſetzen? — Doch das geht mich nichts an. Alſo zur Sache!

Wenn ſie von London aus eine Provincial-Conſtitution haben wollen, ſo wird das weder ſchwer halten, noch viel koſten. Etwas muß für das Diplom bezahlt, und ein Mann vorgeſchlagen werden, auf deſſen Namen es geſtellt wird (doch iſt auch letzteres kaum nöthig). An jährlichen Abgaben wird von keiner von England aus conſtituierten ☐ das geringſte bezahlt, außer etwa alle 3=4 Jahre ein freywilliges kleines Geſchenk von etwa 3 Carolinen zu der Charité, (doch iſt auch dieß willkührlich und geſchieht nicht immer).

Wollen Sie nun einen Aufſatz an die groſſe National ☐ in franzöſiſcher oder beſſer in engliſcher Sprache machen, ſich darinn hauptſächlich über das Conſtitutionswidrige Gelderpreſſen der Royal York beſchweren, und um ein Provincial-Diplom für einem gewiſſen Niemand eingeräumten Diſtrict bitten, dieſen Aufſatz auch
allen=

allenfalls nur als einen Brief an den Groß=
Secretaire abfassen, und mir sodann schicken;
so will ich sorgen, und dafür einstehen, daß
6.14.6.8.2. und Aristippus ihn kräftig unter=
stützen sollen. Das Paquet kann ich denn auch
mit dem handverschen Quartals = Courier, der
auch meine Briefe mit dahin nimmt, abschicken.

Die Post ist im Begriff abzugehen, ich
schreibe eilig und schlecht. Verzeihen sie mir
gütigst, der ich mit brüderlicher Zärtlichkeit
verharre.

Ihr

treuester
Philo.

XL.

Fortsetzung der Briefe des Spartacus.

54.

Sp. A. A. S. d

Hier folgt Philos Antwort auf die Anfrage
wegen der Maurerey nebst dem, was er
in dieser Sache an mich geschrieben, welches
ich mir zurückerbitte. Ich bin mit ihm ganz
ver=

verstanden, und nun erwarte ich von Celsus, Cato, Scipio und Marius, von jedem ein besonders Gutachten über folgende Fragen:

Wie ist diese Losreißung im geheimen Kapitel zu Athen durchzusetzen, so und bergestalt, daß sich das ganze geheime Kapitel unserm ☉ unterwirft, solchem alles überlasse, und nur von diesem allein die weitern Grade erwarte?

Wie wäre es, wenn in dem geheimen Kapitel ein derley ☉s Befehl verlesen würde? Von welchem Innhalt müßte er seyn? welche anlockende Beweggründe müßten darinn enthalten seyn?

Was wäre zu thun, wenn sich die Capitularen zu dieser Trennung und Unterwerfung nicht verstehen wollten? In Summa, wie ist diese Losmachung zu Berlin zu benutzen, daß nicht nur allein die ☐ St. Theodor, sondern auch das geheime Kapitel selbst sich dem ☉ unterwerfe?

Ich erwarte darüber, sobald möglich, ihre Meynungen und Entwürfe; und mir wäre es sehr lieb, wenn sie Celsus zum Director unsers ganzen Maurer=Systems ernennen wollten. Anbey aber, so wie es in den andern Provinzen geschieht, die Verwaltung der Provinz

vinz in ☉s Sachen zur Erhaltung der Einheit und Ordnung an Cato überließen. Marius und Scipio werde ich ein eigenes Departement anweisen, das sie ebenfalls unabhängig von den übrigen verwalten.

Philo schreibt mir auch unter andern:

„Nun habe ich in Cassel den besten Mann
„gefunden, zu dem ich uns nicht genug Glück
„wünschen kann: es ist Mauvillon Meister
„vom Stuhl einer von Royal York aus con-
„stituierten ☐. Also haben wir mit ihm
„auch gewiß die ganze ☐ in unsern Händen.
„Er hat auch von dort aus alle ihre elenden
„Grade."

Spartacus.

XLI.

Eine Freymaurer Tabelle

von Zwackischer Handschrift.

NB. Man suche sie am Ende.

XLII.

XLII.

Fortsetzung
der
Briefe des Spartacus.

55.

Spartacus A. A. S. d.

Da ich zu meiner Ausarbeitung der Instruction für die Provincialen des Directions-Systems benöthiget bin, so bitte ich mir solches mit nächsten Bothen nebst den dazu gehörigen Protocollen zu schicken. Ich will es auch zugleich mundieren, ins reine setzen, und zu meinem Gebrauch abschreiben. Marius soll auch die Güte haben, mir zugleich den Leipziger Meßcatalogus, NB. den letzten von der Michaelismesse mitzuschicken. Vergessen sie nicht auf die Briefe des Philo, und mein System.

Ephesus den 6. Xbr. 1780.

Spartacus.

56.

Spartacus Catoni S. d.

Heute habe ich unter der Addresse des Celsus an alle Areopagiten geschrieben. Ich

Ich habe so geschrieben, wie es wahr ist, und daß ich hoffen kann, daß sich keiner dadurch beleidigt finden werde. Souteniren sie mich, und ich hoffe, es wird gut gehen. Ich will eben meinen Brief nicht wiederhollen, sie werden ihn ohnehin lesen. Nun wird es recht ernst, recht wichtig. Vorsicht und Behutsamkeit sind im höchsten Grad nothwendig. Philo thut mehr, als alle erwarten, und er ist der Mann, der es allein ausführen wird. Wenn es bey ihnen besser gehen wird, so sollen sie zur Belohnung alles lesen. Aber dermalen halte ich noch zurück. Auch Mahomet und A = = wissen nichts davon. Nicht einmal soviel, als sie nun aus diesem Brief wissen. Ersterer hat mich gewaltig degoutiert. Hiemit habe ich gar keine Ursach, ihn mehr als einen andern zu begünstigen. Vor allen andern bewahren sie den Ursprung und die Neuheit des ☉s auf das sorgfältigste. Dann machen sie sich klein in den Augen der übrigen, damit der ☉ dadurch groß und ansehnlich werde: sie sind darum doch ihr Befehlshaber. Das versteht Mahomet und A = = besser als die Areopagiten in Athen. Sie brauchen nichts mehr zu erdichten, groß zu sprechen. Man vermuthet mehr grosses, wenn man grosse Thaten statt grossen Worten sieht. Und bessert doch an euch selbst, liebste Leute! Erforschet euch, trauet euch nicht alles zu, und glaubt, daß ihr noch lernen könnet. Philo ist wirklich der Mann,

bey

bey dem man in die Schule gehen kann. Su=
chen sie durch Marius den Celsus zu bereden,
daß er in seinem Haus diese Zusammenkünfte
aufhebe, daß er dessentwegen ein Verboth des
Ordens simuliere; oder lassen sie gar in den
Versammlungen verlesen, daß der ⊙ sich den
Celsus zu wichtigen Arbeiten ersehen habe, wo=
zu er dermalen seine Zeit braucht, daß ihn al=
so die Mitglieder mit ihren häufigen Besuchen
nicht hindern möchten. Wenn wir das zu
Stande bringen, so ist vieles gethan. Dieser
Celsus ist wirklich der Grund zu allen Unord=
nungen. — Meine weitläufige Provincial-Instruction, wovon ich ihnen hier einen Bogen
zum Abschreiben schicke, macht sie zum Provincial, und wird sie in Stand setzen, ihrer
Provinz ordentlich vorzustehen. Aendern läßt
sich nichts mehr. Denn Philo und Mahomet
haben sie schon. Sobald sie mir diesen Bogen
zurückgeschickt haben werden, so folgt der zwey=
te, und dann der dritte. Bleiben sie genau
dabey. — Wenn Diomedés in Edeſſa seyn
wird, so kann man auch Theſſalonica dahin
anweisen. Unterdessen muß man den Philo
mit dem Unterhalt des Diomedes nicht zu be=
schwerlich fallen, und ihn auch noch fernershin
von der □ mit Geld zu unterstützen suchen. —
Im übrigen denken sie sich mehr in den Geist
der Sache, als in die Worte, und verfahren
sie mit den Leuten nach psychologischen Kunst=
griffen. Ihr Leute seyd in diesem Stück noch

all

all zu speculativ, und ihr habt von dem ☉ mehr im Kopf als im Herzen. Euer Feuer ist nur aufbrausend, aber nicht aushaltend. — Noch einmal soutenieren sie meinen Brief. Ich traue ihnen vor allen Athieniensern am meisten Billigkeit und Achtung gegen vernünftige Vorstellungen zu. Vale.

Ephesus den 23. Benmeh
1150.

NB. Sorgen sie über alles auf die Verborgenheit des ☉s. Im übrigen sorgen sie sich nicht, es geht besser, als sie es glauben.

Spartacus.

Nachschrift: Frankiert mir doch die Briefe: die Correspondenz nach Frankfurt allein kostet mich monatlich über 5 bis 6 fl. Niemand ersetzt mir das, ich begehre es auch nicht. Aber da alle sich wegen der Correspondenz an der ☉s Cassa regressieren, so muß man sich doch nicht über Noth beschweren. Das geht den Celsus an. Sagen sie es ihm.

57.

Spartacus Catoni S. d.

Das ist eben das Elend, daß Celsus, der doch arbeiten könnte, theils verhindert ist, theils

theils nicht will, theils zu eigensinnig ist, um sich anderer Urtheile zu unterwerfen, und daß man sich bey dem allem auf ihn gar nicht verlassen kann. Ich' wäre auch gleich im Anfang vor die Conſtitution von London gewesen, und bin es noch, wenn man sich auf die Capitularen in Athen verlassen könnte. Jedoch wollen wir es probieren, und indessen eine Conſtitution von London erhohlen. — Zum Entwurf eines neuen Maurer = Syſtems iſt Philo noch besser der Mann als Celsus. Ich kann überhaupt in dieser Sache noch gar nichts gewisses schreiben, bis sich vorliegende dermalen obwaltende Umstände näher entwickeln. Vielleicht reformierten, vielleicht ein eigenes Maurer = Syſtem, vielleicht der ⊙ in die Maurerey eingeflochten, und aus beyden Körpern einer formiert. Die Zeit muß uns belehren, was für uns das beſte seyn wird. Wenn sie eine Conſtitution von London erhollen, so machen sie, daß die Capitularen glauben, daß sie dieses dem ⊙ zu verdanken haben, und daß man sie in der Maurerey von dem ⊙ noch nähere Fingerzeige und Anleitungen erwarten mache. Sie müssen so geleitet werden, daß sie in was immer für einem Fach alle Aufschlüsse vom ⊙ erwarten. Ich wollte also den Capitularen im Namen des ⊙s eröfnen, daß solcher sich entschlossen habe, sich ihrer gänzlich anzunehmen, und ihnen auch eine Conſtitution von London pro interim erwirken, wenn sie sich entschlies-
sen

sen und angeloben wollten, den ☉ als ihren Führer in diesen und all übrigen ☉s Angelegenheiten zu erkennen. Suchen sie zum Vorhinein Brutus auf ihre Seite zu bringen. Haben wir dieses erhalten, so ist dermalen soviel vorbereitet, daß wir nöthigen Falls alles darauszumachen im Stande sind. Im übrigen bin ich mit ihrer Meynung verstanden.

Den Provincial-Bericht habe ich noch nicht erhalten. Ist der Brief an Brutus eingeloffen? Quo effectu?

Ephesus den 10. Asphandar 1150.

Spartacus.

58.

Spartacus Catoni S. d.

Auch dieser Brief gehört nur für uns beyde allein, damit ich nicht wieder einen Personal-Proceß auszustehen habe.

Der Zustand ihrer Provinz ist erbärmlich, so elend, daß ihm nicht mehr zu helfen ist. Dem Himmel sey Dank, daß sie es selbst einsehen! aber das werden sie vielleicht nicht mehr einsehen, daß nicht mehr zu helfen ist. Wenn Philo das alles erführe, so gienge er den Augenblick zurück; er, der in dem ☉ auch nach der

der Entdeckung nichts als Ordnung, Schönheit, und das vortreflichste Gebäude zu finden glaubt. Nicht nur ihre Provinz, auch alle, die unter dem Directorio der athenienser Areopagiten stehen, sind elend, verwahrloset. Wer hat nun hier die Schuld? Ich nicht; denn was ich sage, geschieht gewiß nicht. Also ist der Fehler entweder an den Areopagiten, oder an den ihnen Untergebenen. Ist der Fehler an den Areopagiten, wie ist sodann zu helfen? Jeder will der erste seyn; jeder thut, was er will, jeder sucht seine Ideen auszuführen. Einige übersehen die Sache, und ihre Wichtigkeit nicht, sind zu eigensinnig, folgen nicht, hören keinen guten Rath, sind zu nachläßig, geschwätzig, leichtsinnig, kurz, haben alle Mängel, die man haben kann. Wenn der Fehler an den Areopagiten ist, so ist auch kein Mittel, wenn man helfen wollte, als sie außer aller Activität zu setzen. Aber wie ist das möglich? Sie werden es merken, sie werden uns suchen auf allen Wegen zu hindern. Nur ein einziges Mittel habe ich noch: ihnen, wenn sie sich nicht fügen, alle weitere Grade zu versagen; und auch dieses ist unwirksam. Denn sie werden sodann, um sich von Prostitution zu retten, alles, selbst den Ursprung offenbaren. Also alles ist umsonst. Sagen sie nun, wie wollen sie helfen, dauerhaft helfen? Ich weiß wohl, wer am meisten die Sache verdirbt; aber ich will ihn nicht nennen. Kurz, meine liebe Leute! man muß entweder den ganzen Orden aufgeben, oder wenigstens ihr seyd nicht dazu zu gebrauchen. Sie sind freylich noch der einzige, der sich fügt, von dem sich was erwarten ließ. Aber wie wollen sie es angehen, daß sie uns brauchbar bleiben? Kurz, ich weiß gar nicht zu helfen. Ewig Schade, daß so viele gute und brauchbare Leute für uns verlohren gehen, die, wenn sie gut geleitet würden, alles aus sich machen ließen. Mein Ermahnen und Schelten wird nichts weiter, als größere Unruhen verursachen, und am Ende stehen wir durch die Unklugheit dieser Areopagiten in Schande, und vielleicht gar noch in Lebensgefahr. Schreiben sie mir ihre Meynung, aber bedenken sie die Sache wohl. So lang in Athen die Sachen nicht anderst gehen, und wir alle so sehr der Gefahr ausgesetzt sind, so ist es nothwendige Vorsicht, daß ich mit Mittheilung aller Nachrichten von andern Provinzen, wo es göttlich geht, zurückhalte. Weil sie doch blos nach ihrem Kopf in Athen handeln wollen, so müßen wir in Gottes Namen diese Provinz auf ihre Gefahr preis geben, sie mögen sodann darin anfangen, was sie wollen. Aber an dem Directorium der übrigen kann man ihnen keinen Antheil lassen, weil sie ihren Antheil selbst so schlecht verwalten: und es sind ihrer doch 5 bis 6 Areopagiten dazu. Ich bedaure sie, Cato! von ihnen ließe sich etwas hoffen. Aber ihre Lage mit und unter diesen Leuten macht sie uns unbrauchbar. Also mein Rath wäre dieser. Laſſen ſie Celſus, Marius, Scipio und Ajax machen, was ſie wollen: ſimulieren ſie eine Nachläßigkeit, arbeiten ſie nichts mehr. Wenn auch ſie vollends zu arbeiten aufhören, ſo geht alles in Kurzem auseinander. Es kann nicht fehlen. Die Leute, die etwas taugen, werden ſelbſt gehen, und dieſer Unordnung überdrüßig werden. Die Areopagiten werden die Folgen ihres Betragens einſehen, und aus dieſen Ruinen wird der ☉ mit einem größern Glanz und Ordnung hervorgehen. Es wird nicht eher beſſer, als bis es recht ſchlecht geworden. Einem und dem andern v. g. Lullus, können ſie dieſen Fingerzeig geben, daß der ☉ dieſen Weg einſchlagen werde. Vielleicht werden auch die übrigen Areopagiten degoutiert, und gehen von ſelbſt. Aber dann folgen ſie mir. Ich werde ſie, und jeden guten getreuen Arbeiter gewiß nicht ſitzen laſſen. Aber für dermalen iſt kein anders Mittel übrig. Wiſſen ſie ein beſſers, ſo vernachrichten ſie mir ſolches. Ich will alles beytragen, damit die Sache in Gang kömmt; aber es wird wenig helfen. Keiner ſchadet uns ſo viel als Celſus, und keiner iſt weniger zu bereden, als Celſus; und vielleicht, wenige könnten ſo viel nutzen, als Celſus. Ich bitte ſie aber, bringen ſie mich mit dieſem Geſtändniß nicht in neue Verdruß. Marius iſt eigenſinnig, und ſieht keinen groſſen Plan ein: Scipio nachläßig, und von Ajax will ich gar nicht ſprechen.

chen. — Also laſſen ſie nunmehro den Celſus und Marius ſchalten, wie ſie wollen, nehmen ſie ſich um nichts an, und wenn ſie wollen, ſo frequentieren ſie auch nicht mehr, unter dem Prætext, weil ſie ſehen, daß nichts aufeinander gehe. Rechnen ſie auf meine Worte: daß ich ſie nicht ſitzen laſſe. Brutus, Attila, Lullus, Pericles und noch ein oder der andere ſind gut: wir wollen ſie ſchon noch vom allgemeinen Untergang erretten. Confucius taugt gar nicht viel: er iſt zu naſenweis, und ein grauſamer Schwätzer. Scipio wäre mir nach ihnen noch der liebſte unter den Areopagiten, wenn er nur thätiger wäre. Vielleicht kömmt das noch. Machen ſie, daß ſie meinen letzten Grad in ihre Hände bekommen: ich fürchte Mißbrauch davon. Man muß keinem Kind das Meſſer in der Hand laſſen. Schreiben ſie mir bald wieder. Ich bin

Ihr

Epheſus den 12. Febr.
1781. Spartacus.

59.

Sp. C. S. d.

Die ganze Sache und Einrichtung wird größtentheils nach ihrem Wunſch ausfallen, wie ſie bald ſehen werden. Doch bitte ich mir auch nun folgende Stücke aus:

1.

1. Daß ich das Personale von ihrer Provinz erhalte.

2. Und vor allem, daß die Tabellen eingeführt werden. Denn sie werden es selbst noch einsehen, sie sind das Fundament von allem. Was wollen sie, oder ein anderer Oberer vor gründliche Verfügungen treffen, wenn sie die Quantität und Qualität ihrer Leute nicht kennen.

3. Daß sie keine eigenmächtige Namen mehr austheilen, wie bishero Celsus gethan, ungeachtet ich ihm Zetteln mitgegeben, so hat er sich doch nicht daran gehalten.

4. Daß sie ferner den Leuten nichts avancieren, keine neue Zwischengrade und Benennungen ohne mein Wissen einführen. Alle Schwierigkeiten, die wir dermalen in Rücksicht der Maurerey haben, sind daher entstanden, daß sie für die Magistraten einen neuen Grad ohne mein Wissen gemacht, und solchen noch dazu ohne alle Noth Illuminatus minor benannt; sie glauben nicht, wie sie auch dadurch meinen ganzen Plan derangiert.

5. Daß sie zu dem neuen Grad keinen, außer die allerwürdigsten, befördern, und darüber vorhero mit mir conferieren, und die Promovendos vorschlagen. Ich verlange ihre Gewalt als Provincial nicht für allzeit auf diese Art ein=

einzuschränken, sondern dadurch theils den Ei=
genmächtigkeiten des Celsus vorzubeugen, theils
die Grundlage herzustellen, und ihnen die Ma-
nipulation zu zeigen, nach welcher sie künftig=
hin handeln sollen. Je höher die Grade wer=
den, je auserwählter müßen die Leute seyn,
damit das Verderbniß nicht bis obenhinauf rei=
che, und nur die Quint-Essenz, so zu sagen,
von allen ausgezogen werde.

Folgen sie mir nur wenigstens noch zwey
Jahre, bis der Grund gelegt ist; denn das ist
die Stärke von allem, und das versteht keiner
so gut als ich. Glauben sie auch nicht, daß
hier etwas Kleinigkeit sey. Hab ich ihnen ein=
mal den Grund des Baues fest hergestellt,
dann machen sie was sie wollen; sie werden,
auch wenn sie wollten, nicht mehr im Stande
seyn, die Sache zu Grund zu richten.

Diese Tage wird Knorr nach Athen kom=
men. Solcher muß gewonnen werden, es koste
was es wolle. Denn er ist ein eminenter
areopagitischer schwärmerischer Kopf. Aber
nehmen sie sich in Acht, daß er durch das Be=
tragen und Reden anderer nicht gleich im An=
fang widrige Begriffe erhalte. Er ist gemacht,
nicht blos Leute zu engagieren, sondern vor=
treflich ganz nach meinem Plan abzurichten.
Wenn er einmal avanciert ist, welches man
bey ihm bald thuen kann, so können sie ihn vor
allen

allen andern zu einem Obern brauchen, und sich sicher auf ihn verlassen. An diesem Menschen liegt mir mehr, als an zwanzig andern: der ist noch überdas ein sehr geschickter Mechanicus, ein Beobachter, und hat die erste Anlage zu einem Erfinder. Kurz, es sind mir noch wenige unter die Hände gekommen, von denen ich so viel hoffe, als von diesem, wenn er gehörig geführt wird. Sie brauchen nicht auf Armenius wegen seiner zu warten; denn es geht zu viel Zeit verlohren, die er uns in Recrutierung junger Leute, deren er eine Menge um sich hat, gut verwenden wird. Das kann er das nächste Jahr nicht mehr leisten, weil er nicht mehr hier ist: wohl aber ist er im Stand, nach seiner ein oder den andern abzurichten, daß er künftiges Jahr seine Stelle ersetze. Wenn er einmal in Athen stabiliert ist, so ist er in Stand, in ihre ganze Provinz Wärme, Geist, Leben, Anhänglichkeit und Thätigkeit zu bringen. Solche Leute muß man nicht versäumen. Sie haben zwar viele gute Köpfe, aber noch wenige Enthusiasten, und noch weniger zweckmäßig arbeitende Enthusiasten: und so lang sie diese nicht haben, so ist in ihrer Provinz wenig Grosses zu hoffen. Mit Pensis müßen sie ihn nicht foltern; denn erstens ist er zu scheu dazu etwas zu schreiben, und weiters ist es auch nicht nöthig, weil ich ohnehin weiß, wie er denkt; er wird aber sicher um so mehr handeln, und sich bemühen, die Leute abzurichten.

ten. Zum Censor ist er gebohren, und die Tabellen, so er liefert, werden gewiß die besten seyn. Sorgen sie übrigens, daß alles seiner Ordnung nachgehe, und Unordnungen, soviel möglich, vermieden werden. Vale

Ephesus den 2. April
1781.   Spartacus.

60.

Sp. C. S. d.

An Philo werde ich alles nach Verlangen überschreiben. Dermalen ist eine Constitution von London noch das Beste. Was wir in der Zukunft thuen wollen, bin ich noch nicht entschlossen. Beynahe alle Areopagiten wünschen den ☉ so zu sehen, daß er aus vielen Mitgliedern bestehe. Ich war selbst einst dieser Meynung; aber eine Zeit her denke ich anderst. Was thue ich mit so vielen Leuten, wenn sie nicht gut und brauchbar sind? Und viele auf einmal zu brauchbaren Mitgliedern zu machen, ist eine schwere, kostbare, unmögliche Sache, um so mehr, da ich sehr wenige Areopagiten habe, die arbeitsam sind, auf die ich mich verlassen kann, und die die Kunst, Menschen zu dirigieren, nicht bloß allein theoretisch wissen, sie auch ausführen können, und noch dazu das selbst sind, wozu sie andere machen sollen.

Das

Das werden sie selbst eingestehen, daß es hier gewaltig fehle. Also erfodert die gegenwärtige Lage, Leute zu machen, zu bilden, die im Stande sind, zu dirigieren, auf deren Verbreitung ich mich verlassen kann, die mir keine elende Menschen zuführen, die alle Mühe und Arbeitsamkeit hinwegnehmen, und wo am Ende doch alle Mühe verlohren ist. Die Areopagiten selbst kosten mich am meisten Mühe: und wie fruchtlos ist oft meine Arbeit, und wie wenig kann ich mich auf die Ausführung verlassen, selbst dort, wo sie mit mir einstimmig sind! Zum Entwerfen kann ich beynahe gar keinen brauchen. Den Grad, den Philo zur Probe entworfen, und auf die Maurerey appliciert, hat auch Mahomet entworfen. Aber die Wahrheit zu gestehen, keiner davon gefällt mir: es ist alles so trocken, so mager, hat so wenig Einfluß auf Herz und Leidenschaften, auf Aenderung der Gemüther, daß man es aus allen Ideen sieht, daß es denen selbst nicht Ernst war, die solchen entworfen. O! das ist ganz was anders, aus dem Kopf und aus dem Herzen zu schreiben. Keine Ermunterung, keine Auffoderung des Muths! alles trocken oder wässericht ohne Feuer. Philos Briefe sind noch am meisten von empfundenem Innhalt; aber sein Grad ist es nicht, wenigstens erreicht er mein Ideal nicht. Das hat mich genöthigt, mich selbst über die Arbeit zu machen. Ich denke, wenn sie es lesen, sie sollen den

Unterschied merken, wem dabey am meisten Ernst war, und wie sehr man unrecht hat, wenn man mich in meinem System irre macht. Wenn sich doch die Leute auf mich verlassen, und sich mir gänzlich überlassen wollten! Sie sehen ja aus allen meinen Arbeiten, daß ich sie nicht übel führe, daß ich meinem Vorhaben gewachsen bin, daß ich Kräfte und Willen habe, alles auszuführen. Ich halte diesen Grad für ein gutes Stück Arbeit, für einen Fundamental-Grad, und doch war er nicht in unserm Plan. Alles Planmachen ist dermalen umsonst, alle Entwürfe vom ☉s System sind vergebene Arbeit, sie werden es noch selbst finden. Man sollte die Grade nach dem einrichten, was die Umstände erfodern. Die Zeit und der Erfolg sollte zeigen, was man zu ändern hat. Ich selbst lerne täglich, und sehe ein, daß ich das, was ich vor einem Jahr gemacht, dieses Jahr ungleich besser machen würde. Warum wollen wir eilen, Grad über Grad entwerfen, die vielleicht alle unnütz sind, wenn die Zeit kömmt, wo sie sollen eingeführt werden. Ich will mein System auf die Natur der Menschen bauen. Lassen sie mich also erst beobachten, was gut thut, was nicht, wo man zu helfen braucht, und wo sie von selbst thuen, was man haben will. Führen sie in der Zwischenzeit das aus, was ich ihnen anweise. Berichten sie mir den Erfolg getreu; denn ich baue in den weiteren Graden darauf,

und

und kümmern sie sich nicht um das übrige, um das Ganze, und um fremde Provinzen: für das alles will ich sorgen. Und es ist schon so viel vorgearbeitet, daß, wenn ich heut sterben sollte, sie über 60 Bögen finden, die ich nur seit 3 Monathen verfertigt habe. Und so arbeite ich täglich, und das ohne Ermunterung, Beyfall, Erfolg, oft zur Belohnung viele Beleidigungen, und ewige Mißbilligung. Urtheilen sie, was ich erst thuen würde, wenn ich Ermunterung hätte, von denen, für die ich arbeite, und weniger Verfolgung von außen, wenn ich Menschengesellschaft um mich hätte, die aus Menschen besteht. Alles, was sonst der menschlichen Seele Muth, Stärke und Kraft zum Arbeiten (giebt), fehlt mir gegenwärtig, und in der Zukunft: und doch arbeite ich im Stillen fort, und vollende mein Tagwerk. Dazu kommen noch oft aus Mangel von Gesellschaft lange Weile, Hypochondrie, Unglücksfälle, sehr oft kränkliche Umstände. Aus diesem Gesichtspunkt sollte man mich öfters betrachten, sich in meine Lage denken, man würde mir gewiß oft manchen unangenehmen Ausdruck in meinen Briefen vergeben. Aber da kommt sodann Celsus, der doch so gerne den Leuten alle Sottisen und Grobheiten sagt, ohne nur die geringste dagegen anzunehmen, und donnert und schändet gegen mich. Ich mag auch gar nicht mehr an ihn schreiben; denn ich weiß nicht mehr, wie man an ihn schreiben muß, ohne

ihn

ihn zu beleidigen. Er ist delicater und empfindlicher als ein Kaiser. Er vergißt alles eben so leicht, als er es liest, und thut sodann, was er will. Warum soll ich also Zeit und Wort verschwenden? Vor alle Mühe, die mich mein System vom Idealismus gekostet, hat er mir alles Bittens ungeachtet kein Wort geschrieben, ob er es wahr oder falsch findet. Was hat er dann davon geurtheilt? Schreiben sie es mir; denn von ihm selbst kann ich es nicht erfahren.

Hier folgt also der Grad; aber nur für sie. Lesen sie ihn, und schreiben sie mir ihr Urtheil, und schicken sie mir ihn sogleich wieder; denn ich will ihn sodann an Philo und Mahomet schicken. Ich glaube, er sey nach allen Regeln der feinsten Menschenkenntniß und Politique entworfen, und præpariere vortreflich auf das künftige. Aber wie glauben sie, daß man ihn nennen soll? *Magistraten*, *Instituten*, dirigierende *Minervalen*, kleine *Illuminaten*? Will man nach Philos Plan einen Maurer-Grad darausmachen, so ist es leicht geschehen; denn der Anfang von Philos Grad könnte bleiben, und nur statt seiner Anrede würde die meinige substituiert.

Eben so folgt auch die Provincial-Instruction. Auch der Index geographicus wäre mitgefolgt, wenn er nicht das Paquet vergrössert hätte.

hätte. Ich sehe nicht, wozu sie ihn so nothwendig brauchen. Der oberrheinische und niedersächsische Kreis sind nicht mehr mit ihren Nämen zu gebrauchen. — Daran ist Marius Schuld, weil er mir diesen Index so lange nicht geschickt, und mich doch Philo um Nämen der Orte gebethen. Da ich die ausgedungenen Nämen nicht mehr wußte, so mußte ich statt diesen neue ertheilen, die ich noch nicht weiß, wie Philo diese Namen ausgetheilt. Das war die Ursach, warum ich ihn noch nicht zurückgeschickt, weil ich noch immer die Berichtigung der Nämen von Philo erwartete, die noch nicht erfolgt ist. So geht es, wenn man mich in allen aufzieht. Ich habe also, wie es scheint, keine Hoffnung, meinen letzten Grad zu erhalten? Glaubt vielleicht Marius, daß er mich dadurch halten oder binden wolle? Wie unvernünftig! 1. Bin ich im Stande, diesen Grad selbst wieder zu machen; er bewirkt also dadurch nichts, als daß er mir zweyfache Mühe machte: dabey aber soviel effectuierte, daß ich gewitzigt werde, fernerёhin etwas nach Athen zu schicken. 2. Fehlen ja noch viele Mittelgrade, die ich in Handen habe, oder noch zu entwerfen habe. Wie wäre es, wenn ich zur Revange solche auch nicht nach Athen schicken wollte? Was fängt er sodann mit diesem Grad allein an? Wer ist mehr aufgehalten, die Athenienser, oder ich? Zu was hilft es also ohne Ursach auf diese Art mich abgeneigt zu machen?

Urthei=

Urtheilen sie selbst, ist das Areopagiten Vernunft? Sagen sie mir nur einen einzigen Vortheil, den sie von dieser Vorenthaltung meiner Arbeit und meines Eigenthums haben?— Das kocht gewiß kein gutes Blut.

Ich begehre gar nicht zuviel, wenn ich für die Correspondenz-Auslagen eine Carolin fodere: denn oft einen einzigen Brief zu erhalten und fortzuschicken, kostet mich mehr als einen Gulden, weil ich keine Postwägen an Handen habe, und sonst die Brief durch 3 oder 4 Bothen laufen müßten, deren einer den andern erst erwarten muß. Wie viel Zeit geht also da verlohren? Ein einziger Brief bis Maynz franciert kostet mich 24, 30, 36 kr., wenn ich ihn erhalte, und eben soviel, wenn ich ihn fortschicke. Für das Vergangene verlange ich nichts: auch nichts ins künftige für simple Briefe. Aber die Paqueter sind mir einmal zu theuer. Wenn jeder Provinzial sich aus der Cassa seiner Provinz bezahlt macht, so ist es einmal unverantwortentlich, wenn man einem sogenannten General aufbürden wollte, alles aus seinem Säckel zu bestreiten. Wer Teufel wird da General seyn wollen, wenn nicht nur keiner, auch der geringste Vortheil, sondern Geldauslagen, Arbeit ohne End, und Verdruß und Beleidigungen in Menge sein Amtsertrag seyn sollen? Da eine jede Provinz wissen will, was in der andern vorgeht, und alle Bericht an mich tanquam

quam centrum schickt, so bin ich das Centrum von allen Postauslagen. Ich muß es also theuer bezahlen, daß ich die Sache am ersten weiß; und noch dazu sind sie oft so gut, und schicken die Briefe an mich, daß ich sie statt ihrer an Philo, oder Hannibal, oder andere bestellen soll. V. g. Mahomet macht es so. Das ist wahrhaftig zuviel. C'est trop blesser la delicatesse d'un homme. Leben sie nun wohl, und schicken sie mir meinen Grad bald wieder.

Ihr

Ephesus den 26. May
1151.

Spartacus.

61.

Sp. C. S. d.

Ich danke ihnen innigst für die brüderliche und liebvolle Theilnehmung an meinem Schicksal. In diesen Zeiten und Umständen einen Freund zu finden, dem man sich vertrauen kann, ist gewiß ein herrliches Pflaster auf die desperateste Wunde. Ich habe in dieser meiner Lage, welche zur Prüfung seiner Freunde gewiß aufgelegt ist, an ihnen und Marius zwey erprobte Freunde gefunden. Ich weiß nicht, welcher Teufel mir diesen desperaten Streich gespielt, bey welchem

chem mir nichts so sehr schmerzt, als daß ich dadurch an meiner Macht, über unsre Leute zu wirken, gewaltig verliere, indem ich mich ihnen auf einer Blöße zeigen muß, hinter welche sie sich sogleich stecken werden, wenn ich Moralität predige, und sie zur Tugend und Rechtschaffenheit aufmuntere. Freylich ist es mehr Schwachheit als Verbrechen, und eine Schwachheit, die ich durch meine Heurath wieder verdecke: aber doch wollte ich alle mein Haab darum geben, wenn ich auch dieses ungeschehen machen könnte. Diese Vorstellung hat mich diese Zeit her schon so oft und so stark gepeinigt, und gefoltert, daß ich mir manchmal nach offenen Thoren aus dieser Welt umgesehen habe: und nur der Gedanke konnte mich noch zurückhalten, daß ich dadurch meine verwundete Ehre noch weniger herstelle. Nun heißt es: hast du gesündigt, so büße und leide, und merke dir das künftig.

Mir ist es sehr unangenehm, zu hören, daß sie nicht nach Sanderstorf kommen: ich habe sichere Rechnung darauf gemacht, sie da zu sprechen, und uns über vieles zu unterreden. Da der junge Leyden mit End des Septembers auf eine Zeit nach Haus geht, so habe ich Gelegenheit und Lust auch dahin zu kommen. Da hätte sich sodann manches sprechen und berichtigen lassen. Aber nun sehe ich leyder! daß ich das nicht hoffen dürfe.

Da

Da mir Mahomet aus seiner Provinz, welche die elendeste von allen ist, allzeit ein Mysterium gemacht, so bin ich außer Stand ihnen Addressen zu geben. In Ulm ist, so viel ich weiß, Niemand. W = = (Pirho) ist nicht mehr in Stuttgard, sondern zu Wien. Der einzige mir dort bekannte ist der dortige Regierungsrath von A = = r (Tessin) von dem sie die übrigen erfahren können. Es ist mir lieb, wenn sie sich dabey erkundigen wollen, wie die Sachen stehen, und die Leute zufrieden sind. Ich glaube immer, sie werden sehr vernachläßigt, denn Mahomet ist wahrlich der Mann nicht, um Feuer und Eifer zu machen.

Pythagoras wird nächstens nach Sanderstorf abgehen.

Wenn ich einmal wieder ruhiger bin, so werde ich mein Officium decanale antretten, und dadurch in scientificis sowohl, als anderen eine solche Consistenz geben, daß Auswärtige zu uns in die Schule kommen müßen. Ueberhaupt werde ich in Zukunft meine ganze Sorge auf das Lustre unserer Provinz richten, und mich um das Auswärtige gar nicht mehr bekümmern; denn sie können nicht glauben, was mir das Verdruß macht: ich komme dabey um Ehr und Reputation. Was ich heut mit vieler Mühe aufbaue, reißt mir Philos Uebereilung sammt Mahomets Herrschaft auf einmal um;

und

und reden ſich ſodann auf mich aus: dabey hetzen ſie alles gegen mich auf, und vermindern, ſoviel möglich, das Vertrauen der Leute zu mir, um ſich ſodann vorandrängen zu können. Ich will ſehen, was aus dem Congreſs werden wird; den Philo und Mahomet ausgeſchrieben haben. Epictet und Campanella ſind gänzlich entgegen, und es iſt gute Hoffnung, daß keine Seele dabey erſcheint.

Auch den H. F = = = hat Philo angeworben, und lange nichts davon geſagt. Iſt das nicht entſetzlich? Ich erwarte alle Tage die Erklärung von dieſen beyden = = durch B = =. Zum Glücke iſt B = = durch mich ſo gewendet, daß er nebſt dem H. von G = =, welcher eine würdige Acquiſition iſt, mit ganzer Seele am ☉ hängt. Mit den beyden andern, die Chefs einer groſſen Secte ſind, wird es wohl Kunſt brauchen. — Tamen non deſpero.. Leben ſie wohl. Ich bin

Ihr

Eph. den 10.

Ganz eignet
Sp.

XLIII.
Ein Brief
von
C. Marius an Cato.

S. 3. Aben. 1153.

C. M. C. S. p. d.

Concordia res parvæ crescunt,
discordia res magnæ dilabuntur.

Eben da ich aus der Andacht komme, vernimm ich, daß ein eigner Both nach Athen in einer Viertel Stunde abgeht. Ich muß ihnen also einige Zeilen schreiben.

Dem A = = antworte ich gleich, obwohl ich in der Eile nur 15 Prænumeranten zusammenbringen konnte. Er soll über Athen dieser Tage nach Haus gereiset seyn. Da wird sich Celsus selbst mit dem Briefe des N = = legitimiert haben, warum er den N = = = zum Minervalen machen ließ.

Hiemit folgen sehr merkwürdige zwo Beylagen. Sie werden grosse Augen darüber machen. Gemäß des Philos letzten Antworten vermuthete ich einen geheimen Streich, aber doch keinen so argen. — Minos, oder der Provincial

cial Valerius ist doch ein eifriger Anhänger und
Vertheidiger der guten Sache. Die Zeit ist
zu kurz, um ihnen darüber mehr zu sagen.
Was Spartacus dem Minos darauf antwortete,
versprach er mir auch mitzutheilen, sobald es
zurückkömmt.

Spartacus ist heute nach Ephesus gereiset;
seine dicke Schwägerin ließ er aber zurücke.
Auf das neue Jahr hofft er mit einem, —
der Königen und Fürsten vorgehen soll, — er:
freuet zu werden. Der Papst wird also doch
Respect haben, und ihn vor der Zeit legiti=
mieren.

Ich bin seit dem Donnerstag hier, und
wir suchen uns die lange Weile auf alle mög=
liche Art zu vertreiben; so gut kann ich es aber
nicht treffen, wie Sie das vorige Jahr, wenn
ich gleich die nämliche Bettstatt occupiert habe.
Uebermorgen werd ich wieder Abschied nehmen,
um am Mondtag in Athen eintrefen und mich
investieren lassen zu können; denn meine Sa=
che gieng nach Verlangen aus, und wenn sie
hören werden, wies aufeinander gieng, so wer=
den sie mit mir die geheimen Triebfedern des
Fatums bewundern, noch mehr aber in dem,
was ich mit dem Alcib. in Theben bey mei=
ner Durchreise ausmachte, das so wichtig ist,
daß ich es ihnen schriftlich gar nicht entdecken
kann. — Leben Sie recht wohl, und kommen
sie bald. Osculor te osculo sancto!

C. S. Viel Glück zu ihren Unternehmungen! Entdecken Sie aber dem Erz. vor der Zeit nichts, wenn die Sache Früchten bringen soll.

XLIV.

Zween Briefe

von

Diomedes (costanza) an Cato.

Von dessen Hand- und Unterschrift.

I.

Catoni S. p. d. Diomedes Areop——a.

Aequam memento
Rebus in arduis servare mentem.

Nun bin ich endlich wieder in Athen, wo ich vorgestern Abends mit Marius ankam, und benutze den ersten Augenblick Muße, um an Sie, mein bester Bruder! zu schreiben. Den 10. bin ich von Sandersdorf abgereist. Annibal hatte die Güte, mich nach Ingolstadt fahren zu lassen, wo ich den Marius, der ein Tag vorher sich dahin begeben hatte, antraff, und mit welchem ich auf seine Equipage bis nach Pfaffenhofen fuhr, dort übernachtete, und den Tag darauf Abends um ½ 7 Uhr hier anlangten. Ich traff wieder zu Ephesus unsern Spartacus, der, sehr kleine unbedeutende Schwachheiten ausgenommen, der treflichste,

ein-

einsichtvolleste, außerordentlichste Mann von der Welt ist, und unterhielte mich mit ihm ein Paar Stunden. Gern hätte ich noch eine Nacht mitgewacht; aber die Umständen, das immer schlimmer werdende Wetter, und mein Gefährten Marius, der auf seinem jungen Pferd Acht geben mußte, erlaubten es nicht.

Da ich nun jetzt wieder in meiner Ordnung bin, so werde ich nicht ermangeln, Ihnen oft und ausführlich zu schreiben. Brutus ist nicht hier: er ist auf Commission mit Orestes und Euclides eine Stunde weit von Nemea gereist. Den Brief, den sie an Marius für ihn geschickt haben, werde ich besorgen, und künftigen Freytag an ihn senden. Ich habe mit Philo Byblius über sein Geschäft noch nicht sprechen können, weil Freytag ist Conferenz, und er erstaunliche viele Arbeit hat. Bey meiner Zurückkunft hier habe ich den hier beygebogenen Brief des Brutus angetroffen. Haben Sie wohl meinen vorletzten Brief mit dem Schreiben des Brutus empfangen? Ich stehe in Sorgen dafür. Ich bin neugierig zu sehen, wie Philo Byblius es mit der Beförderung unsers wackern Brutus anstellen will. Sobald ich mit ihm gesprochen haben werde, so werden sie auch alles erfahren. Das Geschäft vom Spartacus ist in der vorigen Wochen bestens besorgt worden. Der — der Erzschelm

schelm hätte gern die ganze Sache hinterschlagen.

Wegen Castelli ist nun jetzt wieder alles ruhig. Sobald ich mit Philo reden werde, so werde ich suchen über diesen Gegenstand die Rede zu wenden, und dann trachten, ihm in die Seele zu lesen. Was ich herausbringen sollte, werden sie wörtlich erfahren.

Der Stadthalter von — — ist nun auch aufgenommen, und wird an meine Versammlung angewiesen.

Vom Inspector habe ich einen Brief erhalten, wo mir unter andern meldet, daß Anstalten gemacht werden, um den ☉ zu Zweybrücken zu gründen, und auf einen festen Fuß zu setzen. Geschieht das, halten wir unsere Leute, soviel als möglich, beysammen, suchen wir sie von der Güte der Sache zu überzeugen, und entfernen wir von ihnen jeden kleinsten Verdacht, als wenn sie gemißbraucht werden könnten, so wird es uns niemals fehlen, und komme der eine, oder der andere empor, so werden wir immer Wegen finden, uns zu insinuieren. Wie aber gesagt, höchstnothwendig ist, daß wir Leute zu Zweybrücken haben.

In einem Q. L. ohne Unterschrift, das ich aber aus Nauplis (Straubing) zu kommen ver=

vermuthe, weil es unter die andere Q. L. von dieser Kirche sich befand, sind Eure Hochwürden auf eine ganz abscheuliche Art überschrieben, nicht allein überschreiben, sondern verschwärzt worden. Unter andern kam vor, daß sie von dem Müller zu Zwiesel mit 250 fl. geschmürt worden sind. Ob ich für Zorn außer mich gewesen bin, als ich es las, können sie sich leicht einbilden. Ich nahm das infame Blatt und verbrannte es, mit dem herzlichen Wunsch, den schwarzen Verläumder mit ihm verbrennen zu dörfen. Lieber Bruder! es ist doch entsetzlich, daß der rechtschaffenste Mann auch Gefahr läuft verschrien zu werden. Dieß weiß kein Mensch als sie und ich; und ihnen selbst würde ich es nicht gesagt haben, wenn ich nicht gedacht hätte, daß sie vielleicht Mittel treffen können, damit, wenn die Sache lauter erzählt werden sollte, ihnen keinen Schaden an ihre Ehre und guten Namen verursache. Sie müßen sich lieber, theuerster Freund, entsetzlich in Obacht nehmen; denn sie haben erstaunlich viele Feinde, und Neider. Es ist doch ein Glück, daß ich immer gewohnt bin, die Q. L. allein aufzumachen, ehe ich sie dem Alfred mittheile; denn sonst hätte dieser Mann, Gott weiß was, denken können. Was mich auch in der Sache aufmerksamkeitswerth vorkommt, ist, daß das Q. L. nicht unterschrieben war, folglich derjenige, der es schrieb, vermuthet, daß es ihnen wohl unter die Augen kommen könnte.

Den

Den Brief verbrennen sie gleich, damit kein Schatten von dieser Verläumdung übrig bleibe. Uebrigens seyn Sie darüber ruhig, und befehlen Sie mit mir. Mein Blut, meine Ehre, mein Leben stehet demjenigen zu Dienste, der gegen mich für meine Versorgung so thätig, so unternehmend war.

Das Papier heißt mir zu schweigen.

2.

Catoni S. p. d. Diomedes.

Durate & vosmet rebus servate secundis.

Hier, liebster Freund! was Sie in letztem Brief begehrt haben, und was ich hier bey der Hand gehabt habe. Ich schreibe heute dem Brutus, damit ihnen das übrige schicke.

Marius, der hier ist, wird ihnen genug zum Lesen mittheilen. O der Schurke! Könnte man nicht, oder um besser zu sagen, wäre es nicht erlaubt, so einen Teufel in die andere Welt zuschicken. Monotag bin ich wieder zu München, und folglich in meiner Ordnung. Leben sie wohl, und sind sie nicht böse auf mich, weil ich Ihnen nicht lang und wichtige Sache schreibe. Ihr

Sa. den 3. Ben. 1153.

Diomedes mpp.
XLV.

XLV.

Ein Brief

vom

Hannibal.

Botzen 1784. den 23. Junius.

Liebster Bruder!

Nun gebe ich ihnen Nachricht, daß meine Reise bishero ganz beglückt abgeloffen ist, und daß ich die vortreflichsten und beträchtlichsten Aequisitionen dem ☉ bishero gemacht habe, und noch ferners machen werde: Præsident, und Vice-Præsident, Oberstpostmeister, die ersten Gouvernial-Räthe habe ich alle für unser System so angezunden, und in Bewegung gebracht, daß sie es ganz enthusiatisch mit beyden Händen ergriffen, und alle ihre Kräften davor verwenden wollen. Das weitere können sie aus der Relation, so ich hierüber dem Spartaco und Areopagitis atheniensibus zuschicke, ersehen.

Mit Herrn Stopporno haben wir unsre Rechnungen geschlossen, und da er sich ins künftige nicht mehr um Speditionsgeschäfte annimmt, so habe ich in Augsburg zu meinem
Cor-

Correspondenten und Spediteur ins künftige bestellt

Monsieur George Caspar R ⸗
Negotiant a
Augsbourg.

Er ist ein ☉s Bruder, und heißt Tyho Brake. Diese Addresse müßen Sie auch dem Marius mittheilen, und sich selbsten auch merken, im Fall, daß man mir grosse Paqueter oder Kästen ꝛc. zu schicken hätte. Dieser hat mich ersucht, ich möchte ihm ein Exemplar von der Geschichte des Lechreins von Lori procurieren. Man bekommt in keinem Buchladen mehr ein Exemplar, sondern nur bey der Hofkammer-Expedition; da bekommen sie es also am leichtesten, und erweisen diesem Bruder einen sehr grossen Gefallen, wenn sie es ihm sodann überschicken, und melden, daß ich ihnen dieses sein Verlangen bekannt gemacht habe.

Vergessen sie ja nicht, daß die Sanderstorfer Schützen-Compagnie gerne die Regeln von der Schützen-Compagnie in München haben möchte, und der Münchner Gesellschaft einverleibt. Sehen sie, ob Hufnagel das gethan, was ich ihm vor meiner Abreise noch gesagt. Auch möchte ich, daß sie einen Schild mit meinem Wappen für den Kutscher oder Postillon machen ließen, nicht ganz vom Silber, sondern nur gut versilbert.

Herr

Herrn L = = habe ich nicht bezahlen können, welcher mir einen Conto zu 188 fl. 17 kr. eben den Tag vor meiner Abreise geschickt, und so auch den Juden nicht, sondern habe ihm statt 700 = in Zeit fünf Monaten 800 fl. zu bezahlen, daran er mir einen Ring gegeben, der etwa 6 Ducaten werth seyn mag; habe also bey 100 fl. einzubüßen, weil sie mir die Freundschaft nicht mehr erweisen wollen, die begehrten 1000 fl. aufzunehmen, mit welchen ich alle meine Sachen in gute Ordnung bringen, und recht vergnügt hätte abreisen können. Lieber Bruder! Sie kennen mich gar nicht, und sind vielleicht Ursach, daß auch andere Brüder mich mißkennen, und sich die niederträchtigsten Begriffe von mir machen, als wenn ich ein leichtsinniger Verschwender wäre, und gar einer — Oh! welch grosses Unrecht! Und von wem? Von meinen nächsten Brüdern wird es mir angethan. Sie alle kennen den Hannibal nicht; damit sie aber ihn näher kennen, und nach Gerechtigkeit zu beurtheilen lernen; so werde ich mich wohl entschließen müßen, die meiste Zeit mich in München zu etablieren, wiewohl dieses sonst mein Gedanke nicht war. Wenn ich nicht ganz gewiß wüßte, daß Sie es so gut mit mir meynen, so könnte ich Ihnen das Quibus-licet von Sulla, und ihren letztern in München vor ihrer Abreise nach Stuttgard zurückgelassenen Brief nicht verzeihen. Aber glauben Sie, ein Hannibal kann bey vielen

Miß-

Mißhandlungen den Leuten dennoch gut seyn, und wird immer bleiben

Ihr

Getreuester und verbundener
Bruder.
T. B. d. B.

P. S.

Sagen Sie dem Diomedes, daß ich den Archimedes zum Minervalen gemacht habe, um ihn zu Accaron bey den Initiationen als Secretaire gebrauchen zu können. Es ist ein herrlicher Mensch, und wird dem Orden unendlich viel nutzen. Hier schicke seine eingegebene Sachen, welche sie dem Diomedes übergeben können, ich ihm nächstens auch schreibe.

XLVI.

Ein Brief

vom

Titus Aemilius an Hannibal.

Samos den 2. Merdedmeh.
1154.

Hannibali Tit. Aemilius S. p. d.

Hochwürdiger! ich würde mir bittere Vorwürfe machen, das Vertrauen, so die Erl. Ob. und Sie auf mich gesetzt hatten, durch ein

an=

anhaltend hartnäckiges Stillschweigen zu mißbrauchen, wenn nicht eine ungünstige Lage von Umständen für mich das Wort sprechen möchte, daß es nicht meine Schuld ist, wenn ich bis jetzt weder über den Fortgang der an mich übertragenen Vollmacht eine umständliche Rechenschaft legen, weder dem sehr ehrw. Br. Sulla die Antwort auf ein an mich gefertigtes Schreiben erstatten kann. Ich theile Ihnen die Ursachen so mit, wie sie sich ereignet haben. Bald nach ihrer Abreise von Samos, weiß nicht durch welch einen Zufall, ward ihre Absicht sogleich entdeckt, und bekannt gemacht: die Rosenkreuzer warneten jedermann, führten allenthalben die jedem rechtschaffnen Manne nachtheilige Sprache der Berliner, machten bey dem Haufen die Illum. zu Verfasser des *Horus* und *Faustin*, selbst bey Antoninus Pius bemüheten sie sich das System mit schwärzesten Farben zu schildern, damit er durch seine Macht und Ansehen es noch in der Geburt ersticken möchte. Dieser würdigste Bruder von einer guten Sache überzeugt, lächelte über ihre Unwissenheit, oder wie ich dafür halte: war es ein Beweis der Verachtung.

Indessen verdoppelte ich meine Mühe die Br. Br. mündlich oder schriftlich zu unterrichten, wie langsam und behutsam man bey der Auswahl der Glieder, die man dem ☉ zu zuführen gedenkt, zu Werke gehen müsse; denn
ich

ich hatte Ursache zu glauben, Albert II. dürfte von einigen sich den Revers haben ausstellen lassen, die entweder nicht von edlen Absichten bewogen, oder vielleicht nur den schon vorhandenen Br. Br. nicht ganz willkommen seyn dürften: eine Uebereilung die gleichwohl nur dem Uebermaße seines guten Herzens zugeschrieben werden kann; indem er für die gute Sache Enthusiast ist. Hiezu kam noch der traurige Ruf, daß das in Rom so schön aufgekeimte System schon erloschen sey, weil man es höhern Orts als staatsgefährlich angegeben hat; auf diesen Ruf hieß mich die Klugheit alles bis auf nähere Nachrichten ruhen, und allen Brüdern zu untersagen, keinen in Vorschlag zu bringen, vielweniger sich einen Revers ausstellen zu lassen. Zum Glück hatten bis jetzt in Samos nur Br. Br. Maurer, denen Sie selbst geneigt waren, und die man zu Magistraten zu befördern für schicklich hielt, und die sowohl Dionis. v. Halicarn. und Demetrius als tauglich erklärt hatten, den Revers ausgestellt, und die gesetzmäßigen Tabellen behändiget; von den Profanen hingegen, die gleichfalls Candidaten der Maurerey, sind nur zween gewählet worden. Von allen diesen habe ich weder ein Q. L. abgefodert, noch weniger die gewöhnliche Taxe, oder den monatlichen Beytrag; in Händen hat auch keiner mehr als die Instruction für die Recepten, den ☉s Ziffer, Calender und Punkten, wovon

in

in Q. L. Meldung gemacht werden kann, mithin, da ich bis jetzt alle Postauslagen aus meinen eigenen bestritten, habe ich den Gliedern alle Ursache benommen, sich über Geldschneiderey zu beklagen, und die Gelegenheit entfernet, von dem System des ☉s zu schwätzen, das sie nicht kennen. Von den Br. Br. in Accaron sind nur 3 Q. L. eingegangen, die ich verschlossen in meiner Verwahrung habe.

Indem ich sehr bedauerte, daß diese der Menschheit so nützliche Absicht gleich in ihrer Geburt erstickt worden, ward die Nachricht von der erschlichenen und alle Aufklärung entehrenden Verordnung, welche in Baiern alle geheimen Verbindungen untersagt, durch alle Zeitungsblätter bestättiget; dieß unvermuthete Ungewitter ließ mich mit Recht fürchten, meine dahin zusendenden Briefe dürften auf den Postämtern gewiß gelesen werden, und weil man besonders Oesterreich, und österreichische Gesinnungen zum Vorwande des erregten Ungewitters genommen hat, alles, was aus diesen Ländern kömmt, für äußerst gefährlich gehalten wird. Dieß ist die einzige Ursache, die mich zurückgehalten hat, dem Hw. Br. Sulla zu antworten, worauf er vielleicht mit Sehnsucht wartet.

Nun! urtheilen Sie Erl. Hannibal, wie bedenklich es in gegenwärtiger Lage sey, das

Schick

Schicksal des ☉s von der Leitung in einem
Lande abhängen zu lassen, wo die geheimen
Zusammenkünfte alle, und daher auch dieses
Systems, weil es mit der Maurerey so sehr
verknüpft ist, den Verfolgungen ausgesetzt ist:
eine Bedenklichkeit, die noch dadurch vergrös=
sert wird, wenn man die Gefahr überdenkt,
der sich die leitenden, und die geleiteten Mit=
glieder gleich aussetzen: die ersten des Verboths
wegen, die zweyten, weil unser Monarch Ver=
bindungen mit Auswärtigen nicht gerne sieht.
Ich zähle daher mit Recht auf ihre Einsicht,
verehrungswürdiger Hannibal! Sie werden um
des Besten der gemeinschaftlichen Sache wegen
ohne Zweifel selbst gerne mit mir dahin über=
einkommen, daß der Nexus mit Baiern auf=
gehoben, und Tyrol der österreichischen Nation
einverleibt werde; ich darf, ja ich muß es Ih=
nen sagen, daß, um mich von dem Einsturz
eben dieses Systems in Rom zu überzeugen,
ich von daher Briefe erhalten habe, eine Co=
lonie in Samos anzulegen. Ich hoffe die trau=
rige Nothwendigkeit wird diesen mir gemachten
Auftrag von selbst rechtfertigen, uns aber im=
mer verpflichten, Sie bey jeder Gelegenheit
als denjenigen stets zu verehren, der den er=
sten Stein zu diesem edlen Bau gelegt hat.
Ich bin mit der innigsten Vereinigung

Ihr

Tit: Aemilius.

XLVII.

XLVII.

Copia

Antwort
auf
den Vorigen.

Chur den 2. Schari. 1154.

Hannibal Tito Æmilio S. p. d.

Die Briefe, so sie etwa von Sulla mögen erhalten haben, zu beantworten, scheint mir, sey eine auch außer aller Verbindung unumgängliche Pflicht; und die in ihrem werthesten Schreiben vom 2. Merded. angegebenen Gründe dünken meiner schwachen Einsicht nicht hinlänglich zu seyn, um sie von der Beobachtung der allgemeinen Wohlstandsregeln, daß man eines jeden ehrlichen Mannes Briefe beantworten müße, loszusprechen, und ich muß aufrichtig bekennen, daß diese Nachläßigkeit ihrem mir bekannten sehr edlen Karakter nicht entspricht. Haben sie also noch bis jetzt dem Sulla keine Antwort ertheilt, so hoffe ich, sie werden die Sache besser beherzigen, und ihn alsobald aus seiner aus ihrem langen Stillschweigen nothwendig erfolgenden Verlegenheit herausziehen. Wollen sie sodann sich mit ihm in keinen weitern Briefwechsel einlassen, so ist es billig, daß sie ihm selbsten die Gründe dieses ihres Verfahrens anzeigen, damit er solche weiters berichten, und alle Verwirrung vermieden werden könne. Daß ihre Briefe nicht erbrochen werden, für das kann ich sie wohl versichern. Sie irren sich sehr, wenn sie meynen, daß, weil ich den Auftrag, sie an Sulla zu addressieren, ihnen bekannt gemacht habe, deßwegen die Direction von Baiern herkomme. Ich kann sie versichern, daß diese noch sehr weit von Baiern entfernt ist, und daß alle Provinzen Deutschlands, und auch die Brüder in Rom alle von der nämlichen Direction abhängen; und dahero hat man geglaubt, daß es bequemlicher seyn würde, die Brüder von Samos, und ihrer dermaligen Provinz an einen näher liegenden Correspondenten anzuweisen; es kann nun auch seyn, daß die höhern Obern vielleicht ihren Entschluß abgeändert, und nunmehro sie samt allen Brüdern ihrer gegenwärtigen Provinz an einen Correspondenten in Rom anzuweisen für gut befunden haben. Mir ist davon noch nichts bewußt; ich habe aber an der Direction Deutschlands gar keinen Antheil.

Mit was für schwarzen Farben das edelste System für das Wohl der Menschheit von vielen Maurern, besonders aber von Rosenkreuzern geschildert wird, ist mir wohl bekannt. O! wie glücklich sind wir, da wir den Ungrund dieser aus Bosheit, oder aus Unwissenheit

heit ausgestreuten Verläumdungen einsehen, und die reinsten und die menschenfreundlichsten Absichten dieses verehrungswürdigsten ⊙s kennen. Jedoch aller dieser Ausstreuungen ungeachtet, hat die letzthinnige bekannte baierische Verordnung der guten Sache vielleicht mehr Nutzen als Schaden beygebracht. Zu Ende dieses, oder Anfang des künftigen Monats werde ich das Glück haben, sie wieder persönlich in Samos zu umarmen, und indessen ꝛc.

XLVIII.

Beschluß der Briefe des Spartacus.

62.

Sp. C. S.

Excessit, erupit, evasit.

Die wahren actenmäßigen Umstände werden sie erfahren, sobald ich ihnen mein Impressum zuschicke. Ich glaube, ich habe mich wie ein Mann betragen,

In quem inane ruit semper fortuna,

und auf diese Art werden sie mich bis an mein Ende sehen, und sollte es mir noch den Kopf kosten.

koſten. — Daß mein Schickſal in München bedauert werde, höre ich zum Theil gern, zum Theil ungerne. Warum eben bedauern? Warum nicht Glück wünſchen? Die R x nebſt Weſtenrieder, Strobel et Conſorten bedauern mich doch wahrlich nicht? Ihnen aber, theurer Freund! danke ich beſonders für den zärtlichen Antheil, den ſie an meinem Schickſal nehmen. Möchte es ihnen doch beſſer gehen, und der Sturm ſich legen, nachdem ich als der Sündenbock mich geopfert habe!

Ob ich Geld brauche? Das können ſie ſich vorſtellen. Ich, der ich Schulden hinterlaſſe, meine Meubles unter dem Werth verkaufen, und an meinem neuen Wohnort um einen theuern Preis erkaufen muß? Geld iſt mir genug angebothen worden, ſelbſt von Bürgersleuten. Aber was hilft mich das? Ich ſehe nicht vorher, wie und wann ich bezahlen kann. Wollen ſie meiner Frau, die noch in Ingolſtadt mit meinen Kindern bis Ende des Aprils verbleiben wird, etwas aus der ☐ Caſſa zuſchicken, ſo werde ich es dankbarlich annehmen. Mennippus hat mir 250 fl. zu meiner Reiſe vorgeſchoſſen. Ueberhaupt muß ich ſagen, daß, excepto Semmer, unſre Leute in Ephesus, worunter beſonders Arminius iſt, ſich als wahre Helden betragen. Dieſe ſind wahrhaft erprobte Leute, die ich ihnen beſonders empfehle. Aber Alexander läßt ſich durch den ſchlechten Kerl

Le-

Leveling so aufhetzen, daß er über meinen Fall Freude hat. Alfred könnte ihm das unter die Nasen reiben.

Celsus hat mir in seinem Brief einen Verweis gegeben, daß ich von allen Schuld sey: und das kann Celsus schreiben?

Von meinem künftigen Aufenthalt kann ich ihnen dermalen noch nichts Bestimmtes schreiben. Dermalen wohne ich (in) Nürnberg, werde auch noch gegen 14 Tage da bleiben. Ich logiere im rothen Hahnen: bin aber auch bald in Erlangen, bald in Altdorf, und lebe nun ruhig und sicher. Ich mache auch verschiedene gute Connoissancen. Wenn die Witterung gelinder wird, und ich Antwort auf meinen Brief erhalte, so gehe ich weiter. Ich will sehen, was Menschen vor mich thuen, nachdem ich so viel vor sie gethan habe. Aber nein, ich habe nicht um des Loynes willen so gehandelt.

Freund! es kömmt gewiß eine Zeit, wo man uns zurückwünscht, und Gerechtigkeit wiederfahren läßt. Machen sie nur, daß inzwischen unsre Feinde nicht weiter gereizt werden. Aber wir, wir sehen uns schwerlich wieder; denn ich habe im Sinn, auch unter den vortheilhaftesten Bedingungen nie wieder zurückzukehren. Grüßen sie mir Marius, Diomedes, und alle

alle unsre Freunde, und glauben sie, daß ich allzeit sey

Ihr

Nürnberg den 25. Febr. 1785.

ganz eigener Sp.

XLIX.

28 Puncten

wider

das Verfahren der Regierung

in Betreff

des Illuminaten Processes.

Von zwackischer Handschrift.

L.

Auf

einem Octavblatt

steht

Von zwackischer Handschrift.

Zur Wiedererlangung ist vonnöthen, daß noch einige geschickte Männer bey dem Verfall übrig geblieben, welche die Gesellschaft auf ihre

ihre erste Anlage zurückbringen, und ihr gleich als Stifter dienen, die Mißvergnügten entfernen, und mit den neu Erwählten den vorigen Flor verschaffen.

Spartacus . .	Weishaupt .
Ajax . . .	Maß .
Tiberius . .	Merz .
Cato . . .	Zwack .
Marius . .	Hertel, canon .
Alcipiades . .	Hoheneicher .
Solon . — . .	Michael Frais
Scipio . . .	Berger .
Celsus . . .	Baader prof .
Hannibal . . .	B. Baßus .
Tamerlan . . .	Lang, Lieut :
Claudius . . .	Zwack jun :
Aggrippa . . .	Will prof .
Tasso . . .	⎫
Odin . . .	⎬ Eichstætt
Lucullus . . .	⎭
Osiris . . .	
Coriolanus . . .	: Tropponegro .
Confucius . . .	Bauhamer .

Livius.	Amderfer.
Euclides	Ridel.
Cicero.	Pfart.
Scilla.	Meggenhofer.
Timoleon.	
Philo.	Knichel.
Philo Biblius.	Heffelin.
Perigles	B. Agger.
Democritus.	
Remus.	B. von Winn.
Minos.	B. ass: v: Wozlar.
Pen.	
Cyrus.	
Lud: Bav:	Lorij Jun:
Pitagoras.	Werstenrider.
Hermes.	Locher.
Anacreon.	Gropper.
Attilla.	Sauer.
Raimund Luc.	Pronhofer.
Brutus.	gr. Savioli.
Tales Miles.	Hæpfinger.
Maserius.	Remer Sen.
Dionisius areop.	Moser.

Ananias	Remer
Silastrius	Breininger
Polibius	B. Geispizheim
Aesculapius	Mader
Amasius	Verger
Perseus	gr. Savioli
Aulus Gellius	Kortler Hofrath
Archimedes	N: au Chiavenna
Arius	gr. Cobenzel
Athis	Falgara maj.
Dimocides	Winterhalter, Doc:
Moijses	von Eichstätt
Cortes	Semer, prof:
Algerotti	v: Schader, Tax: Hofrath
Appollo	gr. Seau
Achilles	Raser
Aeneus	Schmeger, Hofrath
Saturinus	
Saladin	Ockel, doc
Arminius	Kremer, prof.
Sulpo	
Deucalion	
Nestor	

Mascus	Mongelas
Diomedes	gr. Constanza
Menelaus	Werner
Hector	
Numa Pompeus	gr. Ladron
Alexander	gr. Pappenheim
Ganganelli	Maijer
Dion	Winterhalter
Domoules	Winterhalter
Demonax	Schiesel
Mahomet	B. Hornstein
Moenius	Du Frain jun:
Flaminius	v. Gaza
Germanicus	
Fabius	Sonnenfels
Alfred	gr. Seinzheim
Ulisses	gr. Sefeld
Tellemacus	— Sefeld jun:
Demoratus	— Beglioni
Appollo	gr. Seau
Augustus	gr. Königsfeld
Philoctetes	Till, Lieut:
Artiages	Wadizca, maj:
Cassius	Montalban

Amphion	Hampel, mus:
Bizard	Zaupzer
Dioscorides	Wert..azol
Beliopodus	gr. Preysing, cap:
Maron	Esner, Infant.
Proteus	gr. Preysing
Priamus	Vern, sen:
Aristippus	Wolmayer
Marcellus	Barth, Kanzler.
Agesilaus	gr. Taufkirch, maj:
Meseus	End
Berutus	Etenkofer
Euriphon	Vanzler, Doct.
Timagoras	Dillin
Lucil: Antip:	Maurer
Miltiades	v. Au, Cap.
Licurgus	Kern jun:
Licurgus	gr. Kuhen
Betrejas	gr. Pappenheim
Learchus	Busen, cap:
Leander	Laudi Clari
Atil: Regulus	Eckertshausen

Alcomenes	gr. Lerchenfeld
Ephorus	Arut:
Adrianus	Frauenberg
Cleomenes	gr. Lerchenfeld, Bar:
Discosius	gr. Spaur, maj:
Menipus	Tescher, jun:
Ulrich v. Stutte	Bucher, Pfarrer
Phaedon	Tautpheus Can:
Plinius	Delling
Marc: Torquat:	Frauenhofen
Calucius	Kaltner, Lieut:
Orion	Stich, Sec:
Socrates	Lanz, Prinstr: H
Mausonius	Smer, prof:
Marcellinus	Schoepfner, Pfarrer
Atticus	Stomern
Lepidus	Kamer:Lochner
Valentinianus	Stier
Vincentius Caroff	Hesler
Oratus	Weichselbaumer
Phisiotrades	Hohenadel
~~Alexander~~ Herodianus	Wieland

Cleomedes	Arichrot, Lieut:
Centonius	Gilbert, arbt.
Dionis: Italicus	Ott, Hofrichter
Lisander	Buginham
Consandus	Grienberger
Artaxerxes	Salzenhofen
Scaliger	Dorner
Plato	Seyden jun:
Fabricius	gr. Cobenzel
Scarius	B. Busenk
Minos sitz. Volerus	Dettfort, ass: in Wurzler
Menippus	Fischer, Bath-Küstner
Mitritades	B. v. Liden
Numa Pompelius	gr. Ladron
Odin	gr. Cobenzel
Phæder	Tautphæus
Posidonius	Hofmeister dohn Emerich
Proteus	B. Gumpenberg
Priamus	B. Kern
Manlius	v. Frauenberg

Philopellius . . . .
Polepius . . . . B. Geispizheim.
Selocus . . . . gr. Hollenstein,
              Obrist Forstmeister.
Temistocles . . . gr. Hollenstein,
              Bastseltner.
Ulisses . . . . gr. Döring.
Vespasianus . B. Hornstein.
Usin . . . . B. Leyden.

Spartacus.	Weishaupt.
Ajax.	Mass.
Tiberius.	Merz.
Cato.	Zwack.
Marius.	Hertel, canon.
Alcipiades.	Hoheneicher.
Solon. —	Michael Frais
Scipio.	Berger.
Celsus.	Baader prof.
Hannibal.	B. Lassus.
Tamerlan.	Lang, Lieut:
Claudius.	Zwack jun:
Aggrippa.	Will prof.
Tasso.	⎫
Odin.	⎬ Eichstätt
Lucullus.	⎭
Osiris.	
Coriolanus.	Tropponegro.
Confucius.	Bauhamer.

Livius	Amderfer.
Euclides	Ridel.
Cicero	Pfart.
Scilla	Meggenhofer.
Timoleon	
Philo	Knichel.
Philo Biblius	Heffelin.
Perigles	B. Agger.
Democritus	
Remus	B. von Winn.
Minos	B. aff: v: Wizlaw.
Pen	
Cyrus	
Lud: Bav:	Lorij Jun:
Pitagorus	Werstenrider.
Hermes	Locher.
Anacreon	Gropper.
Attilla	Sauer.
Raimund Luc.	Pronhofer.
Brutus	v. Savioli.
Tales Miles	Hapfinger.
Maserius	Remer Sen.
Dionisius areop.	Moser.

Ananias	Remer.
Pilastris	Breininger.
Polibius	B. Geispizheim.
Aesculapius	Mader.
Amasius	Verger.
Perseus	gr. Savioli.
Aulus Gellius	Kortler Hofrath.
Archimedes	N: au Chiavenna.
Arius	gr. Cobenzel.
Athis	Falgara maj.
Dimocides	Winterhalter, Doc.
Moijses	von Eichstätt.
Cortes	Semer, prof.
Algerotti	v: Schader, Tax: Hofrath.
Appollo	gr. Seau.
Achilles	Raser.
Aeneus	Schmeger, Hofrath.
Saturinus	
Saladin	Ockel, doc.
Arminius	Kremer, prof.
Sulpo	
Deucalion	
Nestor	

Mascus	Mongelas.
Diomedes	gr. Constanza.
Menelaus	Werner.
Hector	
Numa Pompeus	gr. Ladron.
Alexander	gr. Pappenheim.
Ganganelli	Maijer.
Dion	Winterhalter.
Domoules	Winterhalter.
Demonax	Schiesel.
Mahomet	B. Hornstein.
Moenius	Du Frain jun:
Flaminius	V. Gaza.
Germanicus	
Fabius	Sonnenfels.
Alfred	gr. Seinzheim.
Ulisses	gr. Sefeld.
Tellemacus	— Sefeld jun:
Demoratus	— Beglioni.
Appollo	gr. Seau.
Augustus	gr. Königsfeld.
Philoctetes	Till, Lieut:
Artiages	Wadizca, maj:
Cassius	Montalban.

Amphion	Hampel, mus:
Bizard	Zaupzer.
Dioscorides	Wert-azol.
Heliopadus	gr. Preysing, cap:
Maron	Esner, Infant.
Proteus	gr. Preysing.
Priamus	Vern, sen:
Aristippus	Wolmayer
Marcellus	Barth, Kanzler.
Agesilaus	gr. Taufkirch, maj:
Meseus	End.
Brutus	Etenkofer.
Euriphon	Vanzler, Doct.
Timagoras	Dillin.
Lucil: Antip:	Maurer.
Miltiades	v. Au, Cap.
Licurgus	Kern jun:
Licurgus	gr. Kuhen.
Petrejas	gr. Pappenheim.
Learchus	Busen, cap:
Leander	Laudi Clari.
Atil: Regulus	Eckertshausen.

Alcomenes	gr. Lerchenfeld
Ephorus	Kruf:
Adrianus	Frauenberg
Cleomenes	gr. Lerchenfeld, Bros:
Discosius	gr. Spaur, maj:
Menipus	Tescher, jun:
Ulrich v. Stutte	Bucher, Pfarrer
Phaedon	Tautpheus Can:
Plinius	Delling
Marc: Torquat:	Frauenhofen
Calucius	Kaltner, Lieut:
Orion	Stich, Sec:
Socrates	Lanz, Prinz n. H
Musonius	Smet, prof:
Marcellinus	Schoepfner, Pfarrer
Atticus	Stomern
Lepidus	Kamer: Lochner
Valentinianus	Stier
Vincentius Caroff.	Hesler
Oratus	Weichselbaumer
Phisiotrades	Hohenadel
~~Alexander~~ Herodianus	Wieland

Cleomedes	Atrichrot, Lieut:
Centonius	Gilbert, arbl.
Dionis: Italicus	Ott, Hofrichter
Lisander	Buginham
Consandus	Grienberger
Artaxerxes	Salzenhofen
Scaliger	Dorner
Plato	Seyden jun:
Fabricius	gr. Cobenzel
Scarius	B. Busenk
Minos sitz. Volerus	Dettfort, ass: in Wzlrr.
Menipus	Fischer, Barth= Küstner
Mitritades	B. v. Liden
Numa Pompelius	gr. Ladron
Odin	gr. Cobenzel
Pheder	Tautphæus
Posidonius	Hofmnister dohn Emerich
Proteus	B. Gumpenberg
Priamus	B. Kern
Manlius	v. Frauenberg

Philopellius . . . .
Polepius . . . . B: Geispizheim
Selocus . . . . gr: Hollenstein,
                 Obrist Forstmeister.
Temistocles . . . . gr: Hollenstein,
                     Hashalter.
Ulisses . . . . gr. Döring .
Vespasianus . . B. Hornstein .
Usin . . . . B. Leyden .